"十四五"时期
国家重点出版物
出版专项规划项目

新时代公园城市建设探索与实践系列丛书

公园城市

导向下的采煤沉陷区生态修复

杨　龙
秦　飞

主编

中国城市出版社

新时代公园城市建设探索与实践系列丛书编委会

顾 问 专 家：仇保兴　国际欧亚科学院院士、
　　　　　　　　　　　住房和城乡建设部原副部长
　　　　　　　李如生　住房和城乡建设部总工程师、
　　　　　　　　　　　中国风景园林学会理事长
　　　　　　　吴志强　中国工程院院士、同济大学原副校长
　　　　　　　潘家华　中国社会科学院学部委员
　　　　　　　周宏春　国务院发展研究中心研究员
　　　　　　　李　雄　北京林业大学副校长、教授

主　　　　任：王香春　贾建中　刘佳福　赵文斌

副 主 任：李炜民　胡慧建　韩丽莉　谢晓英　王忠杰
　　　　　　张亚红　贾　虎　陈明坤　秦　飞　成玉宁
　　　　　　田永英　蔡文婷　张宝鑫　戚智勇　方小山
　　　　　　孙　莉　王　斌　刘　颂　毕庆泗　王磐岩
　　　　　　付彦荣　张　琰　李　光　杨　龙　孙艳芝

编　　　　委（按照姓氏笔画排序）：
　　　　　　　丁　鸽　王　钰　王月宾　王文奎　王伟军
　　　　　　　王向荣　王志强　王秋娟　王瑞琦　王嗣禹
　　　　　　　方　岩　石春力　石继渝　冯永军　刘艳梅
　　　　　　　刘晓明　祁有祥　许自力　阮　琳　李方正
　　　　　　　李延明　李旭冉　李俊霞　杨念东　杨振华

　　　　　　　　吴　杰　吴　剑　吴克军　吴锦华　言　华
　　　　　　　　张清彦　陈　艳　林志斌　欧阳底梅　周建华
　　　　　　　　赵御龙　饶　毅　袁　琳　袁旸洋　徐　剑
　　　　　　　　郭建梅　梁健超　董　彬　蒋凌燕　韩　笑
　　　　　　　　傅　晗　强　健　瞿　志
组织编写单位：中国城市建设研究院有限公司
　　　　　　　　中国风景园林学会
　　　　　　　　中国公园协会

本书编委会

主　　编：杨　龙　秦　飞
副 主 编：言　华　董　彬
参编人员：王香春　李旭冉　张　敏　李　玲　邵桂芳
　　　　　刘禹彤　李海娇　张亚红　杨瑞卿　俞元春
　　　　　关庆伟　于水强　葛之葳

支持单位

徐州市住房和城乡建设局
徐州市徐派园林研究院
南京林业大学生物与环境学院
徐州工程学院环境工程学院

丛书序

2018年2月，习近平总书记视察天府新区时强调"要突出公园城市特点，把生态价值考虑进去"；2020年1月，习近平总书记主持召开中央财经委员会第六次会议，对推动成渝地区双城经济圈建设作出重大战略部署，明确提出"建设践行新发展理念的公园城市"；2022年1月，国务院批复同意成都建设践行新发展理念的公园城市示范区；2022年3月，国家发展和改革委员会、自然资源部、住房和城乡建设部发布《成都建设践行新发展理念的公园城市示范区总体方案》。

"公园城市"实际上是一个广义的城市空间新概念，是缩小了的山水自然与城市、人的有机融合与和谐共生，它包含了多个一级学科的知识和多空间尺度多专业领域的规划建设与治理经验。涉及的学科包括城乡规划、建筑学、园林学、生态学、农业学、经济学、社会学、心理学等等，这些学科的知识交织汇聚在城市公园之内，交汇在城市与公园的互相融合渗透的生命共同体内。"公园城市"的内涵是什么？可概括为人居、低碳、人文。从本质而言，公园城市是城市发展的终极目标，整个城市就是一个大公园。因此，公园城市的内涵也就是园林的内涵。"公园城市"理念是中华民族为世界提供的城市发展中国范式，这其中包含了"师法自然、天人合一"的中国园林哲学思想。对市民群众而言园林是"看得见山，望得见水，记得起乡愁"的一种空间载体，只有这么去理解园林、去理解公园城市，才能规划设计建设好"公园城市"。

有古籍记载说"园莫大于天地"，就是说园林是天地的缩小版；"画莫好于造物"，画家的绘画技能再好，也只是拷贝了自然和山水之美，只有敬畏自然，才能与自然和谐相处。"公园城市"就是要用中国人的智慧处理好人类与大自然、人与城市以及蓝（水体）绿（公园等绿色空间）灰（建筑、道路、桥梁等硬质设施）之间的关系，最终实现"人（人类）、城（城市）、园（大自然）"三元互动平衡、"蓝绿灰"阴阳互补、刚柔并济、和谐共生，实现山、水、林、田、湖、草、沙、居生命共同体世世代代、永续发展。

"公园城市"理念提出之后，各地积极响应，成都、咸宁等城市先行开展公园城市建设实践探索，四川、湖北、广西、上海、深圳、青岛等诸多省、区、市将公园城市建设纳入"十四五"战略规划统筹考虑，并开展公园城市总体规划、公园体系专项规划、"十五分钟"生活服务圈等顶层设计和试点建设部署。不少的专家学者、科研院所以及学术团体都积极开展公园城市理论、标准、技术等方面的探索研究，可谓百花齐放、百家争鸣。

"新时代公园城市建设探索与实践系列丛书"以理论研究与实践案例相结合的形式阐述公园城市建设的理念逻辑、基本原则、主要内容以及实施路径，以理论为基础，以标准为行动指引，以各相关领域专业技术研发与实践应用为落地支撑，以典型案例剖析为示范展示，形成了"理论＋标准＋技术＋实践"的完整体系，可引导公园城市的规划者、建设者、管理者贯彻落实生态文明理念，切实践行以人为本、绿色发展、绿色生活，量力而行、久久为功，切实打造"人、城、园（大自然）"和谐共生的美好家园。

人民城市人民建，人民城市为人民。愿我们每个人都能理解、践行公园城市理念，积极参与公园城市规划、建设、治理方方面面，共同努力建设人与自然和谐共生的美丽城市。

国际欧亚科学院院士
住房和城乡建设部原副部长

丛书前言

习近平总书记 2018 年在视察成都天府新区时提出"公园城市"理念。为深入贯彻国家生态文明发展战略和新发展理念，落实习近平总书记公园城市理念，成都市率先示范，湖北咸宁、江苏扬州等城市都在积极探索，湖北、广西、上海、深圳、青岛等省、区、市都在积极探索，并将公园城市建设作为推动城市高质量发展的重要抓手。"公园城市"作为新事物和行业热点，虽然与"生态园林城市""绿色城市"等有共同之处，但又存在本质不同。如何正确把握习近平总书记所提"公园城市"理念的核心内涵、公园城市的本质特征，如何细化和分解公园城市建设的重点内容，如何因地制宜地规范有序推进公园城市建设等，是各地城市推动公园城市建设首先关心、也是特别关注的。为此，中国城市建设研究院有限公司作为"城乡生态文明建设综合服务商"，由其城乡生态文明研究院王香春院长牵头的团队率先联合北京林业大学、中国城市规划设计研究院、四川省城乡建设研究院、成都市公园城市建设发展研究院、咸宁市国土空间规划研究院等单位，开展了习近平生态文明思想及其发展演变、公园城市指标体系的国际经验与趋势、国内城市公园城市建设实践探索、公园城市建设实施路径等系列专题研究，并编制发布了全国首部公园城市相关地方标准《公园城市建设指南》DB42/T 1520—2019 和首部团体标准《公园城市评价标准》T/CHSLA 50008—2021，创造提出了"人－城－园"三元互动平衡理论，明确了公园城市的四大突出特征：美丽的公园形态与空间格局；"公"字当先，公共资源、公共服务、公共福利全民均衡共享；人与自然、社会和谐共生共荣；以居民满足感和幸福感提升为使命方向，着力提供安全舒适、健康便利的绿色公共服务。

在此基础上，中国城市建设研究院有限公司联合中国风景园林学会、中国公园协会共同组织、率先发起"新时代公园城市建设探索与实践系列丛书"（以下简称"丛书"）的编写工作，并邀请住房和城乡建设部科技与产业化发展中心（住房和城乡建设部住宅产业化促进中心）、中国城市规划设计研究院、中国城市出版社、北京市公园管理中心、上海市公园管理中心、东南大学、成都市公园城市建设发展研究院、北京市园林绿化科学研究院等多家单位以及权威专家组成丛书编写工作组共同编写。

这套丛书以生态文明思想为指导，践行习近平总书记"公园城市"理念，响应国家战略，瞄准人民需求，强化专业协同，以指导各地公园城市建设实践干什么、怎么干、如何干得好为编制初衷，力争"既能让市长、县长、局长看得懂，也能让队长、班长、组长知道怎么干"，着力突出可读性、实用性和前瞻指引性，重点回答了公园城市"是什么"、要建成公园城市需要"做什么"和"怎么做"等问题。目前本丛书已入选国家新闻出版署"十四五"时期国家重点出版物出版专项规划项目。

丛书编写作为央企领衔、国家级风景园林行业学协会通力协作的自发性公益行为，得到了相关主管部门、各级风景园林行业学协会及其成员单位、各地公园城市建设相关领域专家学者的大力支持与积极参与，汇聚了各地先行先试取得的成功实践经验、专家们多年实践积累的经验和全球视野的学习分享，为国内的城市建设管理者们提供了公园城市建设智库，以期让城市决策者、城市规划建设者、城市开发运营商等能够从中得到可借鉴、能落地的经验，推动和呼吁政府、社会、企业和老百姓对公园城市理念的认可和建设的参与，切实指导各地因地制宜、循序渐进开展公园城市建设实践，满足人民对美好生活和优美生态环境日益增长的需求。

丛书首批发布共14本，历时3年精心编写完成，以理论为基础，以标准为纲领，以各领域相关专业技术研究为支撑，以实践案例为鲜活说明。围绕生态环境优美、人居环境美好、城市绿色发展等公园城市重点建设目标与内容，以通俗、生动、形象的语言介绍公园城市建设的实施路径与优秀经验，具有典型性、示范性和实践操作指引性。丛书已完成的分册包括《公园城市理论研究》《公园城市建设标准研究》《公园城市建设中的公园体系规划与建设》《公园城市建设中的公园文化演替》《公园城市建设中的公园品质提升》《公园城市建设中的公园精细化管理》《公园城市导向下的绿色空间竖向拓展》《公园城市导向下的绿道规划与建设》《公园城市导向下的海绵城市规划设计与实践》《公园城市指引的多要素协同城市生态修复》《公园城市导向下的采煤沉陷区生态修复》《公园城市导向下的城市采石宕口生态修复》《公园城市建设中的动物多样性保护与恢复提升》和《公园城市建设实践探索——以成都市为例》。

丛书将秉承开放性原则，随着公园城市探索与各地建设实践的不断深入，将围绕社会和谐共治、城市绿色发展、城市特色鲜明、城市安全韧性等公园城市建设内容不断丰富其内容，因此诚挚欢迎更多的专家学者、实践探索者加入到丛书编写行列中来，众智众力助推各地打造"人、城、园"和谐共融、天蓝地绿水清的美丽家园，实现高质量发展。

前 言

党的十八大以来，党中央、国务院从中国特色社会主义事业"五位一体"总布局的战略高度，从实现中华民族伟大复兴"中国梦"的历史维度，强力推进生态文明建设。2017年发布的《住房城乡建设部关于加强生态修复城市修补工作的指导意见》（建规〔2017〕59号）提出将生态修复和城市修补结合，成为治理城市病、转变城市发展方式的重要手段，"城市双修"应运而生。2018年2月，习近平总书记在成都天府新区视察时强调"要突出公园城市特点，把生态价值考虑进去"，这一城市发展新理念为城市双修注入了新内涵。

我国是一个煤炭生产与消费大国，煤炭生产在给国民经济提供重要能源支撑的同时，也造成了地表沉陷、水资源破坏等严重的生态环境问题。进入新时代，随着社会主要矛盾的转化，社会各界深刻认识到采煤沉陷区生态环境问题及其修复的重要价值，认为亟须建立起生态修复相应的技术体系，在实现沉陷区生态系统恢复提升的基础上，美化环境、抒发乡愁、传承文脉、游憩娱乐等，因地制宜地服务于资源型城市转型与绿色发展。本书即是对这一技术体系的探索。

全书共分5章：第1章介绍了采煤沉陷区的形成、分布与危害，分析了采煤沉陷区生态修复研究与实践，探讨了公园城市理念对采煤沉陷区生态修复的要求；第2章提出了公园城市导向下的采煤沉陷区生态修复规划目标体系、调查、评估和规划方案；第3章从地质安全隐患防治、环境污染治理、地形重塑与土壤重构、植被重建与景观提升、维护管理与动态监测5个方面，系统整理了采煤沉陷区生态修复技术；第4章介绍了徐州市、淮南市、枣庄市、淮北市、唐山市等地采煤沉陷区生态修复案例；第5章对公园城市导向下的采煤沉陷区生态修复进行了展望。

本书具体编写人员分工如下：全书由王香春提出编写思路和原则，并对书稿进行审定；杨龙、秦飞拟定全书整体结构并统稿。第1章第2、3节，第3章第2节由杨龙、张敏、李玲撰著；第2章第1、2、3节由李旭冉撰著；第2章第2、3节，第3章第1节由董彬撰著；第3章第3、4节由言华撰著；第3章第5节由李海娇撰著；第4章第1节由张亚红、杨瑞卿、关庆伟、于水强、葛之葳、孙晓丹、秦飞撰著，第2节由张亚红、杨瑞卿、秦飞撰著，第3、4节由邵桂芳撰著，第5、6节由刘禹彤撰著；第5章由董彬、秦飞、杨龙撰著；其他各章节由秦飞撰著。编委会同志参与了编著提纲的讨论、书稿审阅和修订等工作。

本书编著过程中，中国风景园林学会、中国城市建设研究院有限公司、徐州市住房和城乡建设局、徐州市徐派园林研究院、南京林业大学生物与环境学院、徐州工程学院环境工程学院等单位给予大力支持，出版社的编辑们就本书编辑、校对和出版等做了大量细致的工作。书中参考和引用了国内外相关科技文献资料、成果和技术标准，在此，特向作者们表示由衷的感谢！

城市采煤沉陷区生态修复内涵丰富，涉及复杂的管理政策和工程技术乃至艺术文化，限于编著者能力，书中难免存在疏漏和欠妥之处，敬请读者批评指正。

编著者
2023年2月

目 录

第1章　公园城市与采煤沉陷区生态修复

1.1　采煤沉陷区的形成、分布与危害　002
- 1.1.1　采煤沉陷区的形成　002
- 1.1.2　采煤沉陷区主要分布与类型　008
- 1.1.3　采煤沉陷对生态环境的影响　010
- 1.1.4　采煤沉陷对经济社会的影响　013

1.2　采煤沉陷区生态修复研究与实践　015
- 1.2.1　国外的研究与实践　015
- 1.2.2　我国的研究与实践　017
- 1.2.3　我国采煤沉陷区生态修复存在的问题　017

1.3　公园城市理念对采煤沉陷区生态修复的要求　019
- 1.3.1　公园城市及其基本特征　020
- 1.3.2　公园城市理念对采煤沉陷区生态修复的要求　024

第2章　采煤沉陷区生态修复规划

2.1　规划目标体系　028
2.2　规划调查　028
- 2.2.1　地质安全条件调查　028
- 2.2.2　环境安全隐患调查　033
- 2.2.3　污染调查　035
- 2.2.4　综合规划条件调查　036

2.3	规划评估	038
	2.3.1 沉陷稳定性评估	038
	2.3.2 环境质量评估	043
2.4	规划方案	045

第3章　采煤沉陷区生态修复技术

3.1	地质安全隐患防治	048
	3.1.1 基本思路和防治原则	048
	3.1.2 防治规划	048
	3.1.3 专项防治措施	049
3.2	环境污染治理	053
	3.2.1 污染源治理	053
	3.2.2 污染水体治理	059
	3.2.3 污染土壤修复	063
3.3	地形重塑与土壤重构	068
	3.3.1 微地形类型与重塑	069
	3.3.2 微地形重塑技术方法	073
	3.3.3 类自然水体水系构建	078
	3.3.4 土壤重构	088
3.4	植被重建与景观提升	095
	3.4.1 植物选择与配置	095

		3.4.2 植物种植	100
		3.4.3 水生生境重建	104
		3.4.4 景观提升	107
	3.5	**维护管理与动态监测**	**111**
		3.5.1 植物管护	111
		3.5.2 沉陷动态监测	118
		3.5.3 土壤与水环境监测	123
		3.5.4 植物与生态系统监测	124

第 4 章　实践案例

	4.1	**徐州市潘安湖采煤沉陷区生态修复**	**130**
		4.1.1 修复前主要生态环境问题	130
		4.1.2 生态修复技术条件分析	131
		4.1.3 生态修复的主要技术与方法	134
		4.1.4 景观重建	142
		4.1.5 修复治理的效果	146
	4.2	**徐州市九里湖采煤沉陷区生态修复**	**157**
		4.2.1 生态修复前的主要生态环境问题	158
		4.2.2 生态修复治理的技术条件分析	158
		4.2.3 生态修复治理	162
		4.2.4 生态景观重建	165

	4.2.5 修复治理的效果	170
4.3	淮南市大通采煤沉陷区生态修复	171
	4.3.1 生态修复前状况	171
	4.3.2 生态修复主要规划条件与目标	172
	4.3.3 生态修复主要技术与方法	174
	4.3.4 修复治理的效果	177
4.4	枣庄市东湖采煤沉陷区生态修复	178
	4.4.1 生态修复前状况	178
	4.4.2 生态修复主要规划条件与目标	179
	4.4.3 生态修复主要技术与方法	180
	4.4.4 修复治理的效果	184
4.5	淮北市南湖采煤沉陷区生态修复	184
	4.5.1 生态修复前状况	185
	4.5.2 生态修复主要规划条件与目标	186
	4.5.3 生态修复主要技术与方法	188
	4.5.4 修复治理的效果	192
4.6	唐山市南湖采煤沉陷区生态修复	194
	4.6.1 生态修复前状况	194
	4.6.2 生态修复主要规划条件与目标	195
	4.6.3 生态修复主要技术与方法	197
	4.6.4 修复治理的效果	203

第5章 公园城市导向下的采煤沉陷区生态修复展望

- 5.1 凝聚战略共识,采煤沉陷区生态修复是实现公园城市目标的重要内容 … 206
- 5.2 加强顶层设计,形成政策合力促进采煤沉陷区高质量生态修复 … 208
- 5.3 完善规划体系,采煤沉陷区生态修复多方位系统化融入公园城市理念 … 209
- 5.4 加快科技创新,全域全要素深入推进采煤沉陷区生态修复 … 210

主要参考文献 … 213

第 1 章

公园城市与采煤沉陷区生态修复

1.1 采煤沉陷区的形成、分布与危害

1.1.1 采煤沉陷区的形成

1.1.1.1 煤炭的开采方式

煤炭的开采方式由煤层赋存条件所决定,通常根据埋藏深度、煤层倾角等赋存条件不同分为露天开采和井工开采。露天开采(图1-1)用于埋藏深度较浅的煤田,首先对覆盖在煤层上部的地表土等进行剥离,使得煤炭暴露出来,该过程称为土方剥离;土方剥离后对暴露的煤层进行破碎、搬运,该过程称为采煤。露天采煤除边坡外,无须专门的支护,安全性高,成本低。但是,这种采矿工艺,边坡呈现斗形扩张,需要占用大量的地表土地。我国露天开采大多使用外排土场方式,其压占面积是挖损土地面积的1.5~2.0倍,并容易造成周边区域的煤尘污染等。

井工开采(图1-2)用于埋藏深度较深的煤田,将工作面布置于地面以下,通过立井或斜井与地面相连,从而实现人、料的运入和煤炭的输出。井工开采无外排土场,压占用地小,煤炭生产过程中产生的煤尘污染等也较少,但随着地下煤炭不断地被采运出来,会在地下形成采空区。随着时间的推移,采空区的顶板变形、断裂和垮落,最终导致整个覆岩移动与变形,并在地表形成沉陷,从而引发土地破坏等生态环境和经济社会问题。

图1-1 露天开采

图1-2 井工开采

1.1.1.2 地表沉陷过程

覆岩指煤层以上直到地表包括松散层在内的地层。采空区的顶板变形、断裂和垮落，最终导致整个覆岩移动与变形，并在地表形成沉陷的过程，不管是在时间上还是在空间上，都是一个非常复杂的过程。简而言之，当地下的煤被采出后，地层体内就形成了一个空间，开挖空间内部压应力消失，原有的煤层的上覆岩层与底板岩层的自然应力场被改变，平衡状态遭到破坏，岩层内的弹性能量和上覆岩层的重力作用等使采空区顶板的岩体向下产生弯曲、变形和断裂、破碎，造成垮落，岩层的这种变形破坏逐层向上发展，在上覆岩层中形成冒落带、裂隙带和弯曲带（图1-3）。当地下采空区足够大时，岩层的移动和变形就会从地下逐渐发展到地表，其表现就是地表沉陷。

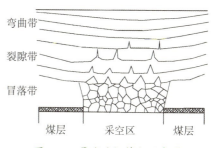

图1-3 覆岩破坏特征示意图

根据沉陷速度和对建筑物的影响程度，采空区土地沉陷过程一般分为初始期、活跃期和衰退期3个阶段：

初始期。煤炭采掘初期，采空区较小，顶板岩层移动影响尚不能达到地表。随着采空区的扩大，顶板岩层移动影响到达地表（下沉量达到10mm）的时刻为移动开始时刻。从移动开始时刻起，到下沉速度达到50mm/月的时刻止为移动初始期。

活跃期。从下沉速度大于50mm/月时刻起，到下沉速度小于50mm/月时刻止，为地表移动活跃期。这一时期的地表下沉量占总下沉量的85%~95%，地表变形剧烈，建筑物破坏严重。

衰退期。从下沉速度小于50mm/月起，到6个月内地表各点下沉累积不超过30mm时，为地表移动衰退期。

1.1.1.3 影响地表沉陷的因素

影响地表沉陷的因素可分为采矿技术、地质构造与覆岩力学性质和其他因素。采煤方法和顶板管理方法是影响围岩变形移动的主要因素。

1. 采矿技术因素

（1）开采方法及顶板管理

①长壁工作面顶板垮落式采煤法。缓倾斜煤层采用单一长壁全部垮落法时，采空区上覆岩层移动基本平稳，地表变形分布均匀。

②落垛采煤法。落垛采煤法或在采空区有残留煤柱，会导致不均匀的地表下沉，残留煤柱上方可能出现裂缝，易形成塌陷坑、塌陷漏斗。

③煤柱支撑法。煤柱支撑法包括条带法、房柱法、刀柱法等，如果保留的煤柱的密度、面积的大小足够支持顶板岩层而不致引起垮落，就能控制地表使其不发生明显的移动，或者在很长时期内呈现极缓慢的下沉。

现代绿色采矿技术通过向采空区充填物料的方法减小采空区厚度，降低覆岩破坏程度，最终减小地表移动变形量。效果取决于充填的方法、材料、充填体的压缩率及顶板的下沉速度。

（2）开采深度和开采厚度

开采深度即开采煤层的埋深，指煤层顶板至地表的总厚度。开采深度越大，地面变形越平缓，开采影响到地面所需要的时间越长，地表变形值越小。当采深较小时，开采缝可直达地表，地表移动变形主要表现为较大裂缝、台阶状断裂、塌陷等，下沉速度快，所需时间短。当采深很大时，弯曲带的高度可大大超过冒落带和裂缝带的高度之和，开采形成的裂缝带不会到达地表，地表移动变形主要表现为弯曲下沉，速度小，移动比较缓慢、均匀，持续时间较长。

开采厚度对上覆岩层及地表沉陷过程的影响，随厚度的增加而变大，地表的移动和变形与开采厚度成正比。在没有地质构造破坏和采用规范采矿方法的开采情况下，当采深（H）/采厚（m）>25~30 时，大的地表裂缝和塌陷坑不会出现，而是出现连续的、有规律的地表移动和变形。相反，将出现大的地表裂缝或是塌陷坑，非连续的地表移动和变形也更容易出现。

（3）采空区面积与形态

采空区需要达到一定的面积才会引起顶板变形、断裂和垮落，最终导致整个覆岩移动与变形并波及地表。当采空区面积足够大时，地表下沉值达到最大值，形成充分采动盆地。

开采水平煤层及缓倾（≤25°）煤层形成的采空区，顶板岩层冒落以后，下落在采空区底板的岩石原地不动，随着冒落岩石充填，采空区逐步消失，冒落过程渐渐停止，地面塌陷表现为四周基本对称的盘形下沉盆地。

开采倾角较大煤层形成的采空区,下落在采空区底板的岩石会产生滚动,使采空区较深部的冒落岩石相对增加,较浅部分相对减少,地表为四周非对称盘形下沉盆地。当采空区岩层倾角继续增大而变得陡立时,覆岩破坏主要向上山方向发展,地面塌陷盆地则呈兜形和瓢形,在底板一侧也可能会发生较多的裂缝或形成台阶状盆地。

(4)重复采动

重复采动指经过一次采掘,上覆岩层的原始状态已经遭到破坏之后,再开采下部煤层或下一个煤分层,或同一煤层的下一个工作面时,再一次经受开采的影响,使得上覆岩层又一次受到采动。

重复采动时,因前次采动导致上覆岩层的原始状态已经遭到过破坏,岩层强度减弱,岩体会进一步破碎,采深不大时地表还会出现裂缝,甚至大的台阶,而且这种破坏常常会突然出现,对地面建筑物等危害极大。

2. 地质构造与覆岩力学性质因素

(1)地质构造

地质构造指地壳经过长期运动形成的一种地层状态,基本类型有水平构造、倾斜构造、褶皱构造和断裂构造等,示意见图1-4。

水平构造:在海洋盆地和湖泊盆地中形成的沉积岩层,以及覆盖的玄武质熔岩和平坦地面上堆积的凝灰岩等具有近水平产状的岩层,在平稳的地壳上升运动作用下,仍保持其水平产状的构造。水平构造可形成平原或者高原、桌状台地、平顶山或方山等。

倾斜构造:岩层受到地壳运动作用以后,岩层与水平面形成变化不大(无突变)的倾角的构造。当岩层向同一个方向倾斜时,形成单斜构造。巨

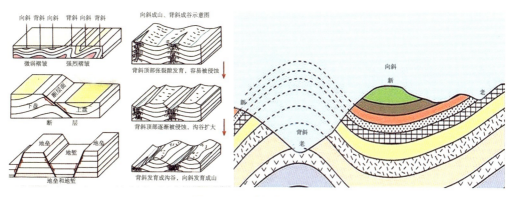

图1-4 地质构造示意图

型褶曲的一翼，断层的一盘也可能表现为单斜构造。倾斜构造常形成单面山、猪背脊等典型地貌。

褶皱构造：褶曲的组合形态。褶曲的基本形态分背斜和向斜两种。按褶曲的轴面产状分，有直立褶曲、倾斜褶曲、倒转褶曲、平卧褶曲；按褶曲的枢纽产状分，有水平褶曲、倾伏褶曲；按褶曲构造延伸规模分，有线性褶曲、短背（向）斜、穹隆、构造盆地。褶皱构造是地壳表层广泛发育的基本构造之一，其核部岩石破碎、裂隙发育，强度低，渗透性较大。

断裂构造：岩层受力达到一定的强度发生断裂，两侧的岩层沿断裂面产生显著位移的构造。根据位移程度，断裂又分为节理和断层。

节理是一种没有明显位移的脆性断裂，是地壳表层的岩石中发育最广泛的断裂构造。按成因分，有原生节理、柱状节理、风化节理（次生节理）、构造节理（剪节理、张节理）。

断层具有显著的位移，在地壳中广泛发育，但分布不均匀，多数发育在地壳上层，少数断层切入地壳下层，有的甚至切入岩石圈中下层。地球上最大的断层是作为板块边界的断层。断层按断盘相对运动方向分为正断层、逆断层和平移断层；断层的组合类型有地堑和地垒、阶梯状断层、叠瓦式断层、推覆构造等。

(2) 覆岩

位于煤层上方的覆岩结构与力学性质的不同，对地表沉陷有很大的影响。概言之，上覆岩层的强度和厚度越大，煤炭开采时岩石变形和破坏持续过程就越长。在上覆岩层中，厚度大、岩石强度高、岩层的抗弯刚度大的岩层被称为关键层，对沉陷持续时间和地表的稳定性起着控制性的作用。通常情况下，覆岩无极坚硬岩层的地表沉陷表现为缓慢的连续型变形，但如果开采深度较小时，地表产生非连续型变形；覆岩大部分为极坚硬岩层时，沉陷变形易产生切冒型变形，造成突然塌陷的非连续型变形。覆岩均为极软弱岩层或第四纪地层时，沉陷变形易产生抽冒型变形，地表出现漏斗型塌陷坑。覆岩仅在一定位置上存在厚层状极坚硬岩层时，沉陷变形易产生拱冒型变形，地表产生缓慢连续型变形。覆岩均为厚层极坚硬岩层时，不易发生冒落而发生弯曲变形，地表发生缓慢的连续型变形。

此外，地表有无第四纪、新第三纪未成岩的沉积层，如冲积层、洪积层、残积层等松散层覆盖，对地表移动有很大的影响。在厚松散层地质条件下，采空区上方岩层移动过程中，基岩的下沉引起冲积层下沉，使松散层产生横向和纵向复合的弯曲形式的移动。因松散层较为松散,不产生离层、裂缝。松散层的流变特性决定了地表移动范围较大,这种趋势随松散层厚度的增大而有所增大。

3. 其他因素

影响采煤沉陷区地表稳定性的因素还有地表工程活动、地下水作用、矿震和冲击地压等。地表工程开挖会影响地表的稳定性和沉降区域。地下水对沉陷区地表稳定性影响十分复杂,一方面,采空区煤柱长期浸泡在地下水中,对沉陷区稳定不利;另一方面,地下水又会起到支撑采场悬空顶板的作用,又对沉陷区的稳定性产生积极影响。地下水的长期浸泡作用能够软化煤柱以及顶底板岩性,降低了发生冲击地压及矿震的可能性。此外,人们对沉陷区地下水的利用也会造成地下水渗流场的改变,影响沉陷区的稳定。冲击地压的发生机理和防治冲击地压的一种方法分别见图1-5和图1-6,矿震示意见图1-7。

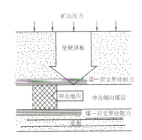

图1-5 冲击地压的发生机理

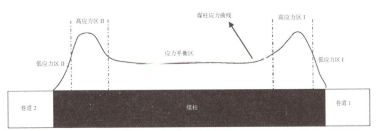

图1-6 防治冲击地压的一种方法

图1-7 矿震

1.1.2 采煤沉陷区主要分布与类型

1.1.2.1 采煤沉陷区主要分布

我国采煤沉陷区分布范围最广的区域在黄淮海地区。黄淮海地区北抵燕山南麓，南达大别山北侧，西倚太行山——伏牛山，东临黄海和渤海，主体为由黄河、淮河与海河及其支流冲积而成的黄淮海平原（即华北平原），以及与其毗连的鲁中南丘陵和山东半岛。行政区划范围大致包括北京、天津和山东三省市全部，河北及河南两省大部，江苏、安徽两省的淮北地区。黄淮海地区国土面积 $46.95 \times 10^4 km^2$，其中平原面积约 $25 \times 10^4 km^2$，是我国北方地区人口、产业和城镇密集地区，在国家发展格局中具有十分重要的战略地位。

黄淮海地区大型煤炭基地分布于冀中、鲁西南、河南、两淮，此外，苏北、冀东北等还分布有一大批小型煤田。黄淮海平原煤炭开采历史悠久，始于西汉，宋朝开始规模化开采及普遍使用煤炭，成书于 1133 年的庄季裕《鸡肋篇》，卷中称："昔汴都数百万家，尽仰石炭，无一家燃（燃）薪者。"苏东坡《石炭·并引》中说："彭城旧无石炭，元丰元年十二月，始遣人访获于州之西南白土镇之北，以冶铁作兵，犀利胜常云……根苗一发浩无际，万人鼓舞千人看。"近代煤矿业生产始于清末，中华人民共和国成立后特别是改革开放以来，煤炭勘探与开发取得突飞猛进的发展。大规模的煤炭开采，也带来前所未有的矿区土地沉陷，范围遍及区内各个煤田。据《关于印发河北省地质灾害防治"十二五"规划的通知》（冀国土资发〔2012〕37号）可以看到，下花园煤矿区采空区面积 $3.20km^2$，井陉矿区地面塌陷及伴生的裂缝破坏面积 $27.5km^2$，鹰手营子矿区采空区面积 $4.53km^2$（已塌陷及伴生地裂缝面积 $10.49km^2$），蔚县煤矿区采空区已塌陷面积 $16.6km^2$，峰峰矿区采空塌陷面积 $101.41km^2$，唐山市采空区面积 $123.40km^2$（地面塌陷及伴生的裂缝面积扩大到 $184.24km^2$）。河南省有 70 多个有煤炭资源赋存，总面积 $62815\ km^2$（占全省总面积的 37.6%），至 2005 年塌陷地 473 处，塌陷面积累计 $39500hm^2$。山东省因采煤造成土地破坏的面积 $537km^2$，且以 $30km^2/a$ 的速度递增。安徽省淮南市从 2010 年至 2020 年全市沉陷区总面积由 $18177hm^2$ 增加到 $36908hm^2$，至 18 个矿开采结束，全市最终塌陷区面积将达到 $70078hm^2$，全市将有 27% 以上的土地成为沉陷区。截至 2015 年底，淮北市因采煤沉陷土地面积达 $16681.42hm^2$。徐州到 2010 年底，全市采煤塌陷地面积 3.05 万 hm^2，预测徐州市每年还将新增采煤塌陷地面积 0.08 万 hm^2。

1.1.2.2 采煤沉陷区类型

受不同赋煤特性、采煤技术、地质构造与覆岩特征、地下水位等共同作用的影响，煤炭采空区土地沉陷有以下类型：

山丘沉陷区：地表沉陷位于山丘区，当采空沉陷区位于顶部区域时，将使地表趋于平坦，有利于减少水土流失；当采空沉陷区位于鞍部区域时，将增大地表凸凹不平的程度，使坡度变陡，加剧水土流失。

非积水（旱坡）沉陷区：地表沉陷后无长期积水，一般位于沉陷区的外围区，沉陷后地表坡度向沉陷盆地中心倾斜，地貌变化不太大。

常年积水沉陷区：地表沉陷后常年有积水，一般位于沉陷区的中心，地下潜水位较高。根据常水位水深，可以分为 2 小类：常年浅积水沉陷区，地表下沉深度为 2~3m，积水季节变化较大；常年深积水沉陷区，地表下沉深度一般为 3m 以上，积水季节变化较小。

季节性积水沉陷区：地表沉陷后在丰水期有积水、枯水期无水，通常介于旱坡沉陷区与常年积水沉陷区之间，地下潜水不能出露，沉陷盆地形成以后，原水系被破坏，降水和地表径流汇集于沉陷区不能被排除。

平原采煤沉陷区类型及次生湿地形态见图 1-8。

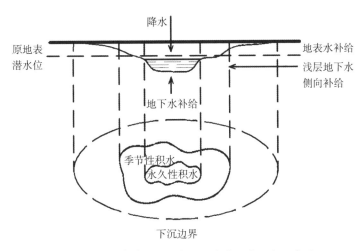

图 1-8 平原采煤沉陷区类型及次生湿地形态示意图

1.1.3 采煤沉陷对生态环境的影响

1.1.3.1 生态环境污染的主要类型

采煤沉陷区的生态环境污染按来源可分为矿源性污染、农牧生产性污染、生活污染和其他工业污染，见图1-9。矿源性污染即煤炭开采活动对生态环境的污染，有固体废弃物污染、气体污染、废水污染以及噪声污染等。煤矿固体废弃物主要有煤矸石和粉煤灰两类。因不同煤田赋煤质量、煤炭生产工艺的不同，固体废弃物产出数量有很大差异，通常占煤炭生产量的10%~15%。堆积的矸石在雨水淋溶作用下，含有的重金属会污染水体和土壤。井下作业过程中产生的有毒气体都采用通风方式排入大气中，堆积的矸石有可能发生自燃，放出大量SO_2、H_2S等有害气体，矸石风化层和粉煤灰在风力作用下还会进入大气，这些都对大气环境造成污染。大部分煤矿区矿井水量大约为$2\sim4m^3/t$煤，主要来源于岩石孔隙水、地下含水层疏放水，对生态环境有害的是煤矿生产中防尘、灌浆的污水等。

生活污染包括矿区居民和农民日常生活中产生的生活垃圾、生活污水污染等，特别是污水污染，因人口居住区分散，排水管网缺失，污水收集

图1-9 采煤沉陷对生态环境影响

困难，生活污水排放特征相对城市差异明显。上午、中午、下午为农村生活污水的排放高峰，具有一定的规律性。农牧生产性污染主要为种植业超标准使用化肥、农药造成的面源污染和规模化畜禽养殖造成的点源污染。农户的施肥用药方法、畜禽养殖管理等行为都存在主观意愿上的差异，以及地形地貌、气候水文、土壤与植被情况等差异，使污染发生时间、污染物浓度、污染物的扩散、汇流和分流过程等存在不确定性和较大的空间异质性，尤其是面源污染与降雨等气象事件密切相关，导致面源污染的时空分布不均。

1.1.3.2 对水环境的污染

覆岩层和沉积物产生的裂缝和冒落还会沟通基岩含水层、第四纪松散沉积物中的水体，甚至与地表水连成一体，导致地表水系与地下水系的紊乱，从而对水生态环境产生重大影响。此外，存留煤柱支承区或采空区边缘区的无积水旱坡沉陷区，还会形成或加剧水土流失等生态环境问题。煤矸石堆积不仅占压土地，还会在风化、雨水淋溶等的作用下，析出有害物质通过地表径流等作用扩散，进入地表水体，进而进入土壤和地下水体。其一般的规律是以矸石山为中心，检出浓度随距离增加逐渐降低。张邦花研究表明，矸石山对地表水的影响半径在500m左右。此外，矸石排出年限越长，淋滤pH值稳定的时间越短，排矸年限在13年之后的煤矸石山稳定时间基本在11~12d。堆积的煤矸石会对地下潜水产生一定的影响，并且随着煤矸石堆积年限的推移和堆积数量的增长，这种影响也会延续和累积，总体规律与地表水基本一致。

1.1.3.3 对土壤环境和植物的影响

平原地区地下潜水位一般较高，煤矿采空区的土地沉陷后，通常会使潜水出露，原来的农业、林业等旱地生态系统逐渐演变为次生湿地生态系统，导致动植物栖息环境发生重大改变：旱生植物的大幅度减少，食草动物由于不适应环境的变化或由于缺少食物而死亡或迁移，水生植物和动物增加。堆积煤矸石在周边土壤中扩散、富集的规律与在地表水体扩散、富集的规律基本相同。同一区域的土壤重金属污染垂直分布，随深度的不同存在明显差异，基本表现为表层土壤重金属含量大于中下层土壤。杨瑞卿等对徐州市权台矿区潘安村土壤的重金属富集指数进行了研究，在种有

5 类植被的土壤中，Cd 为中度富集，Cu、Cr 为轻度富集，Pb、Zn 无富集，综合富集指数 1.94，说明该区域土壤总体表现为轻度富集。其中，草本植物所在区域土壤重金属富集大于木本植物所在区域土壤（表 1-1）。调查的 5 种木本植物中，平均吸收系数大于 0.4 的有毛白杨 1、毛白杨 2 和旱柳，臭椿、刺槐，构树稍低；木本植物对不同重金属的平均吸收系数表现为 Cd > Zn > Pb > Cu > Cr；调查的 5 种草本植物吸收系数均大于 0.4，从大到小依次为一年蓬、艾蒿、牛膝、黄花蒿、狗尾草，且对不同重金属的平均吸收系数表现与木本植物顺序不同，为 Cd > Zn > Cu > Pb > Cr。不论木本或草本植物，同一种木本植物对不同重金属的吸收能力也存在差异。

煤矸石充填复垦场地重金属含量通常高于所在区域土壤背景值。对江苏徐州市柳新、坨城 2 个矿区煤矸石和粉煤灰充填复垦场地重金属含量的测定结果表明，煤矸石充填复垦地中，各种金属的含量均高于徐州市土壤背景值；粉煤灰充填复垦地中，Hg、Cu、Cd、Pd 的含量平均值高于土壤背

江苏徐州市权台矿区潘安村土壤的重金属富集指数（引自杨瑞卿，2018） 表 1-1

植被类型	土层（cm）	Cr	Cu	Zn	Cd	Pb	综合
毛白杨 1	0~20	1.09	1.19	1.21	3.31	1.08	2.59
	20~40	1.04	1.01	0.92	2.56	0.99	2.03
	40~60	1.08	1.03	1.01	3.20	1.04	1.47
毛白杨 2	0~20	1.03	1.09	0.86	1.72	1.20	1.48
	20~40	1.08	1.19	0.99	2.09	1.04	1.73
	40~60	1.08	1.06	0.87	1.71	0.92	1.45
臭椿 + 构树	0~20	1.10	1.17	0.84	1.77	0.91	1.50
	20~40	0.94	1.11	0.82	1.94	0.90	1.59
	40~60	0.77	0.80	0.65	1.22	0.68	1.04
旱柳 + 刺槐	0~20	1.10	1.25	1.20	3.63	1.10	2.82
	20~40	0.92	1.18	0.99	2.62	0.98	2.08
	40~60	0.86	0.92	0.81	1.87	0.79	1.52
草本	0~20	1.13	1.29	1.05	2.85	1.12	2.27
	20~40	1.02	1.18	1.00	2.72	1.02	2.16
	40~60	0.96	1.15	0.85	1.99	0.95	1.64

景值，其他重金属含量低于土壤背景值；毗邻农田（对照地）中，Hg、Cu、Cd、Cr 和 Pd 的含量平均值也高于土壤背景值，但 As 和 Zn 的含量平均值低于土壤背景值，见表 1-2。

徐州市柳新、坨城矿区煤矸石和粉煤灰充填复垦场地重金属含量（mg/kg）　　　表 1-2

类型		Hg	As	Cu	Zn	Cd	Cr	Pb
矸石充填	最大值	0.065000	16.070	97.840	269.290	5.220	116.730	67.440
	最小值	0.032000	14.576	82.072	178.578	3.692	99.718	59.320
	平均值	0.042600	14.576	82.072	178.578	3.692	99.718	59.320
粉煤灰充填	最大值	0.032000	6.830	39.210	100.14	3.230	64.000	54.280
	最小值	0.008000	1.930	15.060	58.910	1.780	6.180	16.130
	平均值	0.015400	5.056	22.534	83.198	2.710	47.092	35.480
毗邻农田（对照地）	最大值	0.054350	9.760	48.560	130.260	3.310	127.580	44.180
	最小值	0.041430	4.950	39.800	63.560	2.080	33.250	29.60
	平均值	0.045974	7.050	43.490	80.786	2.580	63.008	36.838
土壤背景值		0.010000	11.200	12.610	91.100	0.290	55.500	16.300

1.1.4 采煤沉陷对经济社会的影响

采煤沉陷区造成土地破碎裸露、植被破坏、基础设施受损以及农田被毁，周边环境污染和破坏，居民无法正常生活，失地农民生计无以维持，最终不仅对生态环境造成了负面影响，而且严重影响区域社会和经济发展。

一是加剧人地矛盾，影响农业生产力水平。如黄淮海平原是中国三大平原之一，人口稠密，农业开发历史悠久，是重要的粮棉油生产基地。据研究，采煤沉陷区最大沉陷深度一般等于所采煤层厚度的 0.7~0.8 倍，沉陷盆地体积为所采煤层体积的 50%~60%，万吨煤炭的沉陷率为 0.033~0.533$hm^2/10^4t$，平均 0.2hm^2 左右采煤沉陷造成大量优质耕地被破坏。1996~2003 年，安徽淮南市年沉陷区面积增加了 3739hm^2，截至 2003 年底累计沉陷面积达 7895hm^2，人均耕地面积 0.81 亩 / 人，低于 2003 年全国人均耕地占有量 1.425 亩 / 人，接近于联合国粮农组织确定的人均耕地警戒线 0.8 亩 / 人。土地沉陷还加大了残存耕地的地形起伏，增大了坡度，影响耕作。沉陷区水体的增加，使潜水位相对提高，促进了深层土壤中钙、钠、镁等盐类向地面的提升，造成或加重土壤盐渍化。据调查，受沉陷影响的耕地与正常耕地相比，有机质含量下降 30% 左右，土壤肥力下降可导致农作物减产 10%~40%，地面增加坡度为 2°~4° 的轻微变形，可引起作物减产 10%~20%，坡度达 4°~8° 的中度变形，农作物的减产幅度可达 20%~40%。

二是破坏建筑物和工程设施，造成大量直接财产损失。采煤沉陷引起的地表移动，其方向多变，速度不均，引起工程建筑物破坏程度不同。因地表下沉致使建筑物歪斜、倒塌，铁路、公路扭曲断裂，从而不得不改道或维修。输电、通信线路、输水管道、桥梁也会因沉陷而报废，给沉陷区内及沉陷影响区的工商企业、村庄居民的正常的生产生活带来威胁或造成被迫搬迁。高昂的基础设施维护、重建费及搬迁费不但增加了当地政府的财政压力，搬迁后村民因远离故土和自营农地，给生产、生活带来极大的不便。采煤沉陷对人居环境的破坏见图 1-10。

三是增加失业人员，恶化矿群关系。采煤沉陷造成矿区的土地资源原有属性发生变化、生产设施和生产条件破坏，使以农为生的当地农民失去了生产资料，成了数量庞大的失业大军。而靠征地费生活的农民，当征地费用完后，一来无田，二来无就业门路，生产生活问题给地方政府造成了压力。另一方面，煤矿企业每年须花费大量费用对采煤沉陷进行补偿，不仅经济负担重，而且由于土地征地和赔偿涉及因素复杂，各方面的矛盾较多，周期较长，常常因达不成征地、赔偿协议而影响矿山正常开采。

四是采煤沉陷破坏自然与人文景观。景观，一般意义上指一定区域呈现的景象，即视觉效果，是复杂的自然过程和人类活动在大地上的烙印。

图 1-10　采煤沉陷对人居环境的破坏

景观的自然组成构成了所有资源和景观生态功能的基础，其价值与意义包括空间价值、时间价值、精神价值3个方面。空间价值反映了人与自然的关系，体现出人类对自然智慧的认识和利用的结果；时间价值反映了景观的动态的历史演变，体现出人与自然的相互演进和守护；精神价值反映了景观的复合多元的文化脉络，体现出人类的自然与精神价值观。

矿区景观是人类活动适应环境与改造自然的结果，充满了重要的象征意义，带有独特的地方色彩。煤矿采空区的土地沉陷使矿区原有自然景观被彻底改变，景观结构连接性和功能通连性被破坏，破碎度和孤立性增加，使得地形地貌发生显著改变，各种建筑、交通、水利等设施遭到破坏甚至导致彻底消失，不仅改变了空间价值，而且造成了时间价值和精神价值上的断裂。

1.2 采煤沉陷区生态修复研究与实践

1.2.1 国外的研究与实践

国外工矿区生态治理研究与实践的起步较早，理论研究主要集中以下几个方面：

一是基于恢复生态学的生态修复研究，包括煤矿废弃地自然生境的受损机理、生态系统受损功能和过程的恢复、生态系统恢复力和自我维持能力建立、生物多样性实现、重要环境因子——土壤稳定性和理化指标的恢复、地貌形态及其稳定性对生态功能恢复和水文的影响、植被筛选、植物群落演替、植被恢复技术等。

二是基于可持续发展理论（Sustainable Development）的生态修复研究，包括矿区可持续发展评价体系的建立和评价指标的选择、矿区可持续发展的实现途径和模式、废弃地生态功能、经济用途及景观价值的可持续性协同再生、矿区生态修复成果的持续维护和修正、矿区系统内资源、土地、环境等要素的可持续利用和复兴等。

三是基于经济学成本与收益理论（Benefit-cost Analysis）的生态修复研究，包括社会经济影响评估、综合规划研究、资源枯竭经济转型需求研究以及成本收益评估等。

四是基于景观生态学（Landscape Ecology）和风景园林学（Landscape Architecture）的生态修复研究，包括景观格局与动态分析、景观生态类型和功能分化、景观生态过程的研究、矿区景观格局的变化规律、影响景观格局和功能的要素研究、不同类型景观的重建技术研究等。

由于国外井工开采比例较低，而且没有我国存在的突出的人地矛盾，采煤沉陷区再生利用的对象比较少。再生技术和利用模式主要是作为湿地加以保护，或植树和种草，以恢复和提高采矿活动扰动的环境治理，为矿区的生物和人提供生活场所和机会。研究多为对于采煤沉陷的描述和预测，以及采煤沉陷的影响后果，包括土壤侵蚀、土地生产力下降、地表排水系统破坏、积水等。

随着传统工业区经济的衰退，在煤矿区景观再生和生态重建的研究中，以经济效益为目标的景观生态重建得到重视。1992年出现了"成功复垦的生态学评价"；1998年进一步提出了"在复垦中实现美好景观"；Richand J.Hobbs通过生态重建实验，提出复垦的关键是保存大斑块和交通便利性，在此基础上进行植被恢复；德国汉巴赫煤矿区实现了向休闲型再生利用转变，重建为一个休闲娱乐中心。其中较为著名的典型项目有美国宾夕法尼洲西南部的"文顿达尔煤矿废水处理艺术公园（AMD & ART）"项目。文顿达尔镇（Vintondale）曾因富饶的煤矿资源而知名，到20世纪80年代煤炭资源枯竭，矿山停产。由于尾矿中的煤炭为高硫品种，经地下水浸泡形成高酸性煤矿排泄废水（Acid-Mine Drainage，AMD），含有氧化铁、铝、锰等重金属成分，毒性很强，土壤和水体毒化，植物无法正常生长，鱼类大量死亡。1994年起历时20年初步完成了场地的生态修复与社会振兴，其中占地14hm^{2}的综合性公园——文顿达尔煤矿废水处理艺术公园（AMD & ART）是整个生态修复工程的精华，独特之处是在煤矿酸性废水的处理上，设计了由6座联通的物理过滤与生物生态治理有机结合的废水处理系统。其中，1号水池是废水收集池；2至4号水池是连续的三组湿地池塘，通过种植菖蒲、芦苇、旱伞草、千屈菜等湿地植物来吸附水中的铝、锰等重金属元素，同时通过水中的微生物分解硫元素，减少水的酸性；5 号池是一个垂直沉淀池，流入的废液经过天然泥炭层的初级净化，滤清杂质（部分重金属同时被吸附），然后经过一层石灰石过滤层，废水与石灰发生中和反应；在石灰石层底部布设导流管道，将中和后的水引入 6 号沉淀池，经曝气处理后在池中沉淀。经过 6 个水池的连续净化，水的 pH 值接近天然水的指标。

1.2.2　我国的研究与实践

自 1988 年以来，我国煤炭的产量在世界上一直居首位，占世界总产量的 30% 左右。煤炭开采造成的采煤沉陷区已成为制约矿区经济、生态和社会可持续发展的关键问题。我国矿区生态环境修复工作的萌芽始于 20 世纪 50 年代，起初是个别矿山自发进行一些小规模修复治理工作。矿区土地修复沿用传统思路：通过填埋、刮土、复土等措施将退化土地改造成可耕种土地；20 世纪 50~70 年代，矿区农民开始进行小规模的塌陷水面的养殖、种植和以煤矸石充填作为基建用地的尝试；进入 20 世纪 80 年代，人们开始关注矿区土地资源的稳定利用以及相关的基本环境工程的配套问题，使得土地修复更加系统化；2000 年以后，矿区采煤沉陷区治理更加注重景观生态环境的修复。

采煤沉陷区生态修复是践行国家生态文明建设、生态城市建设、美丽矿区建设、"绿水青山就是金山银山"的重要内容，国家密集出台了许多有关资源、环境、生态问题相关政策和措施推进采煤沉陷区治理。研究矿区生态环境演变机理、生态修复政策法规与标准，开展矿区污染风险监测、评价与预警、污染治理与环境修复，提高土壤改良、微生物复垦、植物筛选、湿地构建和土地复垦等技术水平，成为矿区环境整治与采煤沉陷区生态修复的热点和焦点。

1.2.3　我国采煤沉陷区生态修复存在的问题

1.2.3.1　先破坏、后修复；重数量、轻质量

近年来，虽然各地不断深化采煤沉陷区生态修复理念，但对修复治理认识仍不全面、不深入。为追求经济效益，过度开采煤炭资源，以牺牲环境为代价换取一时的经济发展，仍有"先破坏、后修复"的错误观念，对

生态保护重要性认识不足，最终导致治理速度赶不上新采煤沉陷破坏的速度，治理任务越来越重。采煤沉陷区生态修复工作中存在重修复数量、轻修复质量的问题。沉陷区生态修复平均费用都很高，且修复过程中往往需要投入大量的人力物力。简单复垦和修复，虽然修复的采煤沉陷区数量增长较快，但修复后的沉陷区综合质量却下降了，土地开发再利用率较低，很难充分发挥集约利用效益。

1.2.3.2　理论技术有待革新和提高

目前采煤沉陷区生态修复出现重工程实践，轻理论研究，理论落后于实践的片面发展现象，缺乏从采煤沉陷区调查评估、项目规划、地质安全隐患防治、场地修复、地形重塑、土壤重构、植被重建与景观提升全过程的体系化研究，一味地追求修复工程的实施，缺乏理论指导性，随意性较强，造成无效修复、低效修复或过度修复的问题。目前，采煤沉陷区的精细化治理不到位，缺乏针对不同区域采煤沉陷区的生态保护和修复技术，造成实际的修复治理内容、要求、效果与投资费效比等方面的差异极大，给项目建设和管理带来较大的不确定性，应积极探索提高经济效益、生态效益和社会效益的采煤沉陷区生态修复新技术和新模式。

1.2.3.3　相关的政策法规不健全

采煤沉陷是一个动态过程，破坏形态各具特征，利用目标各异，投资大、回收期长，需要大量人力、物力和财力的长期支撑，这就决定了沉陷区的利用需要长期的政策支持、科学的项目决策、专业的工程设计和建设。当前采煤沉陷区生态修复的相关政策、法律法规体系不健全，投入运行机制仍然欠缺，专项资金来源单一，地方政府投资积极性不高，部分企业投资和治理意识不强。2011年国务院令第592号《土地复垦条例》，明确了"对由于生产建设活动遭受损毁的土地，按照'谁损毁，谁复垦'的原则，采取整治措施，使其达到可供利用状态"的规定，但缺乏复垦活动中的责、权、利等方面具体明确的配套法规，没有建立起一套有效的约束机制。采煤沉陷区的生态修复是一项复杂的系统工程，涉及自然、社会、经济、工程等诸多方面，需要土地、农业、水利、交通、城建、财政等多部门协作。

1.2.3.4 采煤沉陷区生态修复与开发利用模式结合度不高

煤矿采空区土地沉陷后,要将其"复原"到破坏前所存在的状态,涉及地形、地表水和地下水以及重新建立的动植物群落,实践证明,这是很难实现的,也是没有必要的。通过"土地复垦",将损毁的土地恢复到接近破坏前的利用状态(包括土壤状况、植被分布、动物种类等),或通过"生态修复",实现损毁土地新的资源化利用,可以在更高的程度上用于都市农业、休闲娱乐或作为野生动植物保护区,不仅能够解决煤矿沉陷对生态环境的破坏,而且能够助推沉陷区新型生态经济产业发展,增加就业,促进矿区转型发展。目前,在沉陷区资源化利用模式下的生态修复还存在着一些突出的问题。大部分沉陷区的利用缺乏全盘考虑和统一安排,没有总体目标和科学方案,当地群众则习惯了原有生产方式,进行简单的粗放耕作,在养殖、特种种植等方面的生产水平跟不上,技术水平低,修复利用模式落后,使现有土地开发利用的经济效益低。

1.3 公园城市理念对采煤沉陷区生态修复的要求

现代意义上的生态修复理念起源于恢复生态学(Restoration Ecology)。生态恢复是指协助已经退化、损害或者彻底破坏的生态系统恢复到原来发展轨迹的过程。传统观点认为,生态修复的目的也是"恢复、改善生态环境,继而使生态系统正常有效运行"。随着研究和实践的深入,我国学者意识到,生态系统的原始状态很难确定,而且很多情况下在经济上也不合理、不可行。于是,由日本学者首先创立的生态修复的概念逐渐得到广泛认可。但是,生态修复的内涵迄今并未统一,大部分学者仅仅关注环境要素的治理,并未考虑生态修复的重要社会价值。伴随着我国生态文明建设政策制度的不断深化,学界对生态修复与区域经济社会内在关系的认识也不断加深，生态修复也被赋予了新的内涵，认为生态修复应当是自然修复与社会修复密切结合的系统工程。公园城市导向下的采煤沉陷区生态修复，就是以维护生态系统为出发点，以促进煤炭资源型城市经济社会可持续发展为基础目标，综合治理采煤沉陷区环境生态的系统工程，以及在此基础上实现当地社会经济转型发展的一系列生态、社会、经济和文化治理措施。

1.3.1 公园城市及其基本特征

1.3.1.1 当代人类生态文明观的形成与发展

生态文明是人类遵循人、自然、社会和谐发展客观规律而取得的物质与精神成果的总和。它的形成和发展，经历了相当长的历史过程，是中国特色社会主义实践和理论创新的重大成果。

20世纪50~60年代，人类在经济增长、城市化、人口增长、资源消耗等所形成的环境压力下，对"增长＝发展"的模式产生怀疑并开展研究。1972年美国学者巴巴拉·沃德（Barbara Ward）和雷内·杜博斯（Rene Dubos）合著的《只有一个地球》一书问世，把人类生存与环境的认识推向一个新境界——可持续发展的境界。1987年联合国世界与环境发展委员会发表了《我们共同的未来》的报告，正式提出可持续发展概念。1992年联合国环境与发展会议通过了关于环境与发展的《里约热内卢宣言》（又称《地球宪章》）和《21世纪行动议程》，154个国家签署了《气候变化框架公约》，148个国家签署了《保护生物多样性公约》，通过了《关于森林问题的政府声明》。可持续发展成为全球各国共同的发展指南，并延续至今。

我国历来重视人与自然的和谐共生。1956年3月中央提出绿化祖国的号召，1958年党的八届六中全会发出"大地园林化"号召。1979年9月叶剑英同志提出要在建设高度物质文明的同时建设高度社会主义精神文明。1982年党的十二大首次提出物质文明和精神文明"二位一体"发展战略。1986年党的十二届六中全会提出经济、政治、文化建设"三位一体"发展战略。2002年党的十六大把生态环境和可持续发展确定为全面建成小康社会的四大目标之一，2003年党的十六届三中全会明确提出了全面、协调、可持续的科学发展观，2005年党的十六届五中全会进一步把社会主义建设任务用经济、政治、文化、社会建设来表述，是时"四位一体"发展目标的进一步提炼。2007年党的十七大报告首次提出了生态文明建设任务：

"基本形成节约能源资源和保护生态环境的产业结构、增长方式、消费方式……生态文明观念要在全社会牢固树立"。

2012年党的十八大把生态文明建设与经济、政治、文化、社会建设并列提出，形成了"五位一体"总体布局，将生态文明建设提升到新的高度。2013年3月联合国环境规划署第27次理事会通过了推广中国生态文明理念的决定草案，标志着中国生态文明的理论与实践在国际社会得到认同与支持。2017年党的十九大对社会主义现代化强国的目标，在党的十八大"富强民主文明和谐"的基础上，首次增加了"美丽"二字，进一步丰富了生态文明的内涵。把生态文明建设融入经济、政治、文化、社会建设的各方面和全过程，将生态问题从技术层面提升到人与自然、人与人、人与社会和谐共生的文化伦理层面，这是西方生态思想与中华优秀传统文化的有机融合与升华，是对可持续发展理论的重大发展，这是人类发展认识论上的一次重大飞跃、理论上的一项重大创新、实践上的一个重大举措。

1.3.1.2 国内外城市发展理念的演变

城市是现代社会国家政治、经济、文化和社会生活的主要载体。对城市的建设不仅引导了人类历史的进步，而且在世界经济和社会发展巨变的今天也发挥着重要的作用，没有城市的建设就没有国家的繁荣。根据城市建设中人与自然的关系，城市发展经历了自然城市、工业城市、生态城市等过程演变。

自然城市，是指在城市建设中以朴素自然观为指导规划和建设的城市。例如古代国都选址要在平坦而肥沃的土地之上，注重充分利用良好的自然条件，保证城市基本的防御、供水与排水的需要，保障城市人口的衣食之需等等。自然城市与人类共同走过了工业革命前的漫长历史长河。

从18世纪下半叶开始的西方工业革命，强烈地改变着人类赖以生存的自然环境和社会生活本身。这时期工业成为主宰城市的主要力量，而现实的城市建设就是使城市结构去适应这种机器大生产社会的需要。城市开始分区，并严格按照某种秩序运行。然而，城市内的一些要素和空间布局引发下的资产阶级追逐资本利益现象，促生了城市建设中的种种问题，如恶劣的居住条件，混乱的城市结构，拥堵的城市交通，持续恶化的生态环境和不断退化的城市景观等。

为了解决工业城市给人们带来的一系列生理和心理健康问题，早在19

世纪末，George 首次提出应该合理地规划人类活动，使之与自然环境协调，而不是破坏自然，这种强调与自然和谐相处的理性思维掀开了近代城市生态建设的序幕；1898 年，Ebenezer Howard 提出"田园城市（Garden Cities of Tomorrow，也有译为花园城市、田园都市）"的概念；而 Le Corbusier 在 1930 年布鲁塞尔展出的"光明城"规划和 Clarence Stein 与 Henry Wright 在美国新泽西州 1929 年规划、1933 年开始建设的"绿带城"则推出了"绿色城市"的概念和实践；1971 年联合国教科文组织发起"人与生物圈（MAB）"计划研究，提出"生态城市"的概念；特别是联合国人类环境会议后，世界主要国家出现了建设"生态城市（Ecopolis）"和"绿色城市（Green City）"的热潮。2005 年联合国环境署推出《城市环境协定——绿色城市宣言》，从原先关心保护城市公园绿地的有限概念与活动，扩大到保全自然生态环境的区域概念与范围。我国生态环境部提出了"生态县、生态市、生态省建设指标"；建设部从 1992 年开始在全国实施"园林城市"创建活动，目标是以城市为单位，实现城市园林化，2004 年，建设部又在全国实施"生态园林城市"创建试点工作，2010 年正式出台国家生态园林城市标准，2018 年 2 月，习近平总书记在四川视察期间，期许成都"加快建设全面体现新发展理念的城市"，要求成都"要突出公园城市特点，把生态价值考虑进去"，将城市人与自然和谐的探索和实践推向新阶段。

1.3.1.3 公园城市及其基本特征

2018 年 2 月习近平总书记在成都视察时提出的公园城市理念是城市发展的新模式，是我国多年城市发展实践不断探索的结果，是新时代背景下关于城市人与自然和谐共生的全新概括和最新阐释，更加符合生态文明发展要求。

"公园城市"并非"公园"与"城市"字面意思地简单叠加。作为全面体现新发展理念的城市发展高级形态，以人民为中心，以生态文明为引领，将公园形态与城市空间有机融合，生产生活生态空间相宜、自然经济社会人文相融的复合系统，是人、城、境、业高度和谐统一的现代化城市，本质内涵可以概括为"一公三生"，即"公共""生态""生活""生产"高度和谐统一的大美城市形态和新时代城市新范式，通过形成城市生生不息的内生系统，引导城市永续、创新发展。其中，"公共"与公园城市定义描述中的"公"字相对应，"生态"与"生态价值"相对应，"生活""生产"共同与"新增长极"和"内陆开放"融合对应。"一公三生"同时也是"公""园""城""市"四字所代表的意思的总和。

公园城市的"公"强调了城市以人民为中心的、达成人与人和谐相处的社会状态。公共的内容是"公园城市"的根本特点和基本前提。"园"，所以树果也，泛指各种游憩境域，对应整个生态系统，此处理解为生态多样；"城"，所以盛民也，为保民为之也，对应人居环境，此处解释为生活宜居；"市"，买卖之所也，对应产业经济活动，此处理解为创新生产。"公园城市"是要做到"公""园""城""市"四字所代表的各类功能配比良好、复合性高、系统性强的统一整体状态。

公园城市作为社会主义新时代和生态文明新阶段的全新理念和城市发展新模式，吸收了"田园城市""生态城市""绿色城市""园林城市""山水城市"等理念的思想精华，比花园城市更具有人文意识，比园林城市具有更多的自然风味，比生态城市具有更多发展特性。突出特征体现为：

特征一：突出以生态文明引领的发展观

公园城市理念强化生态价值彰显与转化，以构建全域公园、生态廊道以及绿道体系等为基础，引领功能产业、资源利用、文化景观、生活服务、品牌塑造等各方面发展，形成"绿色+"的发展观，实现绿色空间和公共空间更加丰富、城市格局更加优化、公共服务更加均衡、城市功能更加开放、城市形态更加优美、城乡更加融合、产业更加绿色。

特征二：突出以人民为中心的价值观

公园城市理念突出"城市的核心是人"的价值取向，以"让生活更美好"作为使命方向突出公园为"公"，做到共商、共建、共治、共享、共融；突出人民属性，以人民的获得感和幸福感为根本出发点；突出"服务所有人"，满足各类人群的个性化需求。

特征三：突出构筑山水林田湖草生命共同体的生态观

公园城市理念深化了"生态是统一的自然系统，是相互依存紧密联系的有机链条……山水林田湖草是一个生命共同体，这个生命共同体是人类生存发展的物质基础"这一认识，按照自然生态的整体性、系统性、内在规律及对人类健康生存与永续发展的意义，保护城市生活和生态功能，实现山水林田湖草与城市的相融与共存。

特征四：突出人、城、境、业高度和谐统一的大美城市形态

公园城市理念将"以人为本"作为规划建设的逻辑起点，科学构建城

市空间形态、提升城市宜居品质，注重生态建设，营造碧水蓝天、森林环绕、绿树成荫的城乡环境，强调加快产业转型，大力发展与生态环境相协调的功能产业，实现"农耕文明、工业文明和生态文明交相辉映，人、城、境、业高度和谐统一的大美城市形态"。

1.3.2 公园城市理念对采煤沉陷区生态修复的要求

采煤沉陷区是煤炭资源型城市推进公园城市建设的空间载体的重要部分，其生态修复是公园城市建设的重要内容，是融入城市大环境，涉及资源开发、环境保护、经济发展、社会进步的系统工程，是实现公园城市建设多样化功能要求的重要组成体系。公园城市导向下的采煤沉陷区生态修复规划目标，应与区域生态功能区划、环境功能区划、经济社会发展、土地利用、生态保护建设、城乡发展规划等相协调。

1.3.2.1 符合城市总体发展

采矿沉陷区生态修复应符合公园城市发展理念，助力公园城市建设。公园城市将自然生态资源作为城市的建设基底，坚持节约优先、保护优先、自然恢复为主的发展方针，强化自然生态资源向城镇空间的渗透，打造从城内到城外一体化的生态服务体系，促进人与自然和谐共生。矿区生态环境破坏特征与资源赋存规律、矿山开采设计和生产密切相关。因此，采煤沉陷区生态修复应与矿区和城市总体资源开发融为一体，结合城市建设发展规划与目标，积极探索贯穿矿山开发生命周期的"主动""超前""动态"生态环境修复新模式和新技术，以实现资源开发与生态环境修复相互协调，构建市矿共同繁荣、生态环境优美、煤矿与城市和谐发展的新面貌。

1.3.2.2 维护区域生态安全

公园城市以生态文明理念为引领，深入践行"绿水青山就是金山银山"理念，以生态视野在城市构建山水林田湖草生命共同体，坚持以形筑城、以绿营城、以水润城，构建诗意城市新画卷。生态维持是采煤沉陷区修复体系、生态矿区建设的重要环节，是实现可持续发展的战略要求，也是创建公园城市的基本点。采煤沉陷区生态修复应结合矿区积水区陆生生态系统逐步向水生生态系统转变，顺应生物演替规律，着力开展植被重建、天然湿地保护和人工湿地构建，重构一个注重生物多样性保育、稳定的自维持生态系统，逐步建成矿区所在城市经济、自然复合发展的生态系统。通过土地平整和设施建设，实施沉陷区环境治理，增加土壤有机质含量，减少水土流失，提高土壤肥力，使沉陷区生态得以恢复，更好地发展城市景观。

1.3.2.3　兼顾经济社会效益

矿业城市生态环境的恶劣，关系城市居民的日常生活，影响城市经济的可持续发展。采煤沉陷区生态修复与重建，应解决沉陷区生态环境问题，减少各类社会不安定因素，完善当地的产业经济结构，增加劳动就业量，保护环境，促进社会经济可持续发展，更好地实现公园城市建设提倡的"产—城—人"向"人—城—产"经济发展模式的转变，实现人、城、境、业高度和谐统一，推动转型发展新路径，形成显著的经济、社会效益。采煤沉陷区作为城市的重要资源，是城市重要的土地资源，应通过生态修复来满足未来城镇绿化用地、农业用地的面积增加和城市资产增值的需求。

1.3.2.4　塑造城绿交融景观

为更好地体现公园城市建设内涵，改善生产生活环境，对采煤沉陷区的生态修复应积极开展景观再塑，发展休闲观光特色开发区，如可以在浅层沉陷水面建养鱼塘，发展大水面养殖；也可以充填沉陷区建公园，使"煤城"变"绿城"，把"污染源"建成城市"后花园"。

第 2 章

采煤沉陷区生态修复规划

2.1 规划目标体系

公园城市导向下的采煤沉陷区生态修复规划是多目标的，从时间角度分，有远期目标、中期目标和近期目标；从涉及范围角度分，有总体目标和分区目标；从目标指向角度分，有生态目标、经济目标、社会目标等；从目标决策角度分，有目标层、要素层、指标层。目标层包括规划用途（如生态涵养、园林景观、科普教育等）、生态修复目标、资源利用目标、景观营建目标等，指标层应对目标层进行细化。

根据采煤沉陷区及其周边场地现状，区域生态修复目标可以分为两大类：一是达到"近自然"状态，主要发挥城市生态防护或生态涵养功能，即生态修复后，其生态系统的关键属性非常接近参照生态系统；二是结合场地特征、区域文化等，打造成为独具特色的城市景观或科普教育基地等，围绕市民需求，成为便民、利民的美好场所。

采煤沉陷区生态修复应根据面积大小、地形地貌、塌陷程度等分区规划，根据地表水资源分布特征，可划分为常年积水性采煤沉陷区、季节性积水采煤沉陷区和非积水性采煤沉陷区；按沉陷稳定性，可分为生态修复适宜区、生态修复基本适宜区和生态修复暂不适宜区。

2.2 规划调查

2.2.1 地质安全条件调查

采煤沉陷区地质安全隐患是指煤矿开采活动引发的危害人民生命和财产安全的地面塌陷、地裂缝、地面沉降等与地质作用有关的隐患。开展沉陷区地质安全隐患调查与评估，是科学制订沉陷区生态修复治理规划和治理工程方案、保障沉陷区生态修复工程安全运行的基础。

2.2.1.1 采煤沉陷区地质安全隐患类型

影响采煤沉陷区生态修复的地质安全隐患，主要有地面塌陷、地裂缝、地面沉降三种。

1. 地面塌陷

地面塌陷是地表岩土体及赋存其中的水、气所组成的综合体系，在自然或人为因素作用下，产生各种破坏其稳定平衡状态的力学效应，导致岩土体覆盖层向下陷落，并在地面形成塌陷坑（洞）的一种地质现象。地面塌陷的规模类型可按表2-1标准确定。

地面塌陷是地下矿产采空区常见的一种地质安全隐患，具有突发性、多发性、隐蔽性等特点，影响范围广、危害大且难以治理。而且，其形成的原因众多复杂，受围岩性质、地形地势、地质构造、水文条件、自然降雨及人类活动等多方面因素影响。研究表明，超量抽取地下水、采矿活动等人类活动是导致地面塌陷的直接原因，地质构造薄弱是导致地面塌陷的根本原因。

地面塌陷会导致房屋墙壁开裂，耕田破坏，产生长期积水区，对公路、铁路造成割裂性破坏，严重影响人们的生产生活及交通出行，造成巨大财产损失和生命安全威胁。

2. 地裂缝

地裂缝是第四系地层中地表岩土体产生破坏、开裂，并在地面形成一定长度和宽度裂缝的地质现象。地裂缝的规模类型可按表2-2标准确定。

地面塌陷规模类型划分标准 表2-1

类别	塌陷变形面积 S/km^2
小型	$S<0.01$
中型	$0.01 \leq S<0.1$
大型	$0.1 \leq S<1$
特大型	$1 \leq S<10$
巨型	$S \geq 10$

地裂缝规模类型划分标准 表 2-2

类别	裂缝长度 L/km
小型	$L<0.5$
中型	$0.5 \leqslant L<1$
大型	$1 \leqslant L<5$
特大型	$5 \leqslant L<10$
巨型	$L \geqslant 10$

井工煤矿采空区上覆岩层移动与表土层形变耦合形成地裂缝的过程是一个复杂的岩土力学过程，是多个因素综合作用的结果。

首先，地下采煤活动破坏了地下的原始应力平衡，采空区上部岩层在重力以及其他应力作用下发生冒落，使得上覆岩土层发生变形、破坏，传至地表的形变过程中，由于各个岩层的抗拉、抗剪强度不同，就会形成一系列的地裂隙。

其次，地下采煤所进行的疏排水活动导致孔隙水压力减小、地下预留煤柱不同程度的破坏形成的"三带"破坏形式等因素，都会在不同程度上加剧地面塌陷和地面均匀、不均匀沉降等地面变形问题，从而间接或直接导致地裂缝的活动量和活动规模的增加。

最后，地裂缝的产生及其宽度、深度还与有无第四纪松散层及其厚度、表土的塑性和黏性大小及表土受到拉伸变形的大小密切相关。塑性大的黏性土，一般当地表变形值达 6~10mm/m 时才产生裂缝；塑性小的砂质黏土，当地表变形值达到 2~3 mm/m 时就产生裂缝。

采煤沉陷区中出现的地裂缝主要是由于非构造地裂缝中的采空区塌陷引起，而这种开采引起地表塌陷型地裂缝是因薄基岩浅埋矿层开采造成的。一般认为，在薄基岩浅埋矿层大采、高采时，即基岩采厚比大于 0.3，裂隙带直达地表，覆岩不存在弯曲带，地表会产生大量开采裂缝。地裂缝可对土地生态以及建（构）筑设施、交通线路与堤防设施等岩土工程设施造成不同程度的破坏，并引发次生矿山地质灾害，从而威胁人民生命财产安全和矿区可持续发展。

3. 地面沉降

地面沉降是由于抽取地下水等因素引发的地层松散土体压缩，并导致局部地面标高降低的一种连续、渐进、累积式地质现象，是一种不可补偿的永久性环境和资源损失。黄淮海平原是地面沉降的高发区。地面沉降对防洪排涝、土地利用、城市规划建设、铁路交通等造成了严重危害，导致建筑物受损，大规模的市政基础设施破坏等，直接威胁人民生命财产安全。

黄淮海地区地面沉降主要受到第四纪地质条件、地下水及含水层特征、地质构造及岩土类型、地下水开发利用程度等因素的控制，过量的地下水开采是引起地面沉降的主要因素。

地面沉降具有生成缓慢、持续时间长、影响范围广、成因机制复杂和防治难度大等特点，形成初期多为局部性的，随着沉降发展，逐步形成大范围的沉降区。地面沉降的发育具有明显的地域性特点，发生或可能发生地面沉降的地域范围局限于存在厚层第四纪堆积物的平原、盆地、河口三角洲或滨海地带。地面沉降往往发生在位于上述地貌类型的大城市或高度工业化地区。

2.2.1.2 地质安全隐患调查

1. 基本内容与方法

沉陷稳定性调查内容主要包括采煤沉陷区的地质环境调查、采煤现状调查和地形地貌调查。调查以资料收集和现场踏勘相结合的方法开展。资料收集包括地质环境调查、监测和其他相关勘察资料、地表沉陷形成条件与诱发因素资料、有关管理部门文件、所在区域的自然和经济社会资料的收集。对收集到的资料应全面查阅和分析，剔除不合理信息，将有效信息汇总归档。现场踏勘根据调查需要进行踏勘普查、样地详查或勘探调查。调查范围包括采煤沉陷区及对采煤沉陷区生态修复有影响的区域或流域，采取现场记录、测绘和摄影等相结合的方式，详细做好各项记录。

2. 地质环境调查

调查和说明沉陷区地质构造与覆岩力学性质因素，地质构造包括断层密度、强度、倾角等，覆岩力学性质包括松散层的厚度、地层的倾角、综合岩性、岩层层位分布等。

3. 采煤现状调查

调查和说明与土地沉陷相关的煤矿开采方法、开采厚度、开采深度、采空区位置和规模、影响地表稳定性的其他因素（如地表工程活动、地下水作用）、煤炭开采生产的过程中遗存的具有历史意义的建（构）筑物（包括名称、位置、状态、历史文化价值等）。

4. 地形地貌调查

调查和说明沉陷区的自然地貌和人工地貌类型及其分布、高程、形态、成因时代、物质组成和地貌单元间的接触关系，以及土地沉陷后形成的微地形、地貌变化，包括土地沉陷的类型、范围、程度，沉陷坑塘、地裂缝等分布、规模、基本特征以及对生态环境的影响。

5. 隐患调查

（1）地面塌陷调查

地面塌陷以采空塌陷为主，主要调查以下内容：

①已有地面塌陷的变化情况，包括塌陷有无变深、塌陷坑壁有无坍塌现象发生、塌陷坑周围有无新的裂缝产生等；

②矿层的分布、层数、厚度、深度、埋藏特征和开采层的岩性、结构等，矿层开采的深度、厚度、时间、方法、顶板支撑及采空区的塌落、密实程度、空隙和积水等；

③采空区附近的抽、排水情况及对采空区稳定的影响；

④地表变形特征和分布规律，包括地表坑陷、台阶，裂缝位置、形状、大小、深度、延伸方向及其与采空区、地质构造、开采边界、工作面推进方向等的关系；

⑤地表移动盆地的特征，划分中间区、内边缘区和外边缘区，确定地表移动和变形的特征值。

（2）地裂缝调查

主要调查以下内容：

①已有地裂缝是否发生变化及其变化程度（如裂缝的长度、宽度、深度等）；

②单缝发育规模和特征以及群缝分布特征和分布范围；

③地裂缝形成的地质条件，包括地形地貌、地层岩性、构造断裂等；

④成因类型和诱发因素（自然因素、人为因素）。

（3）地面沉降调查

主要调查由于常年抽吸地下水引起水位或水压下降而造成的地面沉降，主要包括以下内容：

①地面沉降分布范围、形状、面积，沉降中心位置，累计沉降量，沉降速率等；

②地面沉降区地质条件，包括第四纪沉积类型、地貌单元特征及微地貌的分布，第四系岩性、厚度、埋藏条件及压缩层的分布；

③第四系含水层的水文地质特征、埋藏条件及水力联系；搜集历年地下水动态、开采量、开采层位和区域地下水位等值线图等资料。

2.2.2 环境安全隐患调查

1. 水环境污染

采煤沉陷区水域是一种特殊的水体，是煤矿开采的衍生物，也是矿区地表水资源的重要组成部分，在矿区生态中起着重要的作用。长期以来，由于采煤沉陷区所处的特殊环境，沉陷区水域和矿区附近的地表水已经成为矿区及周边工矿企业废水和生活污水的排放场所，加上周围农田的面源污染，被污染的沉陷区水体会对附近区域的水环境造成一定的污染，成为矿区生态环境的潜在威胁。水环境污染主要表现为以下特征：

（1）水体感官性变化

①色泽变化。天然水是无色透明的，水体受污染后可使水色发生变化，出现变红、变黑或变褐等现象，从而影响感官，破坏生态景观。

②浊度变化。水体中含有泥沙、有机质以及无机物质的悬浮物和胶体物，会产生混浊现象，以致降低水的透明度，从而影响感官，甚至影响水生生物生长。

③泡状物。污染物排入水中会产生泡沫，漂浮于水面的泡沫，不仅影响观感，还可在其孔隙中栖存细菌，造成水污染。

④臭味。水体发出臭味是一种常见的污染现象。水体发臭多属有机质在厌氧状态腐败发臭，属于综合性恶臭，有明显的阴沟臭。恶臭的危害是使人憋气、恶心，导致水产品无法食用，水体失去基本功能等。

（2）水体有机污染

有机污染物在水中进行生物氧化分解过程中，需要消耗大量溶解氧，一旦水体中氧气供应不足，会使氧化作用停止，引起有机物的厌氧发酵，散发出恶臭，污染环境，毒害水生生物。

（3）水体无机污染

无机污染物指酸、碱和无机盐类对水体的污染，首先使水的 pH 值发生变化，破坏其自然缓冲作用，抑制微生物生长，阻碍水体自净作用。同时，还会增大水中无机盐类和水的硬度，给工业和生活用水带来不利影响。

（4）水体的重金属、有毒物质污染

各类重金属、有毒物质进入沉陷区水域后，在高浓度时，会杀死水中生物，在低浓度时，可在生物体内富集，并通过食物链逐级浓缩，最后影响到人体。

（5）水体富营养化

水体富营养化会造成藻类迅速繁殖，并大量消耗水中的溶解氧，从而导致水功能遭到破坏，水生物生存受到威胁。

（6）水体的病原微生物污染

含有各类病毒、细菌、寄生虫等病原微生物的水体进入沉陷区水域，会引发水体的病原微生物污染，传播各种疾病。

2. 土壤污染

采煤沉陷区土壤污染是指煤炭开采等人类活动过程中所产生的污染物通过各种途径进入土壤，其总量和浓度超过了土壤的容纳和净化能力，从而使土壤的性质、组成及性状等发生变化，使污染物的积累过程逐渐占据优势，破坏了土壤自然生态平衡，并导致出现土壤的自然功能失调、土壤质量下降的现象。土壤污染的明显标志是土壤生产力下降。凡是进入土壤并影响土壤的理化性质和组成物质而导致土壤的自然功能失调、土壤质量恶化的物质，统称为土壤污染物。土壤污染物的种类繁多，既有化学污染物也有物理污染物、生物污染物和放射性污染物等，其中以土壤的化学污染物最为普遍、严重和复杂。土壤污染集中表现为有机污染、重金属污染和病原微生物污染三大类。

（1）有机污染

沉陷区土壤有机污染物主要是矿区周边农田化肥、农药施用造成的。目前大量使用的化学农药种类很多，其中主要包括有机磷类、有机氯类、氨基甲酸酯类、苯氧羟酸类、苯酚、胺类等。农药市场普遍存在农药生产量大、产品结构不合理、质量较低等问题，致使农药产生大量残留，带来严重的土壤污染。此外，石油、多环芳烃、多氯联苯、甲烷等，也是土壤中常见的有机污染物。

(2) 重金属污染

煤矸石、粉煤灰等大量堆积的煤矿固体废弃物经过风化淋溶释放，其含有的重金属会经过水体冲刷等方式进入土壤；矿业污染源含有的重金属也可以通过大气沉降进入土壤。重金属主要有汞、镉、铜、锌、铬、镍、钴等。由于重金属不能被微生物分解，而且可通过生物富集，土壤一旦被重金属污染，其自然净化和人工治理都是非常困难的，对人类有很大的潜在危害。

(3) 病原微生物污染

土壤中的病原微生物，主要包括病原菌和病毒等，来源于人类活动的粪便排泄及用于灌溉的污水和未经处理的生活废水。人类若直接接触含有病原微生物的土壤，会通过多种间接途径对健康造成影响。

2.2.3 污染调查

污染调查包括：调查采煤沉陷区水、土壤和大气环境质量现状，分析水资源主要来源、地下水水位和地表水平均水深等；调查采煤沉陷区周边环境、基础设施和土地利用情况；调查土壤环境背景值。

1. 工业污染源

工业污染源主要指"三废"，即工业废气、废水和废渣，应对采煤沉陷区所在地工业废气排放量、工业废水排放量、工业固体废物产生量进行调查，收集相关数据资料。

2. 采矿废弃物

调查闭矿后留存在采煤沉陷区的固废污染物，主要包括煤矸石、粉煤灰等，并对沉陷区煤矸石、粉煤灰排放量、储存地点进行调查。

3. 农业面源污染

农业面源污染指在农业生产活动中，农田中的泥沙、营养盐、农药和其他污染物，在降水（或融雪）冲刷作用下，通过径流过程而汇入接纳水体并引起水体有机污染、富营养化或有毒有害等形式的污染。采煤沉陷区水体所受的农业面源污染，主要包括水土流失、农药和化肥的施用等。主要污染物为营养盐（可溶的氮素和磷素）、有毒污染物（农药、杀虫剂等）、可降解的农作物秸秆、难降解的废弃农膜等。调查时应对采矿沉陷区农药、化肥、污灌施用量和化肥流失率进行统计。

4. 生活污水

近年来随着矿区规模的不断扩大，矿区生活污水的排放量也随之增加。矿区生活污水一般经化粪池处理后，由排污管道或阴沟槽直接排入地表水体中。而采煤沉陷区周围的乡镇居民产生的生活污水一般通过地表径流直接排入附近水体，应对沉陷区周边居民生活污水产生量和排放量进行调查，分析生活污水的有机污染指标和微生物污染指标。

2.2.4 综合规划条件调查

综合规划条件调查是公园城市导向下的采煤沉陷区生态修复规划方案的重要前提，应通过对采煤沉陷区所在区市进行调查评估，深入了解矿区场地及其周边状况，明确沉陷区分布区域和修复范围，全面掌握城市发展方向和对生态环境的要求，结合土地复垦和再利用方式，科学制定生态修复规划，为生态修复打好基础，推动公园城市建设。

调查包括采煤沉陷区所在区域自然地理条件、资源环境、土地利用现状和经济、社会状况。全面收集整理采煤沉陷区所在区域资料，确定采煤沉陷区现场位置并完成相关平面图的绘制，调查采煤沉陷区概况、工业固废的排放、分布及综合利用现状等，分析生态修复所在区域的社会和经济条件。同时，可调研与该采煤沉陷区生态环境相似但未遭到破坏的矿区情况，为目标研究区域沉陷区的生态修复提供一种适应本地的自然模式作为参照生态系统。具体调查内容如表2-3所示。

调查内容　　　　　　　　　　　　　　　　　　　　　　　　　　　　　表2-3

类别	项目	内容
采煤沉陷区概况	自然地理条件	调查采煤沉陷区所在地理位置、行政隶属、气候温度、适宜生长植被以及周边主要城市或村镇、主要交通枢纽等
	资源环境	调查采煤沉陷区所在地土地资源、水资源状况；煤炭资源总体情况、年产量；植物群落类型、组成、结构、分布、覆盖度（郁闭度）和高度；陆生动物、水生动物、两栖动物、鸟类动物的种群数量、密度、栖息地状况，主导型动物种类、数量及繁殖和迁徙情况，相应动物的食源植物、蜜源植物等
	土地利用现状	调查和说明采煤沉陷区周边土地利用类型、规模、分布和权属情况

续表

类别	项目	内容
采煤沉陷区概况	经济条件	调查采煤沉陷区所在区域收入和产业结构情况，了解该区域经济发展态势
	社会发展水平	调查采煤沉陷区所在区域人口数量、教育水平、人文环境及区域发展相关规划等
采煤沉陷区引发的损害现状	资源开发现状	包括采煤沉陷区所属区域土地和土壤资源开发利用现状、水资源取用水量、煤电资源产量和消耗量
	环境污染状况	调查采煤沉陷区已造成的环境污染状况，包括水资源污染情况、工业废弃物排放量、土壤、大气污染状况
	生态破坏情况	调查采煤沉陷造成的土地资源破坏、地表水系破坏、生境破坏等情况，包括受损耕地、破坏建筑物面积、道路和水暖等基础设施受损状况；动物、植物受威胁状况等
已开展的采煤沉陷区治理工作情况	土地复垦环境整治情况	调查累计已完成的复垦土地面积和沉陷区综合治理面积
	居民搬迁情况	调查因为采煤沉陷和治理引起的居民拆迁搬移情况
	资金投入情况	调查采煤沉陷区治理居民和企业等资金的投入情况

调查方法主要有资料收集、现场调查和人员访谈等。资料收集内容包括所在区域的自然和经济社会信息、环境资料、采矿记录、有关政策文件等，并对收集到的资料全面查阅和分析，根据专业知识和经验识别资料中不合理信息，将有效信息汇总归档。现场调查应根据调查目的和内容进行踏勘普查、样地详查和勘探调查等，并做好各项记录，调查方法应符合行业调查规范。人员访谈内容主要为资料收集和现场踏勘所涉及的疑问，以及信息补充和已有资料的考证。受访者为采煤沉陷区及其周边区域现状或历史的知情人。

2.3 规划评估

在调查结束后,根据调查内容进行分专业类别或整体科学评估,并为科学合理地制定规划方案提供依据。

2.3.1 沉陷稳定性评估

2.3.1.1 评估内容

沉陷稳定性评估内容包括沉陷稳定性现状评估、沉陷稳定性预测评估和沉陷稳定性综合评估,根据沉陷成因和调查结果,评估采煤沉陷区土地沉陷稳定状态与发展趋势。

1. 现状评估

查明评估区已发生的地面塌陷、地裂缝和地面沉降等形成的地质环境条件、分布、类型、规模、变形活动特征、主要诱发因素与形成机制,对其稳定性进行初步评价,在此基础上对地表沉陷稳定性做出评估。

2. 预测评估

对工程建设场地和可能危及工程建设安全的邻近地区,可能引发或加剧的、工程本身可能出现的沉陷稳定状态做出评估。

(1)对工程建设中和建成后可能引发或加剧地面塌陷、地裂缝和地面沉降等的可能性、危险性和危害程度做出预测评估。

(2)对工程自身可能遭受已存在的地面塌陷、地裂缝和地面沉降等地质安全隐患和沉陷稳定性做出预测评估。

(3)对地面塌陷、地裂缝和地面沉降等预测评估可采用概率积分法、工程地质比拟法、成因历史分析法、层次分析法、数字统计法等定性、半定量的评估方法。

(4)地面塌陷、地裂缝和地面沉降发育分为发生、发展、趋于稳定三个阶段,地面塌陷、地裂缝和地面沉降预测评估标准分别参见表2-4~表2-6。

地面塌陷预测评估表（参考 DZ/T 0283—2015[①]）　　　　　　　　　　　　　　　表 2-4

阶段	评估标准
发生阶段	地面出现局部塌落现象；塌陷坑周围产生裂缝；地面塌陷速率逐渐增加
发展阶段	塌陷深度增加，塌陷坑周围裂缝增多，且塌陷坑壁发生坍塌；塌陷速率明显增加
趋于稳定阶段	地面塌陷基本稳定，未出现明显变化；塌陷速率明显减小，趋于稳定

地裂缝预测评估表（参考 DZ/T 0283—2015）　　　　　　　　　　　　　　　　表 2-5

阶段	评估标准
发生阶段	地表可见细微裂隙或裂缝；裂缝活动速率逐渐增加
发展阶段	地表破裂增多、裂缝变大、破裂张开和垂直位移量进一步扩大；裂缝活动速率明显增加
趋于稳定阶段	地表破裂不再增加，张开和垂直位移量不再扩大；裂缝活动速率明显减小，趋于稳定

地面沉降预测评估表（参考 DZ/T 0283—2015）　　　　　　　　　　　　　　表 2-6

阶段	评估标准
发生阶段	地面高程出现降低现象；地面沉降速率逐渐增加
发展阶段	沉降速率明显增加，沉降范围急骤扩大，沉降规律更加明显
趋于稳定阶段	地面沉降基本稳定，未出现明显变化；地面沉降速率明显减小，趋于稳定

3. 综合评估

依据沉陷稳定性现状评估和预测评估结果，充分考虑评估区的地质环境条件的差异和潜在的地质安全隐患的分布、危险程度，确定判别区段稳定性的量化指标，对建设场地的沉陷稳定性做出评估，并提出防治地质安全隐患的措施和建议。

（1）沉陷稳定性综合评估：划分为稳定、基本稳定（残余沉陷中）和

[①] 《地面沉降调查与监测规范》DZ/T 0283—2015。

采煤沉陷区生态修复适宜性分区表 表 2-7

类别	分区说明
适宜区	地质环境简单,工程建设遭受地质安全隐患的可能性小,沉陷稳定
基本适宜区	地质构造、地层岩性变化较大,工程建设遭受地质安全隐患的可能性中等,沉陷基本稳定
暂不适宜区	地质构造复杂,软弱结构发育,工程建设遭受地质安全隐患的可能性大,沉陷不稳定

不稳定(沉陷发展中)3 级。当采煤沉陷区规模大、沉陷情况复杂时,宜分区进行评估。

(2)根据沉陷稳定性评估结果,采煤沉陷区生态修复适宜性分区见表 2-7。

2.3.1.2 沉陷稳定性定量评估方法

采煤沉陷区的土地沉陷稳定性评估范围为整个矿区,评估方法根据矿区地质条件、采煤技术、开采活动、沉陷发生情况等综合划分评估单元,按照评估单元分别进行沉陷稳定性评估。通常土地沉陷趋势利用万吨煤塌陷率法进行预测,地表移动和变形计算方法主要采用概率积分法,地面沉降预测评估采用分层总和法与单位变形量法进行计算。

1. 万吨煤塌陷率法

万吨煤塌陷率法是根据煤炭产量与采煤沉陷区面积之间的关系得出的统计数据,是普遍采用的一种采煤沉陷区预测方法,计算公式为式(2-1):

$$a = S/m \qquad (2-1)$$

式中,a 为万吨煤塌陷率,$hm^2/10^4 t$;S 为塌陷面积,hm^2;m 为矿山产量(设计产量),$10^4 t$。

2. 概率积分法

沉陷稳定性评估主要是通过地表移动与变形计算,确定地表任意点的下沉、水平移动、水平变形、曲率变形、倾斜变形等地表移动变形值。预计地表移动和变形时,根据我国的实际情况,可以选用典型曲线法、负指数函数法、概率积分法和数值法等。无论采用哪种方法,都应根据地质、采矿条件等,选择计算参数和计算公式。未经实测资料充分验证的方法,在预计中不宜采用。地表移动和变形计算的常用方法为概率积分法。

概率积分法用于地表移动变形连续分布时的地表移动和变形预测，它是以正态分布函数为影响函数，用积分式表示地表移动盆地的方法。概率积分法适用于倾角小于 45°的煤层，且具有参数容易确定、实用性强等优点，在采煤沉陷区使用比较广泛。具体方法参见《煤矿采空区岩土工程勘察规范》GB 51044—2014 或《建筑物、水体、铁路及主要井巷煤柱留设与压煤开采规范》（安监总煤装〔2017〕66 号）中地表移动变形计算内容。

3. 分层总和法与单位变形量法

预测地面沉降量的估算方法主要有分层总和法与单位变形量法：

（1）分层总和法

黏性土及粉土按式（2-2）计算：

$$S_\infty = \frac{a}{1+e_0} \Delta p H \tag{2-2}$$

砂土按式（2-3）计算：

$$S_\infty = \frac{1}{E} \Delta p H \tag{2-3}$$

式中：S_∞——土层最终沉降量（cm）；

a——土层压缩系数（MPa^{-1}），计算回弹量时用回弹系数；

e_0——土层原始孔隙比；

Δp——水位变化施加于土层上的平均附加应力（MPa）；

H——计算土层厚度（cm）；

E——砂层弹性模量（MPa），计算回弹量时用回弹模量。

地面沉降量等于各土层最终沉降量之和。

（2）单位变形量法

根据预测期前 3~4 年中的实测资料，按式（2-4）、式（2-5）计算土层在某一特定时段内，含水层水头每变化 1m 时其相应的变形量。

$$I_s = \frac{\Delta S_s}{\Delta h_s} \tag{2-4}$$

$$I_c = \frac{\Delta S_c}{\Delta h_c} \tag{2-5}$$

式中：I_s、I_c——水位升、降期的单位变形量（mm/m）；

Δh_s、Δh_c——某一时期内水位升、降幅度（m）；

ΔS_s、ΔS_c——相应于该水位变化幅度下的土层变形量（mm）。

为了反映地质条件和土层厚度与 I_s、I_c 参数之间的关系，将上述单位变形量除以土层的厚度 H，称为土层的比单位变形量，按式（2-6）和式（2-7）计算。

$$I'_s = \frac{I_s}{H} = \frac{\Delta S_s}{\Delta h_s H} \tag{2-6}$$

$$I'_c = \frac{I_c}{H} = \frac{\Delta S_c}{\Delta h_c H} \tag{2-7}$$

式中：I'_s、I'_c——水位升、降期的比单位变形量（m^{-1}）。

在已知预测期的水位升、降幅度和土层厚度的情况下，土层预测沉降量按式（2-8）和式（2-9）计算。

$$S_s = I_s \Delta h = I'_s \Delta h H \tag{2-8}$$

$$S_c = I_c \Delta h = I'_c \Delta h H \tag{2-9}$$

式中：S_s、S_c——水位上升或下降 Δh 时，厚度为 H 的土层预测的回弹量或沉降量（mm）。

4. 地面沉降发展趋势

在水位升降已经稳定不变的情况下，土层变形量与时间的变化关系，可用式（2-10）~式（2-12）计算。

$$S_t = S_\infty U \tag{2-10}$$

$$U = 1 - \frac{8}{\pi^2}[e^{-N} + \frac{1}{9}e^{-9N} + \frac{1}{25}e^{-25N} + \cdots] \tag{2-11}$$

$$N = \frac{\pi^2 C_v}{4H^2} \tag{2-12}$$

式中：S_t——预测某时刻 t 月后地面沉降量（mm）；

　　　U——固结度，以小数表示；

　　　t——时间（月）；

　　　N——时间因素；

　　　C_v——固结系数（mm^2/月）；

　　　H——土层的计算厚度，两面排水时取实际厚度的一半，单面排水取全部厚度（mm）。

注：1. C_v 单位为 mm^2/月，试验室一般用 cm^2/s，换算关系为 $1cm^2/s = 2.59 \times 10^8 mm^2$/月。

2.3.1.3 地质安全条件评估分级

地质安全条件评估范围为采煤沉陷区及其邻近区域，按照要求划分评价单元。评价单元主要以危险、有害因素的类别为主划分或以装置和物质的特征划分。评估以现场踏查、勘测为基础，结合前人地质安全研究成果资料，分析各单元的地质安全风险因素，并判明对场地安全性的影响。根据地质安全评价结果可将采煤沉陷区的地质安全性分为4个等级：

Ⅰ安全性好：地质环境条件优越，主要地质环境问题呈个别点状分布，能够很好地满足景观重建和工程建筑的要求。

Ⅱ安全性良：地质环境条件较好，地质环境问题呈线状分布，须采取一定的工程措施整治后才能满足景观重建和工程建筑的要求。

Ⅲ安全性一般：地质环境条件较差，地质环境问题呈面状分布，须采取较大的工程措施整治后才可满足景观重建和工程建筑的要求。

Ⅳ不安全：地质环境条件很差，地下地面地质环境问题呈立体分布，须采取全面的工程措施整治后才可满足景观重建和工程建筑的要求，或不可避让、难以治理。

2.3.2 环境质量评估

环境质量评估，主要为分析环境主要污染来源、污染程度和时空分布等。

2.3.2.1 工业污染源调查结果评估

对工业废气年排放量进行评估，分析采煤沉陷区及周边废气排放量及主要污染物指标，评估工业废气污染程度。评估沉陷区工业废水来源、污染物种类、污染程度和主要贡献源。对沉陷区除采矿废弃物外的其他工业废弃物排放情况调查结果进行评估，评估工业固废排放、污染程度和综合利用情况。

2.3.2.2 采矿废弃物污染调查结果评估

对沉陷区所在矿区煤矸石、粉煤灰等排放量、分布、污染程度范围调查结果进行评估。

1. 农业面源污染调查结果评估

对矿区沉陷区及周边农用化肥、农药使用量调查结果进行分析，统计氮、磷、钾的施用量和流失量，评估农业面源通过地表径流等不同途径进入沉陷区的污染程度。

2. 生活污水调查结果评估

对矿区附近集中式和分散式生活污水的主要污染指标、排放量、排放方式进行评估，分析生活污水对采煤沉陷区水体的影响程度。

3. 自然资源与生态环境条件评估

评估内容包括采煤沉陷区及其所在区域的气象、水文（降水季节及降水强度、地下水）、土壤和生物资源、生态环境状况等。根据评估结果，可将自然资源与生态环境条件分为5个等级：

Ⅰ优：土壤条件良好，植被覆盖度高，生物多样性丰富，生态系统稳定；

Ⅱ良：土壤条件较好，植被覆盖度较高，生物多样性较丰富；

Ⅲ一般：土壤条件一般，植被覆盖度中等，生物多样性一般；

Ⅳ较差：土壤条件差，植被覆盖差，物种较少；

Ⅴ差：无土壤覆盖，无植被覆盖，物种极少。

其中，重要生物群（种）生境对采煤沉陷区生态修复至关重要，可作为重点单独评估，须评估重要生物群（种）生存繁衍所需要的最低栖息地面积、光照、水生环境、天敌、食物、种群关系、生态干扰等生境条件，以及需要人为引入的重要生物群（种），采煤沉陷区及其所在区域需要改善的条件及程度。根据生物资源调查结果，说明采煤沉陷区及其周边区域参照生态系统内是否有列入国家保护名录的物种、土著成分或有害物种存在。如有，应说明该物种的种类、生理特性、分布情况。有害物种还要调查和说明入侵速度和入侵原因。列入国家保护名录的物种、土著成分可确定为重要生物群（种），作为采煤沉陷区生态修复过程中优先考虑引入的动植物种类。

2.4 规划方案

规划方案即生态修复中的主要技术路径、拟采用的主要修复技术和流程。规划方案的制定过程可按照图2-1所示进行。

工程方案应依据采煤沉陷区现状和生态修复规划目标，以评估规划分区为单位，明确生态修复范围与时限、分区方案、土地利用目标、生态修复指标、景观质量指标、修复优先级等，因地制宜合理选择生态修复方式，制定地质灾害隐患防治、地形塑造与土壤层构建、植被恢复和景观提升等，并对所采取的技术措施、技术指标进行说明，并进行技术可行性分析。生态修复技术方案需要统筹考虑区域经济发展水平、人文和自然资源，宜与所在区域生态环境整治、旅游景观等工程统筹推进。其中，地质灾害隐患防治工程、水土保持工程、生态修复与景观重建工程的具体技术方法和措施需要重点说明。修复技术方案应规定修复区域优先级，按照修复规模、目标，并结合当地人民群众需求和社会经济发展需要，根据矿区所属区域发展规划和采煤沉陷区生境条件确定。

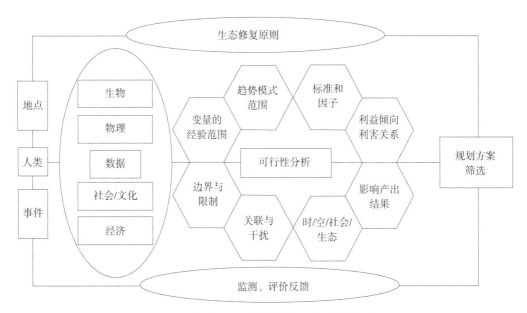

图2-1 采煤沉陷区生态修复规划方案制定过程

第 3 章

采煤沉陷区生态修复技术

3.1　地质安全隐患防治

3.1.1　基本思路和防治原则

3.1.1.1　基本思路

采煤沉陷区地质安全隐患防治的基本对策，包括预防（避让、紧急避难和社会防患意识）、监测、治理3个层面。

通常情况下应优先考虑预防，对工程建设对象来说，在严格分析治理工程的经济可行性前提下，可考虑避让或者综合治理措施。对于规模较大、地质条件受限而不能采取避让或治理的安全隐患，应采取监测措施，争取将损失减至最小。

3.1.1.2　防治原则

采煤沉陷区地质安全隐患影响区通常涉及范围都在数十平方公里，防治工作必须遵循以下原则，以达到保护地质环境，避免和减少地质安全隐患损失的目的。

（1）统一部署、分步实施、分级管理；
（2）预防为主、避让与治理相结合，全面规划、突出重点；
（3）信息共享、部门联动、综合减灾。

3.1.2　防治规划

根据国家《地质灾害防治条例》（国务院令第394号）等相关规定，采煤沉陷区地质安全隐患防治总体规划和地面塌陷、地裂缝和地面沉降防治专项规划，应同时结合地区经济社会发展、功能定位、资源保障能力、环境承载能力等，提出具体的防治目标和相应的工作方案。

3.1.2.1　地质安全隐患防治规划

地质安全隐患防治规划应包括以下内容：

（1）地质安全隐患现状和发展趋势预测；
（2）地质安全隐患的防治原则和目标；
（3）地质安全隐患易发区、重点防治区；
（4）地质安全隐患防治项目；
（5）地质安全隐患防治措施等。

3.1.2.2 地质安全隐患防治方案

地质安全隐患防治方案应包括下列内容：
（1）主要安全隐患点的分布；
（2）地质安全隐患的威胁对象、范围；
（3）重点防范期；
（4）地质安全隐患防治措施；
（5）地质安全隐患的监测、预防责任人。

3.1.2.3 突发性地质安全隐患应急预案

突发性地质安全隐患应急预案应包括下列内容：
（1）应急机构和有关部门的职责分工；
（2）抢险救援人员的组织和应急、救助装备、资金、物资的准备；
（3）地质安全隐患的等级与影响分析准备；
（4）地质安全隐患调查、报告和处理程序；
（5）发生地质安全隐患时的预警信号、应急通信保障；
（6）人员财产撤离、转移路线、医疗救治、疾病控制等应急行动方案。

3.1.3 专项防治措施

3.1.3.1 地面塌陷防治

地面塌陷防治根据地面塌陷的类型、规模、发展变化趋势、危害大小等特征，因地制宜采取相应的治理措施。对未达到稳定状态的区域，采取监测、示警和临时工程措施；对达到稳定状态的区域，采取防渗处理、削高填低、回填整平、挖沟排水等防治措施。地面塌陷防治的主要工程技术措施有淤泥吹填、坑塘整治、挖深垫浅、划方平整、挡土墙和土方回填等。

1. 淤泥吹填

淤泥吹填是利用泥浆泵或者挖泥船从河水中挖取泥土和砂浆，使用加压接力泵运输到岸上，然后用卸货车输送到需要泥土的地方做回填、覆土以及加固等工作。这一措施，除了能为治理工程提供可用土壤之外，还能清洁淤泥、疏通河道、防洪排涝。

2. 坑塘整治

浅塘整治是把塌陷范围较大而水较浅的积水区划定为浅塘，进行针对处理，将清除的淤泥暂时安置在地势稍高的区域，最后回填到堤岸塘附近。深塘整治是把塌陷深水区域划定为深塘，进行集中处理。通过坑塘整治把范围大的塌陷积水区作为湿地湖泊，把范围小、分片式分布的塌陷区作为鱼塘，开展渔业开垦，养殖水产品。

3. 挖深垫浅

把塌陷较为严重的区域和相对受破坏小的区域分为林地以及耕地。剥离表面土壤，把塌陷深度大于2m的区域挖深，回填到沉降量不大的区域，让地面保持高于水面的状态。

4. 划方平整

把将要成为耕地与林地的土地做出划方。高程不一样、地段不一样的土地应分类开展工作，把高部土壤填至低部土壤上，挖填之间协调好，划方完毕后填上相应土壤，把土地改善成为田间土地和林地。

5. 挡土墙

由于时间变化以及雨水等外在因素的影响，坡岸容易出现坍塌状况，必须及时实施拦挡方案。塌陷深水区域岸上防护的支挡工程通常使用格宾重力式挡土墙，人力操作的土路堤两边同样使用格宾重力式挡土墙，起到支挡和稳固作用。浅塘积水区域中，岸上防护使用浆砌石挡土墙，利用墙体质量确保挡土墙在土压之下保持稳固。

6. 土方回填

对部分塌陷不深、面积不大的塌陷坑的回填整理工作，可以通过使用剥离的表面土壤或者河水中淤积的泥沙完成。对塌陷情况相对严重的地段也要做好回填工作，下方使用煤矸石进行分层回填，然后整平。平整完毕后，上方使用耕植土，有助于植物和农作物的生长。

3.1.3.2 地裂缝防治

地裂缝防治应充分考虑地表的地形地貌形态及生态环境分布等情况,严格遵守当地生态系统自身规律,优化布局、科学配置、因地制宜地进行地裂缝治理。

1. 小型地裂缝防治

小型轻度破坏、土层较厚、裂缝未贯穿土层的土地,宜采用填土法,即首先将裂缝挖开,然后再填土夯实。此方法施工简单,经济可行。

2. 中型地裂缝防治

中型地裂缝深度较深,应分段开挖,分段填土夯实。开挖宽度一般为裂缝两侧0.3~0.5m,开挖剥离的表土就近堆放在裂缝两侧,用新土充填裂缝;当充填高度距地表1m左右时,开始作第一次夯实,然后每充填40cm左右夯实一次,直到与原地表基本平齐时为止,耕作层以下裂缝的回填要求夯实到干容重$1.3t/m^3$以上。

3. 大型地裂缝防治

大型地裂缝深度深,破坏程度严重、裂缝穿透土层,可按反滤层的原理填堵裂缝、孔洞。首先开挖裂缝至基岩顶面,然后用粗砾石充填挖开的裂缝,至一定厚度后用次粗砾继续充填,至距地面1~2m时,改用细砾、细砂充填,到距地表1m以内时,用土充填。

3.1.3.3 地面沉降防治

地面沉降防治应重在预防,以网格化地面沉降有效监测为基础,地面沉降防控为重点,统一规划、统一设计、统一标准。

1. 地面沉降监测

地面沉降监测包括地面沉降发展过程监测、地下水动态监测、构造沉降量与土层压缩量监测和建(构)筑物变形与破坏监测。

①地面沉降发展过程监测

地面沉降发展过程监测可通过卫星定位系统(GPS)和布设水准测网,定期进行高精度水准测量,监测地面高程变化情况。

②地下水动态监测

地下水动态监测内容包括地下水资源开采、回灌状况,主要是建立地下水动态监测网,调查和分析地下水开采量、地下水水位埋深和标高、地下水水质变化。

③构造沉降量与土层压缩量监测

构造沉降量与土层压缩量监测，应埋设基岩标、分层标，定期测量高程变化，同时结合高压固结试验、模拟试验等进行。

④建（构）筑物变形与破坏监测

建（构）筑物变形与破坏监测包括房屋、桥梁、码头、道路等建筑设施变形与破坏监测。

2. 地面沉降控制

地面沉降的控制，主要围绕地下水的利用和回灌进行。

①压缩地下水开采量，减少水位降深幅度。在地面沉降剧烈的情况下，应暂时停止开采地下水。

②采用含水层存储和恢复技术（ASR）进行回灌补给地下水，提高地下水位并改善水质，促进地层复原。

③向含水层进行人工回灌。根据地下水动态和地面沉降规律，制定合理的采灌方案。回灌时要严格控制回灌水源的水质标准，以防止地下水被污染。

④调整地下水开采层次，进行合理开采，适当开采更深层的地下水。

3.1.3.4　建筑工程防治措施

采煤沉陷区建筑工程的地质安全隐患的防治，应根据建筑特点及处置目的、采空区地质条件、开采方式、拟建建（构）筑物地基条件、现场施工条件等，分别或综合应用注浆法、灌注充填法、砌筑法、开挖回填法、强夯法、穿越/跨越法、堆载预压法等方法进行治理。

注浆法适用于不稳定或相对稳定的采煤沉陷区治理，应根据采空区的形成时间、埋深、采厚、采煤方法、顶板或覆岩岩性及其力学性质、水文地质及工程地质特征等因素进行注浆设计。

灌注充填法适用于各类型煤矿采空区，是采用人工方法向采空区灌注、投送填充材料，充填、胶结采空区空洞及松散体采空区的地基处理方法。

砌筑法适用于采空区顶板尚未完全塌陷、需回填空间较大、埋深浅、通风良好、具有人工作业条件，且运输方便的煤矿采空区，是采用干砌、浆砌砌体或浇筑混凝土等方法，以增强对采空区顶板支撑作用的采空区地基处理方法。

开挖回填法适用于挖方规模较小、易开挖且周边无任何建筑物的采空区。回填时可采用强夯或重锤夯实处理，是通过移除采空区上覆岩石及覆盖物，采用回填材料分层回填压实或夯实的处理方法。

强夯法适用于埋深小于10m、上覆顶板完整性差、岩体强度低的采空区地段或采空区地表裂缝区的处治，是在浅埋采空区，将夯锤提到一定高度后使其自由下落，以冲击和振动能量使采空区岩土体得到固结压密的处理方法。

穿越/跨越法适用于埋深浅、范围小、不易处理的采空区。穿越法是采用桩基础穿越采空区使桩端进入采空区稳定底板的采空区地基处理方法，跨越法是采用梁或筏板跨越采空区巷道，基础置于巷道两侧稳定岩土体的采空区地基处理方法。

堆载预压法适用于采深小于10m、充分采动、顶板完全垮落的采空区。当堆载预压工期较长或预测的残余变形不满足设计要求时，在保证地基整体稳定性条件下可采用超载预压。

3.2 环境污染治理

3.2.1 污染源治理

采煤沉陷区主要污染源包括煤矿污染源、生活污染源和工业污染源。其中，闭矿后的采煤沉陷区煤矿污染源，主要是积存的煤矸石、粉煤灰。治理原则为源头控制、预防为主，应优先资源化利用，如用于建筑物原料、回填采空区等，确实因污染无法利用的，优先采用生态治理的方法消除污染。

3.2.1.1 煤矸石山（场）生态治理

1. 煤矸石山（场）的立地特征

煤矸石主要是易风化的页岩、泥岩、粉砂岩等软质岩石和少量砂岩等硬质岩石，矿物组成主要有石英、长石、云母、黏土矿物、碳酸盐类矿物和黄铁矿等，其中黏土矿物主要是高岭石、伊利石和蒙脱石。堆存于地表的煤矸石在风化作用下，其物理和化学性质可在短时间内发生较大变化，块径会随着风化程度的增强而减小，相同粒径的煤矸石随风化程度增强其含盐量逐步提高。

煤矸石中的营养元素，尤其是 N 和 P 的含量极低，因而 N 和 P 的缺乏往往是矿山、煤矸石山植物定居的限制因素。如对阜新地区矸石进行实验室分析，矸石中 N、P、K 含量分别为 0.012%~0.064%、0.035%~0.063%、0.020%~0.121%，矸石的有机物含量在 4.5%~6.2% 之间，在这样极端贫瘠的环境中，植物是不能正常生长的。

含硫量高的矸石经自然风化后，其硫化物经氧化或在微生物作用下形成 H_2SO_4 等酸性物质，使覆盖土酸化。酸性物质通过胶体吸附作用或土壤毛细作用，年酸化率为 2cm，但在雨季，通过淋溶、渗透作用，年酸化率可达 10cm 以上。土壤 pH 值过低会降低细菌和放线菌活性，削弱 P、K、Ca 等元素的有效性，增加微量元素含量，甚至引发植物根系酶和蛋白质的钝化、变性，从而影响植物生长，甚至死亡。如当 pH 值小于 3.0 时，紫穗槐会生长不良；当 pH 值小于 4.0 时，刺槐根系会病变而停止生长，北京杨则会死亡。煤矸石山自燃点及其周边区域也不适合植物生长，如进行植被恢复必须先对煤矸石山进行灭火处理。

矸石山的稳定性受矸石堆基础岩土体的抗剪强度特性、矸石山本身结构和基础岩土体孔隙水压力、堆放矸石区的地表斜率、矸石堆高度以及它周边的边坡角等因素所控制。矸石山的高度及周边的边坡角均决定于矸石体和岩土体的抗剪强度。对覆土稳定性的坡角范围，可以采用平面无限斜坡稳定性分析方法来定量分析潜在滑移边坡的饱和度对稳定性的影响。一般而言，8° 以内水土流失不明显，超过 15° 水土流失增强，超过 25° 水土流失情况剧烈。表 3-1 是植物在不同坡度上的生长情况。

2. 煤矸石山生态治理

煤矸石山生态治理应本着安全优先、环保并重、因地制宜、生态协调的原则，科学开展调查评估、规范实施恢复治理，严格后期管理和维护，防控水土流失，避免二次污染。

（1）调查评估

一个煤矸石山（场）并非是完全孤立的个体，它与周边的环境有着千丝万缕的联系。因此，除确定调查范围以矸石山区域为重点外，还应关注

植物在不同坡度上的生长情况　　　　　　　　　　　　　　　　　　　　　　　表 3-1

坡度	植物生长情况
30°以下	乔、灌类植物生长良好，乡土植物容易入侵，植被覆盖后侵蚀停止
30°~35°	植物生长发育旺盛，搁置条件下植物能否自然侵入形成理想群落的界限坡度为35°
35°~45°	植物生长良好，可以形成乔灌木和草本植物结合的群落
45°~60°	植物生长较差，可以形成灌木和草本结合的低矮植物群落；高大乔木将引起坡面不稳
60°以上	植物生长不育，草本植物易早期衰退

矸石山可能影响的区域，如主导风向下风向、地下水流向上下游、周边敏感保护目标等。应对堆存的煤矸石开展淋溶实验，对煤矸石山（场）和位于相对敏感区域的矸石山开展环境监测，为后续评估和治理提供依据。

煤矸石山（场）生态修复的基础性评估，主要有自燃倾向性评估、安全稳定性评估和场址适宜性评估。其中，安全稳定性评估可参照如《岩土工程勘察规范[2009版]》GB 50021—2001、《水土保持工程设计规范》GB 51018—2014等相关标准进行。

（2）基础治理

①自燃煤矸石山防灭火治理

防灭火是自燃煤矸石山治理的关键，要贯穿于堆体整形、边坡治理、疏排水、覆土等全过程，可采用覆盖法、挖除火源法、槽沟灌浆法、钻孔注浆法，以及实际应用中证明安全、有效的其他方法，确保防灭火效果。

②堆体整形及边坡治理

堆体整形及边坡治理须综合考虑地形地质、水文条件、施工方式、景观要求等因素，分别采取或综合运用削坡升级、挡护、坡面固定、滑坡防治等整形及边坡治理方法，根据矸石山实际情况进行设计。

③防洪与疏排水

煤矸石山疏排水可依据《水土保持工程设计规范》GB 51018—2014，采取排水涵洞、挡水坝、马道排水、截水沟、防洪堤、溢流道和必要的泄洪通道等防洪和疏排水工程措施，形成完整的排水系统。具体措施须根据矸石山实际情况进行设计。

④煤矸石基质改良

物理改良包括对矸石掺土压实，表面覆土等，既是植被重建的需要，也是防火的重要措施。覆盖客土可选周边土壤或改良底泥。改良底泥因为养分含量较高，可取得良好的效果。覆盖层的厚度，视废弃地的状况和恢复目标而定，恢复成农业用地或种植景观植物时要求覆土至少 300mm 以上，一般生态恢复可覆土 10mm 左右。

化学改良重点是解决煤矸石山表层土壤一方面严重缺乏植物生长的必需营养物质，另一方面自燃和氧化作用会导致土壤呈现严重的酸性的问题。化学物质一般有两种，一种是能够提供 N、P、K 的化学肥料，另一种是针对酸性土壤使用的生石灰等。

生物改良主要是利用对极端生长条件下具有很好耐性的植物、金属富集植物、绿肥作物、固氮微生物、菌根、真菌等来改善煤矸石山表层土壤理化性质的方法，可利用豆科植物的固氮作用培肥土壤。

⑤配套工程

考虑部分煤矸石山进行生态环境恢复治理后作为工业场地、休闲游乐设施等使用，须配套建设运输道路、供水、供电等工程。

（3）植被恢复

①植物选择

植物选择的基本原则有两条：一是植被能在煤矸石山的废弃地上长期定居，通常首先选择抗干旱和耐贫瘠的肥料乡土植物；二是植被具有速生性和高生物量，并能给前期和后续植被生长提供条件。

黄淮海平原煤矸石上自然定居的植物虽然有数十种，但木本植物种类很少。人工种植适宜的乔灌木，是加快生态修复进程、营造理想的生态景观的必然要求。侯巍等研究了门头沟区龙泉镇煤矸石山植被恢复中的树种适应性，结果表明，荆条和千头椿的生长适应性较强，在煤矿废弃地植被恢复中可将其作为先锋树种，元宝枫、紫叶小檗、柠筱和珍珠梅也较适应在煤矿废弃地环境中生存，可用来丰富矿区废弃地生态恢复中树种的多样性，提高矿区废弃地的自然景观效果。王丽艳等对阳煤集团三矿废弃矸石上种植的 12 种木本植物的表现进行了研究，综合评价认为胡枝子、紫杆柳、臭椿在煤矸石山特殊的立地环境下适应能力强，火炬树、紫叶小檗、金银花和小叶锦鸡儿也较适应煤矸石山环境，白蜡、白皮松、丁香、黄栌适应性较差。苏铁成调查后认为，刺槐、锦新杨、锦鸡儿、沙棘等效果最好，其次是白榆、樟子松、胡枝子、皂角，小叶朴、南蛇藤、细叶小檗可作为辅助绿化树种用于矸石山造林。胡振琪在潞安王庄煤矿煤矸石山进行矸石山绿化树种的选择试验后，认为刺槐、国槐、火炬树、臭椿、侧柏、丁香、榆叶梅等是岩石山绿化时应优先考虑的树种。

②植物种植技术

煤矸石山立地条件极差，通常在植穴挖好后，最好风化1~2个季节，使其聚集一定的水分和养分，再进行植被的栽植。栽植的苗木宜采用容器苗。栽植技术有覆土栽植、无覆土栽植和抗旱栽植技术等。

覆土栽植技术即在煤矸石山的表面或植穴中覆盖一层土壤、粉煤灰、污泥等。这种栽植技术优点是适用较多树种的生长，造林成活率较高；缺点是覆土较薄时，煤矸石山表面吸热容易对植物的幼苗或幼芽造成灼烧伤害。

无覆土栽植技术主要应用于风化较好的煤矸石山，即直接在煤矸石山上进行植被的栽植。这种技术的优点是费工少，缺点是需要进行抗性较强植被的筛选。由于煤矸石山的吸热性，会使植被灼伤，为此要特别注意浇水措施。

抗旱栽植技术是利用保水剂、秸秆地膜或将苗木带容器一起栽植的一种技术，水分是限制植物成活和生长的主导限制性因子。利用ABT生根粉技术对苗木进行处理，可以有效促进植被的成活率。

③植物栽植后管理

植物栽植后管理主要包括煤矸石山表层土壤的检测和管理、植被的生长管理和植被的防护管理。

后期管理是煤矸石山植被恢复的重要环节，这一阶段处理不好，可能前功尽弃。一般种植后第一年应该投入高强度的管理，保证植被的成活率。随后几年，根据植被生长情况，可以逐渐降低管理力度，让其自然生长，以便生成稳定自持的生态环境。

3.2.1.2 生活污染源治理

采煤沉陷区生活污染源治理从以下几方面开展：

（1）集中处理矿区周边生活废水，加强农村生活污水收集，完善污水处理与资源化设施建设；

（2）对矿区周边附近畜禽粪尿及冲洗废水进行妥善处理，确保达标后再允许外排，避免因直接排放而引起的水体、土壤污染，减少生活污染造成的环境危害；

（3）分散式农村生活废水首先应进行化粪处理，再利用土壤、湿地等生态技术脱氮除磷后排放，尽可能收集纳入污水管道进行集中处理；

（4）规范矿区周边生活垃圾堆放点，在矿区周边农村实施垃圾清运制度，建设完善垃圾堆放池和生活垃圾处理系统，使生活垃圾在集中堆放的基础上进行处理；加强废弃物分类堆放的宣传教育；

（5）加强清洁型能源的使用，加大力度推广农田秸秆、禽畜粪便制沼气技术，建立农田秸秆、人畜粪尿堆肥处理设施，使农田秸秆、人畜粪尿等有机固体废弃物既得到无害化处理，同时也能实现资源回收利用；

（6）加强矿区周边地膜、棚膜的集中化处理，加大对地膜残留率的排查力度，从而降低不易降解的有机膜对土壤的危害和影响。

3.2.1.3　其他工业污染治理

采煤沉陷区除控制采矿废弃物造成的水体、土壤污染物外，对其他工业污染源也应该展开污染治理，具体从以下几方面展开：

（1）针对矿区周边产业制定和实施科学的产业政策，通过产业结构调整，从源头上减少环境污染；严格限制和禁止能源消耗高、资源浪费大、污染严重的企业的发展，大力发展质量效益型、科技先导型、资源节约型工业，对于污染危害较大的企业、行业和区域进行限期治理；

（2）大力发展循环经济，扶持企业提高工业废水、废气、废渣的处理和综合利用能力；

（3）发展清洁生产，严格执行环境保护的有关规定，尽量在生产过程中防治污染。依靠科学技术进步，经济有效地解决工业污染问题，大力推广和使用各种无废少废、节水节能的新技术、新工艺、新设备，发展集约化工业生产；

（4）加强企业技术改造，通过内涵扩大再生产，努力提高企业的技术水平，增强企业防治污染的能力；

（5）根据资源优化配置和有效利用的原则，充分考虑环境保护的要求，合理布局工业企业，由分散治理向集中控制转化，走社会化控制污染的道路。

3.2.2 污染水体治理

外源减排和内源底泥修复是污染水体治理的前提,水体水质净化是阶段性手段,水动力改善和生态恢复是污染水体治理的长效保障措施。

3.2.2.1 外源阻断技术

污染水体的外源阻断技术包括工程截污和生态截污两大类。工程截污主要通过工程纳管限制污染水体的随意乱排放,是对污水进行直接截流收集处理的一种手段。生态截污主要用于控制水体面源污染,是通过一系列的生态措施进行面源污染截控,减少降雨径流污染物进入水体。

1. 工程截污

采煤沉陷区水体污染,很大一部分是因居民生活污水和工业废水的无序排放通过地表径流汇入沉陷地造成的。要实现污染水体"长治久清",必须从污染源头进行控制,对生活污水和工业废水进行纳管处理,转送到敷设于城市道路下的污水管网,最终输送至城市污水处理厂集中处理。为了提高污水收集率和处理率,应加强城市污水管网新建扩建和改造,积极采取雨污分流节省污水处理成本。对不能进行纳管的污水可以通过小型分散式污水处理设施进行水质净化。

2. 生态截污

通常水体污染的采煤沉陷区沿岸存在生态功能脆弱、破碎化程度高、缓冲带功能低下且面源污染较严重的问题。开展生态截污可在采煤沉陷区上游位置新建雨水滞留槽或调蓄池,对雨水进行有效拦截净化。同时,配以截污箱涵设施,充分利用清洁的雨洪,将其作为景观用水,提高地区水资源利用率。在面源污染源与水体之间的带状区域,构建合理的植被缓存带,并对其坡度与宽度结构进行优化设计,可以提高缓冲带截留净化面源污染的效率,阻截径流中氮磷污染物。植被缓冲带构建的核心包括净化污染的植物筛选、冻融期植物截污性能、微生物的强化作用、不同沿岸带条件下植被缓冲带的构建等。生物菌剂也可以强化沿岸缓冲带的功能,对植物固氮、净化污染、提高生物量和抗性等发挥着巨大作用。

3.2.2.2 底泥修复技术

底泥污染物包括重金属和营养物质等,具有持久性和难降解性,增加了水体恢复难度。目前对污染底泥进行处理按照修复位置的不同分为异位修复和原位修复两大类。

1. 异位修复

异位修复是指将污染底泥从水体中移出，再转移到特定环境进行处理处置，通过运用物理、化学或生物方法降低底泥中污染物的浓度，将污染物转化成无害物质，以实现水质改善的技术。

（1）底泥疏浚

底泥疏浚是控制水体内源污染的常用方法，可以相对快速地改善水质，提高水体的自净能力，有效缓解水污染。采煤沉陷区污染底泥的异位处理过程中，先对底泥进行疏浚从水体中移出，然后再对疏浚后的底泥进行进一步的处理，最大限度地消减底泥对上覆水质污染的贡献率，实现水质的有效改善。为了保护水体中的生态环境和物种多样性，目前，多使用环保疏浚而不是普通的工程疏浚。传统挖掘清淤虽然见效快，但在底泥脱水、堆置等过程中会造成土壤和地下水污染，且工程量大、耗费高，在实施过程中还会搅动水环境，导致底泥中污染物再释放。因此，在选用疏浚方法前应考虑合适的疏浚技术，以及疏浚后产生的大量底泥如何处理处置等重要问题。

（2）物理化学修复

底泥的物理化学修复技术主要有物理吸附、热处理、电动力、化学等。

物理吸附修复技术是利用具有特殊结构和性质的物质来吸附去除底泥中污染物的一种方法。沸石矿物具有硅氧格架，在晶体内部可形成很多孔径均匀的孔道和内表面很大的空穴，所以对底泥中的重金属具有很强的吸附性。

底泥中重金属的热处理修复技术主要包括底泥的烧结技术和熔融固化技术。烧结技术是在低于主要成分熔点的温度下的热处理技术，可改变底泥的化学物理性质，以便后续的资源化。熔融固化技术是将细小的玻璃质与金属污染底泥相混合，然后在高温下熔融处理，最后降温使其固化，确保重金属的稳定。

电动力修复技术是将低压直流电场加在污染的河道底泥两端，使重金属在电场作用下通过电渗析向电极室定向迁移，并在电极附近累积，最后借助收集系统将其收集，使重金属与污染物进行分离，并作进一步的集中处理。

化学修复技术是根据底泥污染物性质，选择合适的化学修复试剂加入到底泥中，使底泥中污染物与修复剂发生氧化、还原、沉淀、聚合等反应从底泥中分离，或降解转化成低毒或无毒的化学形态，最终实现污染物去除的技术。化学修复对底泥中重金属的去除主要通过化学固化和化学淋洗实现。化学固化就是加入添加剂（固化剂）改变底泥的理化性质，通过吸附或共沉淀作用改变污染物在底泥中的存在形态，从而降低其生物有效性和迁移性。主要的固化/稳定化技术有水泥固化，热塑性材料固化，热硬性材料固化，石灰固化，大型包胶、自胶结固化和玻璃固化等。淋洗技术主要原理是把污染物从底泥固相转移到液相中，最终达到清洁底泥的目的。化学淋洗包括酸淋洗、配位剂淋洗、表面活性剂淋洗等。

(3) 生物修复

生物修复是指通过生物的新陈代谢作用来减少环境中的有毒有害物质，使污染环境部分或全部恢复到原始状态。与物理和化学修复法相比，生物修复法具有成本低、不破坏原有生态系统、不造成二次污染等特点。生物修复技术主要包括植物修复、微生物修复和动物修复等。

植物修复主要是利用植物吸收和提取、植物挥发、植物固化和根际过滤等方式来达到重金属的富集和去除。微生物修复是指向污染底泥中投加微生物或生物促生剂，以此来净化有机污染物或回收有经济价值金属的技术。底泥中重金属不能被微生物降解，但能在微生物的新陈代谢活动中被吸附，微生物对重金属的吸附主要是通过静电、离子交换、共价键、无机微沉淀和络合螯合作用等。动物修复主要是利用底栖生物如蚯蚓、蛙、贝类等通过自身分泌物或蠕动，对底泥修复产生促进作用，进而完成修复的过程。

2. 原位修复

原位修复是指无需将污染底泥从水体中移出，在原地对污染物进行处理或修复的技术。常见的原位修复技术包括原位掩蔽和生物修复。

(1) 原位掩蔽

原位掩蔽是最常见的原位修复技术，指通过在污染底泥上放置一层或多层覆盖物，使污染底泥与水体隔开，防止底泥释放出的污染物进入水体。通常采用的掩蔽材料包括洁净的泥、沙、砾石、灰渣、人工沸石、水泥、膨润土等。该技术对采煤沉陷区污染较严重的底泥进行治理时效果明显且工程造价低，能够有效防止底泥中的污染物向水中释放，同时减少沉陷区水容量，但实施工程量大，材料来源相对困难，且底泥中污染物分布不均匀，难以将其毒性消除，工程实施后还会增加底泥总量。

(2) 生物修复

生物床是在底泥污染的原地点进行生物修复的方法，分为工程修复和自然修复两类。前者是利用加入生物生长所需营养来提高生物活性或添加实验室培养的具有特殊亲和性的微生物来加快环境修复；后者是利用底泥环境中原有生物，在自然条件下进行生物修复。生物床对环境的影响小，且相比其他技术手段成本低廉，然而也面临着加入微生物受底泥环境、本身原有微生物的影响，难以达到预期效果的问题，并且对于污染严重的水域培养或繁殖微生物具有较大困难。

3.2.2.3 水质净化技术

1. 物理治理

目前国内外在污染水体治理中所采用的主要物理措施包括引水冲刷／稀释、人工曝气和物理吸附三大类。

（1）引水冲刷／稀释

引水冲刷／稀释是通过引水冲刷稀释污染水体，加快水体流动交换，从而缩短污染物在水体中的滞留时间，降低污染物的浓度指标，使水体水质得到改善。此方法目前已在国内外水污染控制中得到广泛运用，取得良好的效果，但这种方法工程量浩大，建设周期长，所需的花费也很高昂，在采煤沉陷区污染水体治理中须与疏浚技术相结合操作使用。

（2）人工曝气

人工曝气通常是利用高能耗的曝气设备，通过管道将空气或氧气引入水体，为污染水体供氧，使水体底层溶解氧得以恢复，降低水体中溶解铁、锰、硫化氢、二氧化碳、氨氮以及其他还原组分浓度，同时限制了底层水体中磷的活化和向上扩散，抑制了浮游藻类的生长，加快了有机物分解，强化了水体的自净能力，促使水体生态系统恢复。该方法建设成本低，见效迅速，但需要耗费大量的电力，同时也不利于悬浮物质沉淀。

（3）物理吸附

物理吸附是目前应用较多的污染水体治理方法，因其具有多样性、高效性、易于处理、可重复利用、低成本等特点而受到广泛关注。活性炭是最常用的吸附剂，主要用来吸附污染水体中有机物，也可以用来吸附重金属，但价格比较昂贵。壳聚糖作为一种生物吸附剂，可以在不同的环境中分别吸附重金属阳离子和有害阴离子。骨炭、铝盐、铁盐以及稀土类吸附剂可以有效吸附有害阴离子。稻壳、改性淀粉、羊毛、改性膨润土等可以用来吸附重金属阳离子。采煤沉陷区水域水体污染相对复杂，物理治理用的吸附剂不仅要求高效，还要廉价。物理吸附是采煤沉陷区污染水体治理较为理想的方法。

2. 化学治理

化学治理水体污染主要是利用化学反应的作用，如化学氧化、化学沉淀以及强化絮凝，改变污染物的性质，降低其危害性或使污染物从水体中分离除去，包括向污染水体中投加过氧化氢等氧化剂，铁盐、钙盐、铝盐等各类絮凝剂和生石灰等沉淀剂使之与水中的污染物发生化学反应，生成不溶于水或难溶于水的化合物，析出沉淀，从而使废水得到净化，提高水体透明度；也可以通过中和法处理呈现出酸性或碱性的污染废水。化学治理能在一段时间内较大程度改善水质，处理效果十分明显。但需要投入大量资金且治标不治本，易对水体造成二次污染，多用于感官视觉上的改善。

3. 生物治理

生物治理是对环境非常友好的一种水体污染治理方法。地球上能参与净化活动的生物种类很多，它们可以通过自身特有的新陈代谢活动，吸收、积累、分解、转化污染物，降低沉陷区水污染物的浓度，使有毒物变为无毒，最终达到水污染治理目的。目前构建水面水生植物净化系统、投放水生生物是最常用的污染水体生物净化技术。构建水面水生植物净化系统的实质是利用植物和根区微生物共生，产生协同效应，经过水生植物直接吸收、微生物转化、物理吸附和沉降等作用除去水体中的氮、磷和悬浮颗粒物，分解吸收有机物，同时对重金属进行吸收富集。目前国内使用较多的是生态浮床、生态浮岛或人工湿地。投放水生生物则是通过向水体里投放一种或多种微生物，或食草性、杂食性和食肉性等鱼类或贝壳类水生生物，来稳定水生态系统，提升水体中的溶解氧，改善水质。

3.2.3 污染土壤修复

采煤沉陷区土壤污染主要是煤矸石、粉煤灰等造成的重金属污染，应按照《污染场地风险评估技术导则》（HJ25.3—2014）估算土壤风险控制值，参考所在区域土壤中目标污染物的背景含量和国家有关标准中规定的限值，根据技术条件、经济成本等制定修复治理措施。

3.2.3.1 主要修复技术

土壤重金属污染治理技术根据其作用方式可以分为工程修复、物理化学修复、生物修复。工程修复主要包括淋洗去除、深耕翻土、客土、换土等方法；物理化学修复主要包括固化技术、电动力修复技术、化学修复技术、热处理修复技术等；生物修复技术主要包括植物修复技术、微生物修复技术、植物-微生物联合修复技术等。

常见的重金属修复技术的成本、优势与劣势对比见表3-2。

3.2.3.2 修复技术筛选

修复技术的筛选，一般按照"修复技术可行性评估—土壤修复技术路线和工艺参数制定—修复方案编制"的步骤进行。

1. 修复技术可行性评估

结合污染场地污染特征、土壤特性，从技术成熟度、适合的目标污染物和土壤类型、修复的效果、时间和成本等方面分析比较现有修复技术优

常见的重金属修复技术比较（数据来源：USEPA，2004） 表3-2

修复技术类型	与植物修复的对比		
	成本支出	优势	劣势
挖掘掩埋	6~9倍	快速，修复效率高，技术简单	工程量大，重金属无法回收，废弃物的污染仍然存在
淋洗法	8~12倍	工艺简单，不受气候影响，适合大多数环境和污染物	对土壤pH值影响巨大，易对地下水造成污染，费用较高
原位固定	5~8倍	简单、效果快速且明显，适用于大部分重金属和大多数季节	改变土壤性质，重金属可再度溶解，受土壤理化性质影响较大，需要对污染物进行长时监控
电动力技术	10~20倍	不受季节影响，修复效率高，与其他修复方法结合效果好	工程技术复杂，费用高，不适合传导性差的土壤
化学氧化-还原法	10~20倍	不受季节影响，周期短，见效快	工程量大，产生二次污染，破坏土壤肥力，主要适合沙土和砾土
土壤气相抽提	20~40倍	见效快，方法可靠，可较好地修复土壤浅层水	工程控制复杂，易产生二次污染，无法对浅层土壤进行修复，主要适合沙土和砾土

缺点，重点分析各修复技术工程应用的实用性。可以采用列表从修复技术原理、适用条件、主要技术指标、经济指标和技术应用的优缺点、实际案例等方面进行比较分析，也可以采用权重打分的方法比较分析（表3-3），提出1种或多种备选修复技术进行可行性评估。

2. 土壤修复技术路线和工艺参数制定

修复技术路线应反映污染场地修复总体思路、修复方式、修复工艺流程和具体步骤，还应包括场地土壤修复过程中受污染水体、气体和固体废物等的无害化处置等。

工艺参数包括但不限于修复材料投加量或比例、设备影响半径、设备处理能力、处理需要时间、处理条件、能耗、设备占地面积或作业区面积等，应在土壤修复技术可行性评估的基础上，根据现场条件，对选出的技

修复技术评估工具表　　　　　　　　　　　　　　　　　　　　　　　　表 3-3

技术名称	可接受性		可操作性		修复效率		修复时间		修复成本		总分	结果
	评述	评分	评述	评分	评述	评分	评述	评分	评述	评分		
技术1												
技术2												
…												

评分标准：

可接受性：考虑修复技术与污染场地目前（或未来规划）的使用功能、与国家和地方相关法律规范要求的相符性、公众可接受程度等。
4—完全可接受；3—可接受；2—勉强可接受；1—局部可接受

可操作性：考虑修复技术的可操作性、是否会对场地产生不良影响、技术是否在类似场地应用过等。
4—可操作性强；3—可操作；2—勉强可操作；1—局部可操作

修复效率：评估修复技术修复效率的高低，即去除污染物的难易程度。
4—非常高效；3—高效；2—一般有效；1—效率很低

修复时间：所估算的修复时间。
4—短；3—中等；2—长；1—非常长

修复成本：所估算的总成本。
4—低；3—中等；2—高；1—非常高

术通过实验室小试和现场中试获得。

（1）实验室小试

可以采用实验室小试进行土壤修复技术可行性评估。实验室小试应要采集污染场地的污染土壤进行试验，针对试验修复技术的关键环节和关键参数，制定实验室试验方案。

（2）现场中试

如对土壤修复技术适用性不确定，应在污染场地开展现场中试，验证试验修复技术的实际效果，同时考虑工程管理和二次污染防范等。中试应尽量兼顾到场地中不同区域、不同污染浓度和不同土壤类型，获得土壤修复工程设计所需要的参数。

3. 修复方案编制

首先，根据技术路线，结合场地土壤特征和修复目标，从符合法律法规、长期和短期效果、修复时间、成本和修复工程的环境影响等方面，比较不同修复方案主要技术指标的合理性。其次，按照确定的单一修复技术或修复技术组合的方案，结合工艺流程和参数，估算每个修复方案的修复工程量。修复工程量不仅要计算土壤处理和处置所需工程量，还应考虑土壤修复过程中受污染水体、气体和固体废物等可能产生的二次污染的无害化处理处置的工程量。再次，根据修复工程量，估算并比较不同修复方案所产生的修复费用，包括直接费用和间接费用。直接费用主要包括修复工程主体设备、材料、工程实施等费用，间接费用包括修复工程监测、工程监理、质量控制、健康安全防护和二次污染防范措施等费用。最后，综合提出最优的土壤污染修复技术方案、二次污染防范措施方案、修复工程环境监测方案、环境应急安全方案、修复后期管理养护方案，全面和准确地反映出全部工作内容。报告中的文字应简洁和准确，并尽量采用图、表和照片等形式描述各种关键技术信息，以利于施工方制定污染场地土壤修复工程施工方案。

3.2.3.3 污染土壤的植物修复

重金属污染土壤的植物修复技术根据其作用机理，主要有植物稳定、植物提取、植物挥发等几种类型。植物稳定是指植物通过根系分泌物等与重金属结合，降低土壤中重金属迁移性、生物有效性，或改变根际环境（pH、Eh），使重金属的形态发生化学改变，降低重金属的毒性效应。植物

重金属污染土壤植物修复的超积累植物举例　　　　　　　　　　　　　　　　　　　　表 3-4

元素	超积累植物种类
镉 Cd	壶瓶碎米荠、风花菜（球果蔊菜）、金边吊兰、蜀葵、龙葵、羽叶鬼针草、商陆、东南景天、桑树、刺槐、芥菜、向日葵、香根草、欧洲山杨、伴矿景天、新疆杨、马唐、羊蹄、何首乌、柳树、杨树、木本月季、臭椿、紫穗槐
铬 Cr	狼尾草、李氏禾、假稻、扁穗牛鞭草、鸡冠花、马唐
铅 Pb	苍耳、夏至草、蜈蚣草、香根草、芥菜、向日葵、香根草、鸡冠花、新疆杨、马唐、东南景天、羊蹄、何首乌、臭椿、构树
锰 Mn	人参木、土荆芥、杠板归、短毛蓼、菲岛福木、垂序商陆、马唐、飞蓬、鸡冠花、垂柳、紫穗槐、女贞
铜 Cu	荸荠、蓖麻、密毛蕨、节节草、蜈蚣草、角果藜、海州香薷、鸭跖草、构树、向日葵、欧洲山杨、伴矿景天、鸡冠花、新疆杨、羊蹄、何首乌、爬山虎
砷 As	大虎杖、澳大利亚粉叶蕨、粗糙凤尾蕨、蜈蚣草
锌 Zn	长柔毛委陵菜、圆锥南芥、叶芽阿拉伯芥、东南景天、龙葵、皱叶酸模、五节芒、辣蓼、糯米团、刺槐、向日葵、欧洲山杨、伴矿景天、鸡冠花、新疆杨、羊蹄、何首乌、柳树、臭椿、紫穗槐、构树
镍 Ni	北方庭荠、芥菜、马唐

提取是指利用超积累植物富集重金属，通过收割植物达到将重金属从土壤中移除的目的。植物挥发是指通过植物的转化作用将土壤中的重金属转化为可挥发态，进入大气中。

目前已发现的超积累植物多达 500 种，常见的超积累植物见表 3-4。

污染土壤植物修复的效果除受植物种类影响外，还受到土壤类型、耕作技术等众多因素的影响，实际应用中要根据污染场地的具体情况进行技术设计。

3.2.3.4　污染土壤的微生物修复

微生物修复是指向土壤中添加经过培养的土著或外源微生物，改变重金属在土壤中的环境的化学行为，以增强重金属污染物的降解，降低土壤中污染物的含量，达到生物修复的目的，包括生物吸附和生物转化两种方式。

生物吸附利用细胞表面载有的负电荷和存在氨基、羧基、羟基、醛基、硫酸根等多种官能团，通过静电吸附和络合作用固定重金属离子。生物转化作用主要包括氧化与还原、甲基化与去甲基化、溶解作用以及有机络合配位降解转化重金属等。

目前利用的微生物主要有植物内生菌、丛枝菌根、普通真菌、大型真菌四类。微生物在受污染土壤中的存活和性能是决定生物修复成败的关键。第一，土壤水分，适当的土壤含水率是维持微生物基本代谢活动的基础。土壤含水率过高或过低，都对微生物的活性造成不利影响，一般认为土壤含水率为50%时有利于生物修复的实施。第二，土壤温度，不但直接影响微生物的代谢和生长，而且还能通过改变污染物的物理化学性质来影响整个生物降解的进程，中温条件（约20~40℃）是微生物修复的最佳温度范围。第三，土壤酸碱度，大部分细菌生长的pH值介于6~8之间，中性最为适宜。因此，对偏酸性或偏碱性的土壤，调节土壤pH值可以明显提高生物降解的速率。第四，土壤类型，总的来讲，砂质土实施微生物修复效果好，黏质土则不适合实施微生物修复。渗透性好的土壤，营养物和电子受体传递速度快，有利于生物降解反应的进行，渗透性差的土壤则相反。在实际的微生物修复中，在添加微生物的同时，附带添加一些土壤调理剂、碳源和氮源（如NH_4NO_3）等，维持15%~28%的含水量和30 ± 2℃的温度，修复效果会更好。

3.3 地形重塑与土壤重构

地形重塑是采煤沉陷区生态重建的基础工程，是按照生态修复目标要求，根据土地破坏程度和生态修复、土地利用目标等，通过有效的工程措施，重新塑造一个与周边景观相协调的地形，最大限度地缓解对植被恢复和土地生产力提高有影响的限制因子，为实现采煤沉陷区后期植被重建与景观提升提供有效载体和安全保障。地形重塑具备两个方面的特征：其一，与"改造"不同，"重塑"旨在完全改变原有事物的面貌，这种改变是质的变化，其结果是使作用对象的属性发生根本性的改变，从而具备全新的功能和形态特征；其二，"重塑"是一个动态的过程，即施动者为了达到某种目的而运用某种方法对被施动者施加影响，从而导致其属性特征的改变。

3.3.1 微地形类型与重塑

3.3.1.1 微地形的划分

1. 按稳定状态划分

按沉陷土地是否稳定，分为动态采煤沉陷土地和稳定的采煤沉陷土地。

动态采煤沉陷土地是尚未稳沉或目前已稳沉但将来仍受其周边工作面采动影响的区域，包括不稳定沉陷区和待沉陷区。

不稳定沉陷区是指新矿区开采引起沉陷或老矿区的采空区重复沉陷而造成的沉陷区，此类沉陷区已经开始沉陷而且尚未稳定，正处于沉陷过程中。

待沉陷区是指目前尚未沉陷，但是按照煤层开采计划，通过开采沉陷预计将来某时将会发生沉陷的矿区土地。

稳定的采煤沉陷土地是目前已稳沉，且不受周边采动影响的土地。

对稳定的沉陷区实施利用：针对不同类型的稳定沉陷区，因地制宜，综合应用充填法、平整土地与修建梯田法、疏排法、挖深垫浅法、积水区综合利用法等不同的方法进行治理。

2. 按破坏后状态划分

根据采煤沉陷土地的破坏程度，以同一沉陷盆地为尺度，以地表潜水埋深值与最大沉陷深度的比值为评价指标，比值大于1为陆生生态沉陷区；比值小于1或等于1为湿地或水生生态沉陷区。另一方面，不同沉陷盆地地形内还有裂隙地、坡地等沉陷地貌。这种分类的意义在于评价土地的适宜性，以及时地进行土地利用转换，实现采煤沉陷土地的持续利用。

裂隙地通常位于沉陷盆地的边缘张应力区，地形变化不明显，地面发育有规律的裂隙，是土壤侵蚀的易发地带。当地表存在较厚表土时，地表裂缝深度一般小于5m，对于采厚较大的综采放顶煤开采，地表裂缝深度可达十几米。当地表不存在表土或表土较薄时，地表裂缝深度可达数十米。当采深小且基岩为坚硬岩层时，这种裂缝可使地表与采空区连通。

坡地区地形有较大的变化，易发生水土流失的土壤退化较严重的地带，对农业生产不利。

湿地或水生生态沉陷区通常位于沉陷盆地的底部，有季节性积水或常年积水,一般不用作农业用地,而是采用挖深垫浅、积水区综合利用发展为生态湿地公园。

3. 多因素综合划分

按照沉陷稳定状态、沉陷程度、潜水出露情况等将沉陷区地貌划分为16个微地形类型,见表3-5。

井工煤矿采煤沉陷区微地形类型　　　　　　　　　　　　　　　　　表3-5

一级类型	二级类型	三级类型	含义
1 稳定沉陷区			地面不再继续下沉,处于相对稳定的状态
	1.1 浅度沉陷		地面沉陷1m以内沉陷区
	1.2 中度沉陷		地面沉陷1~3m沉陷区
		1.2.1 非积水沉陷区	无长期积水中度沉陷区
		1.2.2 季节积水沉陷区	丰水期有积水、枯水期无积水中度沉陷区
		1.2.3 积水沉陷区	长年积水中度沉陷区
	1.3 深度沉陷		地面沉陷3m以上沉陷区
		1.3.1 非积水沉陷区	无长期积水深度沉陷区
		1.3.2 季节积水沉陷区	丰水期有积水、枯水期无积水深度沉陷区
		1.3.3 积水沉陷区	长年积水深度沉陷区
2 基本稳定沉陷区			地面不再继续下沉,处于相对稳定的状态
	2.1 浅度沉陷		地面沉陷1m以内沉陷区
	2.2 中度沉陷		地面沉陷1~3m沉陷区
		2.2.1 非积水沉陷区	无长期积水中度沉陷区
		2.2.2 季节积水沉陷区	丰水期有积水、枯水期无积水中度沉陷区
		2.2.3 积水沉陷区	长年积水中度沉陷区
	2.3 深度沉陷		地面沉陷3m以上沉陷区
		2.3.1 非积水沉陷区	无长期积水深度沉陷区
		2.3.2 季节积水沉陷区	丰水期有积水、枯水期无积水深度沉陷区
		2.3.3 积水沉陷区	长年积水深度沉陷区
3 不稳定沉陷区			地面快速下沉中,处于不稳定的状态
4 待沉陷区			当前还没有沉陷,但以后会沉陷的土地

3.3.1.2 地形重塑的必要性

1. 优化沉陷区景观空间格局需要

井工煤矿采空区土地沉陷造成原有的景观格局无规律的破坏。以徐州市贾汪矿区为例，1987~2010年，研究区边缘密度（ED）和景观形状指数（LSI）表现逐渐升高，其中1987~2005年表现为快速上升趋势；说明这一时期区域内景观要素的空间形状趋于不规则化和复杂化。1987~2005年，景观蔓延度指数（Contag）和斑块内聚力指数（Cohesion）表现为逐渐减弱的趋势，说明这一时期景观破碎程度加大，斑块离散分离，景观连通性变差。这些变化的主要原因是随着煤炭资源开采活动等加速了景观类型的变化转移。采空区沉陷造成景观格局这种无规律的破坏，摧毁了原有的规则化的空间布局，使原有土地的功能丧失，经济性和能量效率大幅降低。通过适当的地形重塑，对陆地、水体等景观组分在空间、规模、数量和分布进行调节，可以使景观综合价值达到最大化。

2. 改善陆地土地利用适宜性

采空区沉陷不仅使土地碎块化，地裂缝可能造成地表水的严重渗漏，地表坡度和坡长等微地形的改变，致使水土流失加剧，也使土壤结构受到严重破坏。下沉导致地下水位相对抬升，造成土壤盐渍化的碳酸盐、氯化物等随地下水大量上升到土壤表层，造成土壤盐渍化现象严重而无法耕种，地下水位偏高，地面排水不畅，造成土壤还原性物质增多，严重影响植物根系的生长；地下水位偏高，增加了表层土壤水的蒸发数量，土壤含水太多，抑制土壤微生物的代谢活动，使有机物质难以分解，土壤供肥能力下降而积水导致土壤生态系统类型改变，土壤生产功能极度退化和生态功能退化日趋明显。因此，通过适当的地形重塑，使破碎分散的陆地适当集中，将标高偏低的陆地适当抬高，可以有效提高土地适用性，改善土壤物理结构和土壤质量，在较短时间内恢复和提高土壤的生产力。

3. 恢复优良水生态系统的需要

水体自净是通过包括沉淀、稀释、混合、挥发、氧化还原、分解化合、吸附、凝聚、离子交换等自然的物理化学过程，以及厌氧和好氧生物同化过程，降低水体中污染物浓度，使水质恢复到原有的状态，或者从水质超标到达到或低于水质标准限值。影响水体自净能力的因素众多，仅就水量和流速而言，一般水体水量越大、流速越高，自净能力越强。

采煤沉陷形成的水体普遍具有小、散、不连通的特点。以徐州市贾汪矿区为例，水体的斑块平均面积呈逐渐下降趋势，边缘密度（ED）波动变化呈现升、降、升的趋势，平均分维度指数（FRAC_MN）1987~2005 年逐渐降低，2005~2010 年呈上升趋势，这一变化表明水体的形状趋于复杂化。从连通性方面看，水体的斑块内聚力指数（Cohesion）呈现先降低后升高的趋势，水体从空间上先是趋于离散、连通性较差，后期则表现为连通性加强的趋势。这是因为前一时期与煤炭开采导致大量采煤沉陷区积水有关，后一阶段，水体面积有所下降主要是由于土地复垦政策，深挖垫浅，使水体和陆地得到一定的整合调整。

3.3.1.3　地形重塑的原则

在确定地形重塑的区域、设定地形重塑目标、制定地形重塑（平面与竖向控制）方案中，应综合兼顾以下原则：

1. 因地制宜原则

采煤沉陷区土地类型多样，破坏程度各不相同。治理时应综合考虑沉陷后地形条件、土壤条件、水资源条件等，因地制宜以达到合理、高效、省时、节资的目的。

2. 可行性原则

采煤沉陷区地形重塑必须考虑方案的可行性，包括环境条件的可行性和技术的可操作性，重点要按照土方基本平衡和土方工程量最小要求，进行平面和竖向形态调整，塑造景观优美的地形和生境。

3. 社会、经济和生态效益相协调原则

采煤沉陷区地形重塑的根本目的是为人类服务，应综合考虑社会、经济和生态效益，坚持土地资源可持续利用，从全局和长远利益出发，通过地形重塑为后期土地资源开发利用提供基础。

4. 分区治理原则

采煤沉陷区土地因开采工艺、土地原有自然条件的不同，使开采后沉陷区内土地的地形存在明显的区域差异，通过分区治理，分类施策，因地制宜采取适当的技术措施，为实现沉陷区土地的持续利用提供可靠保障。

3.3.2 微地形重塑技术方法

3.3.2.1 常年积水区地形重塑

常年积水沉陷区根据沉陷深度，可以分别采用疏排法、挖深垫浅法、筑岛法等进行地形重塑。

1. 疏排法

疏排法是根据沉陷区的水文条件，建立合理的地面排水系统，将沉陷区积水排出，同时开挖降渍沟，将潜水位逐渐降至临界水位，以恢复"旱地"为主要目的的方法，适用于中度沉陷常年积水沉陷区。

（1）"旱地"标高设计

"旱地"标高的大小直接影响复垦工程土方量、治理区排水沟的密度和断面尺寸、强排站的排水能力设计等，因而影响单位面积的复垦费用。据卞正富等研究，对于能够实现自排的沉陷区域，最低标高可由式（3-1）确定：

$$H_i = H_r + \sum_i l_i d_i + h \tag{3-1}$$

式中，H_i 为最低标高，l_i 为各级排水沟长度，d_i 为各级排水沟坡降，H_r 为外河水位，h 为地下水位临界深度。

对于不能自排（须强排）的沉陷区，首先需要根据现场实际和需要选定主排水沟沟底标高和主排水沟水深，然后按式（3-2）确定：

$$H_i = H_d + W + \sum_i l_i d_i + h \tag{3-2}$$

式中，H_d 为主排水沟沟底标高，W 为主排水沟水深，l_i 主排水沟及以下排水沟长度，d_i 为主排水沟及以下排水沟坡降。

（2）承泄区选择

承泄区选择应遵循经济合理、便于实施的原则，通常以就近采用洪水位相对较低的河道为优。当用强排法时，承泄区洪水位也可高于排出区。

自排要求承泄区水位必须满足：

$$H_r \leqslant H_t - \sum L_i \cdot i - h - \Delta h \tag{3-3}$$

式中，H_r 为承泄区水位，H_t 为复垦后农田标高，L 为各级排水沟长度，i 为各级排水沟坡度，h 为保证作物正常生长的地下水临界深度，Δh 为地下水位与排水沟水位之差。

（3）防洪除涝降渍系统设计

防洪要求洪水季节承泄区河水及外围径流不倒灌或流入塌陷低洼地，通常应采取整修堤坝和分洪的方法。防洪标准通常取决于承泄区的泄水能力和堤坝的尺寸，一般生态修复用地可以取 10~20 年一遇洪水位作为设计标准。

除涝设计标准取决于排水面积和排水地区的具体条件，无论是自排还是强排，通常以排除大部分地区积水为标准。为减小沉陷区排水工程量，可以在沉陷区外围开挖封闭的截洪沟，对局部低洼地段积水可采取留坑蓄水或挖深垫浅综合治理的方法处理。一般生态修复用地可以取 5 年一遇暴雨作为设计标准。

降渍的目的是使土壤内的水分和空气状况适合植物根系的生长。降渍设计受植物的耐渍能力影响。旱生植物耐渍时间短，地下水埋深要求较深；中生植物耐渍时间稍长，地下水埋深可以较浅；湿生植物耐渍时间长，地下水埋深可以很浅或潜水。

2. 挖深垫浅法

挖深垫浅法是通过挖深沉陷量大的区域获得土方，填充抬高下沉量小的区域，平整后用于植物种植等，而挖深部分成为永久水体。

（1）适用范围

挖深垫浅适用于中、深度沉陷常年积水沉陷区。其最佳适用区域为地表沉陷深度在 1.5~4.0m 范围内，沉陷深度 <1.5m 或 >4.0m 的区域不宜进行挖深垫浅作业。另一方面，对于地下水位埋藏较浅的区域，如地下水位小于 2m，可在 1.5~3.0m 之间的沉陷区内进行挖深垫浅，如地下水位大于 2m，可在 2.0~4.0m 之间进行挖深垫浅，其挖深和垫浅原则上不应超过 2m。原则上挖深和垫浅部分应基本上保持挖方和填方工程量的平衡。

（2）技术设计

挖深垫浅技术设计的重点是"垫浅"部分的规模和标高设计，核心是"挖""垫"之间的土方平衡。

① "垫浅"标高的确定

合理的耕地标高直接决定规划种植物能否正常生长，直接决定项目的工程量，即土方量，进而反映到项目投资上。假设："挖深"取土深度为 a，平均"垫浅"区高度为 H_1，最大"垫浅"区高度为 H_2，单位土方费用为 f，"垫浅"区面积为 S。则：

复垦率 $N=(a+H_2-H_1)/(a+H_2)$ （3-4）

治理工程费用 $F=f \times S \times a \times (1-N)$ （3-5）

$$H \geqslant H_1 + \text{Max}\{h_{潜水位}, h_{外河}, h_{5年一遇洪水}\}$$

"垫浅"区标高理论值：

$$y = 2.5\sqrt{n} - 0.13 - 0.75\sqrt{R}(\sqrt{n} - 0.10) \qquad (3-6)$$

在保证"垫浅"区标高不低于理论值的前提下，具体标高的确定原则为土方量最小。

②挖深深度的确定

挖深深度设计应控制在不破坏塘底坚实黏土层为标准，由现场调查确定。

（3）关键工程措施

①表土剥离

"垫浅"区在垫浅前，应将表土剥离，然后再进行"垫浅"作业。

表土剥离须根据沉陷区地形特点，对于比较零碎、推土机无法工作的地块，采用人工法将沉陷区表土剥离堆放，其他情况下均用推土机剥离表土。

推土机作业时，由于沉陷复垦区地形变化复杂，推土机开始不可以"一次铲清"，应首先铲除凸起的土包，然后推平洼坑，使铲、集、运、卸土和空返的行驶面平整，才能保证推土机推土多、速度快，机车磨损小。

②挖深垫浅

常年积水采煤沉陷区挖深垫浅工程以泥浆泵造地法最为适宜。

泥浆泵造地法就是利用水力冲刷原理，由高压水泵产生的高压水，将需要"挖深"区域的泥土割切、粉碎，形成泥浆混合液，再由泥浆泵管道输送到沉陷区需要"垫浅"的区域，输泥浆完毕后，在"垫浅"区域挖掘排水沟，使泥浆充填区水分充分析出、泥浆充分沉淀后回填表土和平整土地。

③表土回覆

泥浆充填区经过数月的沉淀后，应用人工或推土机将原剥离的表土平铺在上面，并进行土地紧实、平整后，以备植物种植。

3. 筑岛法

选择稳定性较好、已不再活动的区域作为岛屿，利用开挖湖泊型水体和沟通自然河道所产生的土方筑岛。筑岛法适用于大面积深度沉陷常年积水沉陷区。

构建的岛屿位置与规模应根据土方平衡原则就近布设。筑岛过程中，应注意微地形的设计，以自然河道为主要汇流方向，依据各个独立地块的形状、确定高点及排水趋势，设计多种竖向方案，最大限度地利用好雨水资源，为建立开放式的湿地生态系统提供条件。

3.3.2.2 季节性积水区地形重塑

季节性积水采煤沉陷区地形重塑宜采用"基塘+干河床"的方式,将沉陷区的盆地挖深成为基塘,挖出的泥土将沉陷区边缘填高,沿基塘上、下游方向修建干河床(枯水期)并种耐水湿型护坡植物。

1. 基塘设计

季节性积水采煤沉陷区中基塘的作用主要是将丰水期的雨水积蓄起来,为枯水期提供必要的生态用水。

(1)基塘布局

季节性积水采煤沉陷区中基塘的布局,可以采用多基塘串联、并联或串并联的方式,以增加基塘的存蓄水能力。

基塘选址主要考虑能够运用自然地理条件尽量汇集雨水径流,结合地貌、地质、用水需求、工程造价等因素综合考虑。一般需要满足以下几个基本条件:地形条件好,在沉陷区中的位置适宜;地质和土壤条件好,渗漏损失小,不容易淤积。基塘的布局还应输配水方便。

(2)基塘容量设计

每个基塘应根据沉陷区形态、坡度、土壤质地、丰水期降水量等因素设计蓄水区位置、面积和深度。其中,基塘容量设计可以按"兴利塘容"简易计算。根据设计保证率的年径流量 W_p 与灌溉总用水量 $W_{用}$ 的关系,按完全年调节、不完全年调节和多年调节 3 种情况考虑:

①当设计保证率的年径流量 W_p 大于灌溉总用水量不多时,按完全年调节计算兴利塘容 $V_{兴}$:年径流量 $W_p=1000K_pR_0F$;兴利塘容 $W_{兴}=B_1W_p$。

式中,K_p 为不同频率模比系数;R_0 为年径流深(mm);F 为集水面积(km^2);B_1 为完全年调节兴利塘容系数(0.5~0.7)。

②当设计保证率的年径流量 W_p 大于灌溉总用水量很多时,按不完全年调节计算兴利塘容:兴利塘容 $W_{兴}=B_2AG/\eta$。

式中,B_2 为塘容系数(0.4~0.5);A 为灌溉面积(hm^2);G 为灌溉定额;η 为灌溉渠系有效利用系数。

③设计保证率为 75%,径流量 W_p 小于灌溉总用水量时,可按多年调节计算兴利塘容 $V_{兴}$:兴利塘容 $V_{兴}=B_0W_0$。

式中,B_0 为多年调节兴利塘容系数(0.5~1.0);W_0 为基塘径流区多年平均年径流量(m^3)。

2. 干河床设计

干河床既是洪水排泄通道,也是蓄水期截流输水系统。

(1) 流量设计

流量设计是指干河床为满足排除洪涝标准要求所须保证通过的流量,通常为设计暴雨形成的最大流量。

从理论上讲,流量设计应根据排水区域内实测的径流资料推求,但由于排水地区一般没有此项资料。因此,通常按地区经验公式法、平均排除法和推理公式法等计算求得。目前,应用最多的为地区经验公式法。地区经验公式可表述为:

$$Q_m = K_1 F_n \quad (3-7)$$

式中,Q_m 为设计流量(m^3/s);F 为流域面积(km^2);K_1、n 为与频率和地区有关的经验性参数,反映的是暴雨统计特性和下垫面因素的平均情况。

(2) 干河床断面设计

干河床断面设计可以参照排洪沟断面设计。通常是根据设计流量 Q 和选定纵坡 i、边坡系数 m,计算确定排洪沟的底宽 b 和水深 h。

对较长的干河床,可用明渠均匀流公式来计算它的过水能力:

$$Q = \omega C \sqrt{R_i}, \quad C = R^y/n \quad (3-8)$$

式中,ω 为过水断面面积;R 为水力半径;n 为糙率系统;y 作为指数,对于曼宁公式为 $y=1/6$(用于 $n<0.02$,$R<0.5m$);对于巴甫洛夫斯基公式为 $y = 2.5\sqrt{n} - 0.13 - 0.75\sqrt{R}(\sqrt{n} - 0.10)$(用于 $0.011<n<0.04$,$0.1<R<3.0m$)。

(3) 边坡设计

排水沟边坡一般比灌溉边坡要缓,不同土质排水沟边坡系数取值见表 3-6。

不同土质排水沟边坡系数表　　　　　　　　　　　　　　　　　　　　表 3-6

土质类型	开挖深度 /m			
	<1.5	1.5~3.0	3.0~4.0	4.0~5.0
砂性土	2.5	3.0~3.5	4.0~5.0	≥ 5
砂黏土	2.0	2.5~3.0	3.0~4.0	≥ 4
黄壤土	1.5	2.0~2.5	2.5~3.0	≥ 3
黄黏土	1.0	1.5	2.0	≥ 2

3.3.2.3 非积水区地形重塑

1. 生产性用地的地形重塑

非积水沉陷区生产性用地的地形重塑，主要是进行土地平整，增强生产适宜性和便利性。当沉陷后地表坡度在 2° 以内时，土地平整或不平整都可种植。当沉陷后地表坡度在 2°~6° 之间时，可沿地形等高线修整成梯田，并略向内倾以拦水保墒，以利于水土保持。

2. 景观利用的地形重塑

非积水沉陷区景观性用地的地形重塑，应根据生态和景观保护与重建需要、地面坡度陡缓、土层薄厚、工程量大小等综合考虑，采取推堆、起挖等方法，进行地形抬升或起坡等，形成连绵起伏、舒缓有致的平地、坡地、台地、土丘、山体等多样性地形。

3.3.3 类自然水体水系构建

黄淮海平原总体上属水资源缺乏区。采煤沉陷形成的水体普遍具有小、散、不连通的特点，把这些采煤沉陷区水体串通连片，并与附近的河湖连为一体，可以有效提升区域水资源的收集和利用效率，增强水资源供给能力，丰富区域地表景观多样性，对于改善生态环境和人居环境等都具有重要的意义。

3.3.3.1 水体布局

1. 积水型沉陷区的空间分布规律

黄淮海平原采煤沉陷区因受含煤地层地质构造控制，总体上多呈北东南西走向。以徐州市贾汪矿区为例，沉陷区的空间分布主要有以下 3 种类型（图 3-1）：①孤立型深度沉陷区（常年积水，如图中 A 处），一般常年积水在 3m 以上，局部地区积水达 7m；②中心区深度沉陷型：在成片区域中具有一个或一个以上的深度沉陷区，而沉陷区位于中心区域，周围有中度沉陷区（季节性积水，如图中 B 处）或轻度沉陷区（坡耕地，非积水区，如图中 C 处）包围。其中，深度沉陷和中度沉陷区平均下沉 3~3.5m，常年积水或季节性积水较深，复垦难度很大；③深度 – 中度沉陷相连型：在局部地区，由于下沉程度不一，形成带状的沉陷区（如图中 D 处），带状沉陷区由季节性

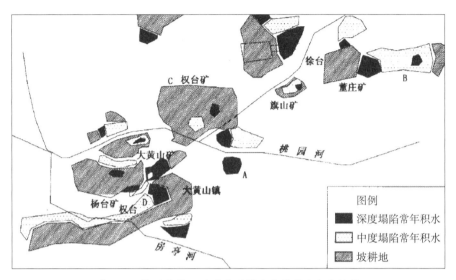

图 3-1 徐州市贾汪矿区典型塌陷地类型及分布格局

积水区和常年积水区组成，常年积水区往往位于沉陷地带的一端。

2. 采煤沉陷区的水资源平衡

采煤沉陷区沉陷坑塘水资源主要来源为天然降水和潜水渗入，部分地区还有外部灌溉系统的被动输入；支出有蒸发蒸腾、渗入地下、洪涝排出等。其蓄水量计算公式如下：

$$\Delta W=[(S_p+S_n)R+I]-(E_p+E_s+P+F) \qquad (3-9)$$

式中，S_p 为水域面积；S_n 为非水域面积；R 单位面积降雨量；I 为外部灌溉系统的被动输入量；E_p 为水域蒸发量；E_s 为非水域的蒸发和植物蒸腾量；P 为渗失量；F 为洪涝排出量。

由式（3-9）可知，系统中水域与非水域的面积比对水平衡起十分重要的作用。采煤沉陷区治理合理的水域面积比与最优水面率问题的性质是一致的，徐州地区的经验是取 1∶1 左右。此外，扩大水源、减少系统水分的外流也是重要的措施。

3. 水体空间布局

采煤沉陷区水体布局应以遵循沉陷区的空间分布规律为基础，以水资源平衡为原则，因地制宜合理确定水体的空间位置、容量规模。重点以常年积水在 3m 以上深度沉陷区为中心，根据塌陷形成的水体（塌陷坑或季节性积水区域）与原有自然河道的关系，截除各个围圩，使之成为相互连通开放的水体，提高水体自净能力和生态效益。

3.3.3.2 水系连通优化

采煤沉陷区水系连通包括沉陷区内部水体的连通、沉陷区之间的连通以及沉陷区与河湖的连通3部分。

沉陷区内部水体的连通,主要是破除季节性积水沉陷区与常年积水沉陷区之间的围圩、减少沉陷水坑(塘)数量,扩大水体面积。沉陷区内部水体之间沟通通常有一定的距离,相对工程量较大,主要通过明渠开挖的方式实现;沉陷区与自然河湖连通是建立在沉陷区内部连通和沉陷区之间连通的基础上进行,首先应研究历史连通状况及周边河湖水文特征、蓄水情况等,然后分析沉陷区引水条件,包括自然条件(沉陷区与河湖的相对位置)和工程条件(涵闸、沟渠等工程情况),最后研究确定沉陷区与河湖的连通方案。

1. 特征水位确定

特征水位通常指水库或河湖工程为完成不同时期、不同任务或各种水文情况下须控制达到的各种水位,常用的有正常蓄水位、死水位、防洪限制水位、防洪高水位、设计洪水位、校核洪水位等。

黄淮海平原采煤沉陷区经内部连通后的水体,可以视作平原型湖泊,除水面产流外,其余汇流面积不大的情况下,相应特征水位确定方法如下:

(1)汛期最高限制水位

汛期最高限制水位主要考虑沉陷区在遭遇短历时暴雨不产生漫溢致灾。通常可以根据区域内雨量站历年最大3d雨量分析,选取低于沉陷区周边地面平均高程0.5m的高程点作为沉陷区的汛期最高限制水位。

(2)最低生态水位

最低生态水位为维持水文和地形子系统功能不出现严重退化所需要的最低水位。用湖泊水位作为湖泊水文和地形子系统特征的指标,用湖面面积作为湖泊功能指标,湖泊生态水位可用式(3-10)~式(3-12)联立表达求解:

$$F = f(H) \quad (3-10)$$

$$\partial F / \partial h^2 = 0 \quad (3-11)$$

$$H_{min} + \Delta h_1 \geqslant H \geqslant H_{min} - \Delta h_2 \quad (3-12)$$

式中,F 为湖面面积(m^2);H 为湖泊水位(m);H_{min} 为湖泊自然状况下多年最低水位(m);Δh_1 和 Δh_2 分别为与湖泊水位变幅相比较小的正数(m)。

2. 输排水系统构建

引水关系指沉陷区之间各水体以及沉陷区水体与周边河湖之间水的输、排运行，应按照各沉陷区水体和周边河湖自然地形高程，合理配置输水体系和排洪体系，保证丰水期排水安全和枯水期有效补水。

水位控制工程可以采取漫水坝与水闸相结合的方式。生态保育、生态景观区宜采用漫水坝，水闸建设可与道路建设相结合。具体设计可以参考相关水利工程设计手册。

3. 构建类自然水体形态

在保障水安全的前提下，保护和修复河道的蜿蜒性特征，保留凹岸、凸岸、深潭、浅滩及沙洲，避免盲目裁弯取直；保护和修复河床自然形态，严禁水泥护堤衬底。维持湖泊岸线多样性，放缓湖岸坡度，保护和利用自然护岸。湖及岛屿边坡的筑护应避免大规模的硬质驳岸，多采取自然式驳岸或生态工程驳岸方式修复水体类自然形态。

3.3.3.3 生态边坡技术

采煤沉陷区的水体堤岸及岛屿边坡宜采取生态护坡，沿岸土壤和植物适当采用置石、土工材料、生态桩固土等技术，以减少水流对土壤及边坡的冲蚀，种植柳树、水杨以及芦苇等喜水植物，由它们生长舒展的发达根系来稳固堤岸，增加抗洪、护堤的能力，丰富岸栖生物，保持水陆生态结构和生态边际效应，健全稳定生态功能。

1. 生态边坡的类型和特点

生态护坡的类型包括植被护坡、土工材料固土种植基护坡、浆砌片石骨架植草护坡、生态桩驳岸护坡、植被型生态混凝土护坡等，主要生态护坡（堤）技术要点与适应范围可符合表 3-7 的规定。

2. 植被护坡技术

（1）植被护坡的机理

①深根的锚固作用

植物的垂直根系深入土壤，起到锚固的作用。树木根系的锚固作用可影响到地下更深的土层。禾草、豆科植物和小灌木在地下 0.75~1.50m 深处有明显的土壤加强作用，树木根系的这种作用则可影响到地下 3m 甚至更深的土层。

②浅根的加筋作用

植草的根系在土中纵横生长、盘根错节，使边坡土体成为土与草根的

主要生态护坡（堤）技术要点与适应范围　　　　　　　　　　　　　　　　　　　　　　表 3-7

名称	方法	作用特点	适用条件
植被护坡	人工种草、平铺草皮、草毯护坡	优点：施工简单、造价低等； 缺点：养护管理要求高，易产生坡面冲沟、表土流失、坍滑等边坡灾害	多用于边坡高度不高、坡度较缓的路堑和路堤边坡防护
土工材料固土种植基护坡	土工网垫固土种植基、土工格栅固土种植基、土工单元固土种植基、土工布植生袋种植基	优点：贴合任何坡体的形状，施工简单； 缺点：造价较高，植物生长缓慢	适合使用在岩面或硬质地块、滑坡山崩等应急工程
浆砌片石骨架植草护坡	浆砌片石在坡面形成框架，在框架里种植植物	优点：片石嵌入坡面，能发挥分割截水作用； 缺点：石方工程量大，造价较高	适用于边坡坡度不高且坡度较缓的各种土质、强风化岩石边坡
生态桩驳岸护坡	利用树桩、竹竿、水泥管等竖向并排压入河、湖岸边，桩管两侧种植植物	优点：固坡作用强，阻止河、湖水冲刷； 缺点：排桩的施工难度较大，造价较高	主要用于土壤偏砂性、水流风浪侵蚀破坏严重的堤岸护坡
植被型生态混凝土护坡	利用多孔混凝土、保水材料、难溶性肥料和表层土组合形成	优点：对水流具有较好的抗冲刷性； 缺点：后期植被生存条件受到限制，整体稳定性较差	主要用于土壤偏砂性、水流风浪侵蚀破坏严重的堤岸护坡

复合材料。

③降雨截留，削弱溅蚀

一部分降雨在到达坡面之前就被植被截留，未被截留的高速下落的雨滴被植被拦截，削弱了雨滴对坡面土壤的溅蚀，抑制了地表径流。根系及其分泌物及腐殖质对土壤还具有黏结作用，从而能控制水土流失。

④降低坡体孔隙水压力

边坡失稳与坡体水压力的大小有着密切关系。降雨是诱发滑坡的重要因素之一。植物通过吸收和蒸腾坡体内水分，降低了土体的孔隙水压力，提高了土体的抗剪强度，有利于边坡体的稳定。

（2）护坡植物的选择

根据边坡特殊的立地条件，植物的生物学、生态学特性，结合当地气候、土壤条件，遵循适地适植物的原则，合理选择和配置护坡植物，才能很好地发挥出植被护坡的能力。具体要遵循以下的原则：

①因地制宜，适地适树（草），优先考虑乡土植物种类。乡土植物是在长期地适应和进化过程中，通过基因进化逐渐适应当地的气候和土壤条件，是自然选择的结果，与外来物种相比较，具有较强的竞争力以及旺盛的生命

力，公路周围土壤条件一般较为贫瘠，一般只有乡土植物才可以长期生存。

②选择根系发达、分生能力强、整株低矮或有匍匐茎的多年生草本植物。边坡植物的主要目的是生态防护，一年生植物不能很好地起到防止水土流失的作用，只有多年生的、根系发达的植物才能有效固结土壤，防护边坡。

③选择抗性强、耐瘠薄的植物。边坡土壤一般较为贫瘠，应选择较耐瘠薄的植物，同时由于养护强度低，还要求植物具有较好的抗病性。

（3）草皮护坡

草皮护坡有铺草皮护坡、播植草被护坡、植生带护坡等几种。

铺草皮护坡是将培育的生长优良健壮的草坪，按照一定的大小规格铲起并运至需要绿化的坡面上进行铺植，使坡面迅速形成草坪的护坡绿化技术，具有成坪时间短、护坡功能见效快、施工季节限制少等的优点。

播植草被护坡就是采用播种方式，将草种直接种在坡面，经养护形成草皮。需要特别说明的是，在砂土边坡，无论采取何种排水方式，均不宜采用播种的种植方式。

植生带护坡就是将植生带铺到坡面，经养护形成护坡植被。植生带置草种与肥料于一体，播种施肥均匀，数量精确，草种、肥料不易移动；能够保水和避免水流冲失草种；草种出苗率高、出苗整齐，建植成坪快；体积小，易运输，施工方便。

（4）乔灌草复合植被护坡

单一植物往往不能满足各方面的要求，单一植被易退化，且难以恢复，乔灌草相结合的植物群落具有复层结构，冠层厚，枝叶茂密，枯枝落叶量大，有利于减轻雨水溅蚀地面，增加降雨截留量和植物蒸腾量，从而对减少土壤中的水分具有很大的作用。另一方面，"草–灌–乔"结构有利于充分发挥不同类型植物的固土护坡作用。乔灌草植物群落的配置，应遵循生态学的基本原理，主要表现在以下两个方面：

一是生物多样性原理。大量的研究结果表明，物种多样性是群落稳定的一个重要因素，植物群落的稳定性与植物物种多样性密切相关。

二是生态位原理。在群落形成过程中，不同植物由于自身的生物学、生态学特性不同，各自占据不同的空间位置，在一个稳定的植物群落中，每一种植物都有其相应的生态位，从而使植物群落具有复层结构或垂直结构。植物群落的垂直结构即成层现象在植被护坡工程的群落配置设计中有着重要的指导意义。

另外,植物种的生物生态型要相互搭配,以便减少植物种间生存竞争的矛盾,如浅根型与深根型植物的配合,根茎型与丛生型植物的搭配等。

3. 土工材料固土种植基护坡技术

土工植物固土种植基护坡技术是将工程护坡与植物护坡相结合的一种新型复合护坡技术,对于砂质土壤护坡具有显著的效果。

(1)六角空心砖结合植草护坡

六角空心砖结合植草护坡一般应用于高度不超过20m的边坡。此方法在边坡稳定性较差的地段,可以对六角空心砖防护边坡采取加固措施以提高边坡的稳定性;在六角空心砖空心位置进行植草绿化,防止地表水的冲刷和美化环境;六角空心砖防护边坡形似蜂巢状,具有一定的观赏价值,但自重大,费用高。

(2)框格结构结合植被护坡

框格护坡可采用混凝土、浆砌片块石、卵(砾)石等材料做骨架,框格内种植植物。框格的骨架宽度以20~30cm为宜,嵌入坡面深度应视边坡土质和当地气候条件来确定,一般为15~20cm。框格的大小应视边坡坡度、边坡土质来确定,并应考虑与景观的协调;骨架一般采用方格形,与边坡水平线成45°夹角,方形框格尺寸宜为1.0m×1.0m~3.0m×3.0m。如做成拱形骨架的形式,拱圈的直径宜为2~3m。采用框格的边坡坡顶(0.5m)及坡脚(1.0m)应采用与骨架部分相同的材料镶边加固,加固条带的宽度宜为40~50cm。

(3)三维植被网综合护坡技术

三维土工网垫是以热塑树脂为原料,采用科学配方,经挤出、拉伸、焊接、收缩等一系列工艺而制成的两层或多层凸凹不平网包的层状结构孔网。其材质疏松柔韧,耐酸碱、抗腐蚀,具有一定的弹性与强度,可形成网孔较大的容土空间,植物生长根系与土工网垫织缠在一起,形成浅层致密的坡面加筋复合保护层,具有一定的整体性和极强的抗冲蚀能力。三维土工网垫植草覆盖率高,抗风冲蚀能力强,并能加强较陡边坡的护坡、抵抗大雨的袭击,减缓地表径流对土壤的冲刷。土工网垫成网孔状,提高了土体的通透性,有利于表层雨水下渗和植物根系生长,能固土蓄水,调节土体湿度,保持水土效果好。

三维土工网垫植草护坡施工程序为:坡面平整、施底肥→覆网、固定→覆土、播种→上覆盖土→浇水、养护。

①网垫选用

网垫的合理选用直接关系坡面防护是否成功和经济利益。试验表明，在缓于 30° 的坡面，采用标准的 EM2 和 EM3 产品是比较合理的，采用 EM4 产品则是一种浪费；在坡度为 30°~45° 时，采用 EM4 产品；在坡度陡于 45° 时，应该采用高于 EM4 的产品。

②覆网、固定

在整平的坡面上铺设网垫，当坡度陡于 1∶3 时，网垫由坡顶向下放卷铺设，在缓于 1∶3 的坡面上，网垫可以按横向或向下铺设。上下卷材搭接，上部的材料压在上面，搭接长度为 10cm，相邻卷材搭接，搭接长度至少为 7.5cm，且在搭接中心处每 50cm 左右加一个锚钉。网垫铺设时，要保持平顺，不要拉紧，避免造成网垫与坡面分离，从而不利于网垫的稳定与植被的生长。

为防止网垫从上、下两端被水流冲开，网垫在边坡顶端铺设时，须在坡肩（坡底）挖断面宽、深为 15cm×30cm 的沟，将网垫埋入其中，用锚固钉固定，并填土压实，网垫顶端纵向连接处应有 60° 夹角，坡底应有 50cm 以上的水平面。对于网垫体的锚固，在较缓的坡可采用竹钉或 U 形钉，钉的长度不小于 15cm，顶端宽度应大于网垫孔径的 2 倍；在较陡、疏松、岩质的坡需要采用较长较重的丝钉。就较缓的坡度（1∶1.5~1∶1）而言，按每 50cm 一个锚钉即可，如果坡面较陡，应增加锚钉数量，锚钉的排列以梅花桩形为宜。

4. 浆砌片石骨架植草护坡技术

浆砌片石骨架植草是指采用浆砌片石在坡面形成骨架，并结合撒草种、铺草皮、栽植苗木等方法形成的一种生态护坡技术。根据骨架形状的不同，浆砌片石骨架可以分为拱形、方格形、人字形等，比较适用于易发生溜坍及坡面冲刷较严重的边坡。边坡坡率一般在 1∶1.5~1∶1 之间，每级坡高一般不超过 10m，过高的边坡需要分级支护。

（1）技术条件

①浆砌片石骨架应嵌入坡面内，具体嵌入深度视边坡岩体性质而定。

②为稳定骨架底部基础及顶、侧边（一般宽 0.5m）的镶边应以 M5 砂浆砌片石加固。

③骨架内可以通过撒草种、铺草皮、土工网植草、喷播植草、人工植草等方式实现坡面绿化。

（2）施工工艺

各种形式的浆砌片石骨架植草护坡不论其采用哪种植草方式，其施工工序基本相同。

①平整坡面

按设计要求平整坡面，清除坡面危石、松土、杂物、填补坑槽等。

②砌筑骨架

砌筑片石骨架前，应按设计要求在每条骨架的起讫点放控制桩，挂线放样，然后开挖骨架沟槽，其尺寸根据骨架尺寸而定，采用M5水泥砂浆就地砌筑片石。砌筑骨架时应先砌筑骨架衔接处，再砌筑其他部分骨架，两骨架衔接处应处在同一高度。在骨架底部及顶部和两侧范围内，应用M5水泥砂浆砌片石镶边加固。

（3）回填土

片石骨架砌好后，在骨架内填充改良客土，充填时要使用振动板使之密实，靠近表面时用潮湿的黏土回填。

回填土完成后按设计方案进行绿化种植施工和养护。

5. 生态桩驳岸护坡技术

利用树桩、竹杆、水泥管等竖向排入河、湖岸边，桩管两侧种植植物以维护岸线的稳定，防止岸线被水流冲刷从而侵蚀岸线。

（1）桩嵌固深度的计算

排桩挡土墙两侧水土稳定后，其压力分布应符合《建筑边坡工程技术规范》GB 50330—2013中土压力分布的要求（图3-2、图3-3），可以按悬臂式支护结构，按抗倾覆要求确定桩嵌固深度。因为在极限状态下要求嵌固深度大小的顺序依次是抗倾覆、抗滑移、整体稳定性、抗隆起，因此，抗倾覆要求基本上都保证了其他各种验算所要求的安全系数。

采用《建筑边坡工程技术规范》GB 50330—2013计算支护结构的稳定性应采用承载能力极限状态的基本组合，但其分项系数均取1.0。对于坡脚土体为淤泥质土的情况，悬臂式排桩挡土墙稳定性验算可采用静力平衡法进行计算（图3-4）。

（2）排桩施工

排桩施工按打桩方法不同，可分为人工打桩和机械打桩。为减少木桩入土阻力，打桩前应将木桩尾部削成尖锥状，并在桩头加装桩帽，保护桩头。常用的打桩机械有手摇卷扬机、柴油打桩机和液压挖掘机。

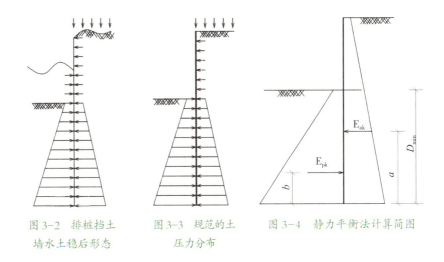

图 3-2 排桩挡土墙水土稳后形态　　图 3-3 规范的土压力分布　　图 3-4 静力平衡法计算简图

采用两排以上的密集桩时，为保证挤密效果，增加承载力，桩的布置以梅花形为好，桩间距视土质情况而定，一般不宜大于 3 倍桩径。

打桩完毕后，应按设计高程锯平桩头，使每根桩的桩顶基本保持在同一水平面。

6. 植生型生态混凝土护坡技术

生态混凝土的概念最早于 1995 年由日本混凝土工学协会提出。所谓生态混凝土，简言之，就是"一种能够适应生物的生长的混凝土材料"，其具备以下特点：一是能满足目标要求的力学性能、使用功能，具有长的使用年限和高的物理强度；二是能与自然环境相协调，能减轻环境负荷；三是可以实现非再生资源的循环型利用；四是要能建立良好的、舒适的、有使用功能的居住环境。

植生型生态混凝土护坡施工一般分为以下步骤：坡面整平→隔框预制→隔框施工→拌和→运输→浇筑→养护→覆土植生。

（1）坡面整平。对铺设生态混凝土的坡面，通过翻松、加填或挖除以保持地表面的平整。

（2）隔框预制和施工。边坡具有一定坡度，植生型生态混凝土不宜直接摊铺浇筑，须预先制作混凝土边框，如此一来易于植生型生态混凝土浇筑、整平。隔框可以是矩形或六边形。隔框不宜过大，尺寸太小导致施工量增加，太大则导致其容易断裂破坏。

坡面修整验收合格后，即可进行隔框施工。先进行施工测量放样，顺堤线方向，每隔 20m 布置一个控制断面，在每个断面的坡脚、中部、坡顶部位分别打桩,并标出垫层和护坡厚度及坡脚、坡顶角的位置,用尼龙线拉紧。当坡度较缓时,可直接按照工程线摆放;当坡度较陡时,直接摆放容易滚落,可采用铁钎暂时固定。

(3)拌和、运输、浇筑与养护。植生型混凝土属干性混凝土料,初凝快,一般采取现场拌和的方式。搅拌时按物料的规定比例及投料顺序、搅拌时间,将物料投入搅拌机拌和;当天气气温较高、运输距离较远时,须适当增加水灰比或减水剂用量,从而保证施工质量。混合物的运输时间,一般控制在 10min 以内。浇筑时,将生态混凝土在边框内部铺匀实,过程中采用平板拍打使其密实以及平整。需要特别注意的是,浇筑前,坡面必须先用水湿润,否则生态混凝土快速失水会减弱骨料间的粘结强度。浇筑完成后应立即采用土工布或彩条布及时覆盖,以保证湿度和水泥充分水化。浇水应根据能保持混凝土处于湿润状态来决定。浇水养护时间,对采用硅酸盐水泥、普通硅酸盐水泥或矿渣硅酸盐水泥拌制的混凝土应大于 7d。

(4)覆土植生。生态混凝土硬化固结后,可采用两种撒布方式:

一是覆土→撒草种→覆土:先覆土 1cm 左右,再均匀撒播草种,然后覆 1 层 0.5cm 厚的土。

二是土壤草种拌和撒布。播撒初期须每天洒水,保证草种发芽率。

3.3.4　土壤重构

土壤重构一般指以工矿区破坏土地的土壤恢复或重建为目的,采取适当的采矿和重构技术工艺,应用工程及物理、化学、生物、生态措施,重新构造一个适宜的土壤剖面与土壤肥力条件,以及稳定的地貌景观,在较短的时间内恢复和提高重构土壤的生产力,并改善重构土壤的环境质量的过程。土壤重构阶段是决定土地质量的关键,直接影响后续植被重建过程的效果。

3.3.4.1　充填重构

土壤充填重构不应使用危险固体废物,使用粉煤灰、煤矸石、建筑垃圾、污泥、土壤等作为充填物时,应进行硫化物、重金属等污染物检测,如污染物超标应进行预处理,确保充填物不产生二次污染;充填物应不影响植物根系生长发育,不宜选用易漏水漏肥、大粒径或不透水的充填物;

应根据勘测沉陷数据,设计充填标高,确定充填量和覆土层厚度,再选择充填物进行充填。

1. 充填材料的充填特性

(1)煤矸石

煤矸石是指煤矿在建井、开拓掘进、采煤和煤炭洗选过程中排出的含碳岩石等固体废弃物的总称。一般而言,煤矸石中常见的矿物有黏土矿物、碳酸盐类矿物、铝土矿、黄铁矿、石英、长石、云母等,其中的黏土矿物以高岭石、伊利石、蒙脱石为主。根据煤矸石中 Al_2O_3 含量和 Al_2O_3/SiO_2 的比值,可将煤矸石分为高铝质、黏土岩质和砂岩质矸石等。

煤矸石的矿物组成、结构、构造特征,不仅极大地影响到煤矸石的风化状况,进而影响到土壤形成的速度和土层的厚度,而且,矿物成分的差异也直接影响其风化形成的"土壤"中矿物成分。土壤中黏土矿物的种类及含量的不同,直接影响土壤中阳离子交换量的种类及多少,进而影响土壤的肥力和性质。

(2)粉煤灰

粉煤灰的特征指标类似于砂壤土,其组成结构以砂粒和粉粒为主,含有一定量的黏粒,平均粒径为 0.069mm,不均匀系数为 3.4,属于级配不良型。密度较小,孔隙比和孔隙率都较大,结构松散,透气性好,田间持水量小,淋溶性能强,易干旱。表 3-8~表 3-10 是粉煤灰的物理特性、矿物组成和化学组成。粉煤灰还多为碱性,可用来中和剥离物和矸石中的酸性物质,效果明显。粉煤灰中富含钾、钙、铁、硼等元素,可以作为矿质肥料施用。在土壤中掺加粉煤灰还可减轻土壤的板结,改善土壤结构,提高土壤的通气性和透水性,有利于土壤微生物活动,能加速许多酶的作用过程。粉煤灰能加速生物化学过程,加速腐殖质的矿化和农作物根系的发育。因此,利用粉煤灰进行土地复垦,在技术上是可行的,在经济上也是合理的。

(3)建筑垃圾

建筑垃圾包括改建、扩建和拆除各类建筑物、构筑物、管网等,以及装饰装修房屋过程中所产生的弃土、弃料及其他废弃物,组分复杂且强度差异大,一般以碎砖、碎混凝土、碎砂浆、碎石为主,含有部分其他杂物,粒径范围广。废混凝土块和废砂浆中含有硅酸钙和氢氧化钙使渗滤水呈强碱性。此外,废石膏在填埋或回填后,其中的硫酸盐在适当的厌氧条件下,经硫酸盐还原菌降解,会产生硫化氢气体;木质废弃物在厌氧条件下可溶

粉煤灰的物理特性 表 3-8

密度 / (g/cm³)	渗透速度 / (m/min)	颗粒组成 /%			孔隙率 /%
		砂粒	粉粒	黏粒	
1.8~2.4	6.15~11.68	68	28	4	60~69

粉煤灰的矿物组成 表 3-9

项目	矿物名称				
	莫来石	石英	一般玻璃体	磁性玻璃体	碳
范围 /%	11.3~30.6	3.1~15.9	42.4~72.8	1~21	1.2~23.6
均值 /%	20.8	6.5	59.8	4.6	9.3

粉煤灰的化学组成 表 3-10

成分	SiO_2	Al_2O_3	Fe_2O_3	CaO	MgO	Na_2O	K_2O	SO_3	烧失量
比例 /%	40~60	15~40	4~20	2~10	0.5~4	0.5~0.5	0.9~1.0	0.1~1.3	1~10

出木质素和单宁酸并分解生成挥发性有机酸；废金属料可使渗滤水中含有大量的重金属离子，油漆、沥青等物质经过水体浸泡后产生有机污染物会对水体、土壤产生严重污染。因此，采用建筑垃圾作为填充料时，需要评估和防止其产生的二次污染问题。

（4）泥土

泥土是土壤重构最好的基础材料。在黄淮海地区，结合区域河渠整治工程等，可将清理出的淤泥用于沉陷区土壤重构。部分有条件的地区，引黄输沙，将黄河泥沙应用到沉陷区充填中，不但解决了一直困扰我国黄河泥沙淤积问题，同时还为采煤沉陷区充填提供了源源不断的材料。

2. 煤矸石充填重构技术

（1）基本方法选择

煤矸石充填土壤重构，按充填方式可分为分层充填和全厚充填。分层充填是将矸石充填一层，压实一层，直至达到设计标高。全厚充填是指一次充填至设计高度，再采取压实措施。用于农林业生产和生态修复时，充填的矸石层应下部密实，上部疏松，以便保墒、保肥，利于植物生长。

煤矸石充填土壤重构可分成 3 种情况：新排矸石充填土壤重构、推平老矸石山充填土壤重构和预排矸充填土壤重构。新排矸石充填土壤重构是应用排矸充填土壤重构系统，将矿井新产生的煤矸石直接排入塌陷坑，推平复土造田。推平老矸石山充填土壤重构是应用矸石堆积存的矸石作充填土壤重构的充填料，并推平老矸石山，在其上复土绿化或处理矸石山作为它用。预排矸充填土壤重构是在建井过程和生产初期，在采区上方地表预计要发生下沉的地区，将表土取出堆放在四周，按预计的下沉等值线图，预先排放矸石，待到下沉停止、矸石充填到预期水平后，再将堆放在四周的表土推在矸石层上复土成田。

（2）矸石充填高度

考虑整个区域全部开采后，地表及潜水位都将相对下降，为了有利于重构土壤的保墒、保水、保肥及植物生长，重构土壤标高常低于原地面标高，具体根据潜水位标高确定。重构土壤的地表高于潜水位的标高值，应根据本区农作物的耐渍深度确定。

①矸石充填设计高度

由于充填后矸石在风化、崩解、水解等作用下产生固结沉降，因此，矸石充填的实际高度应大于设计高度，高出的部分称为充填超高。

假设煤矸石充填设计高度为 h，则充填超高为：

$$\Delta h = \left(\frac{1-p}{1-p_0} - 1\right)h \quad (3-13)$$

式中，p 为煤矸石充填压实后的矸石孔度；p_0 为煤矸石充填未压实的矸石孔度。因此，欲求充填超高 Δh 必须先求得煤矸石充填压实前后矸石孔度，而求矸石孔度又必须知道煤矸石充填压实前后的矸石容重。

$$p = 1 - \frac{d}{g} \quad (3-14)$$

式中，d 为包括矸石块间孔隙的单位容积矸石体的烘干重，g/cm^3；g 为不包括矸石块间孔隙的单位容积的固体矸石的干重。实际工作中，可取 $2.65 g/cm^3$ 作为矸石比重的平均值，则：

$$p = 0.93947 - 0.32995d \quad (3-15)$$

②矸石充填标高的确定

假设 H' 为煤矸石充填复垦前的塌陷地地表标高，H 为煤矸石充填压实后的复垦地设计标高，H_0 为煤矸石充填未压实的地表标高，D 为覆土厚度，

则充填设计高度 h 和充填标高 H_0 分别为：

$$h = H - H' - D \quad (3-16)$$

$$H_0 = H' + 1.3649h - D \quad (3-17)$$

（3）土壤剖面结构与覆土厚度

土壤剖面指从地面向下挖掘所裸露的一段垂直切面。自然土壤剖面一般分为腐殖质层，有机物的聚焦层、淋溶层，由于淋溶作用而使物质迁移和损失的土层、淀积层，淋溶层迁移和损失的物质聚焦的土层和母质层，未受成土作用影响的土层。

旱地农业土壤的剖面结构一般也分4层，分别是耕作层、犁底层、心土层和承托层。参照旱地农业土壤的剖面结构，用矸石充填重构土壤，用于农业生产时，矸石层上部需覆土500mm，其中200mm厚作耕作层，100mm厚作犁底层，200mm厚作心土层，这样可适宜种植各类农作物，并达到优质农田的生产力。用于林业和生态用地时，矸石层上部覆土可以降低至30cm，30~60cm层为矸石与土壤混合层，60cm以下为矸石承托层，见图3-5。

3. 粉煤灰填充重构技术

粉煤灰对塌陷区进行土地复垦的方法是：

①在计划充填土壤重构的沉陷区，按设计用量取出表层土，运出充填区；在沉陷区积水时，可用挖塘机和挖泥船取土，将表土运到充填区外留作复土时使用。

②在取出表土的充填区四周压实筑坎形成贮灰场。

③水力输灰。把粉煤灰用水混合成灰水，用泥浆泵把灰水排放到贮灰场。

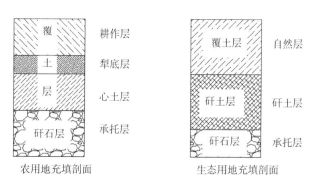

图3-5 矸石充填土壤剖面图

④沉淀和排水。贮灰场内的灰水随着充灰不断积累沉淀，沉淀后的水由贮灰场的排水口流经排水沟排出。

⑤覆表土。贮灰场沉淀的粉煤灰达到设计标高时停止充灰，将水排净，按设计要求覆盖表土。

4. 垃圾填埋场充填重构技术

该技术措施主要是将沉陷区作为城市生活垃圾、工业垃圾的填埋场，利用城市生活垃圾、工业垃圾以及沉陷区废弃村庄固体废弃物作为填充料进行填充，将沉陷区填平抬高后覆土造田。该技术的主要优点是作为后备垃圾填埋场，避免了建厂占地，相当于补充耕地、填平后作为建设用地或复耕又补充了耕地，同时解决了平原区垃圾填埋场垃圾填埋量低，填高后管理困难，形成不良生态景观的问题，缺点是使用煤矸石、粉煤灰、工业垃圾时要防止二次污染的发生，可将平原垃圾填埋场防污处理技术应用于此。

5. 充填区表层种植土壤层构建

（1）原表土覆盖

该方法适用于未积水采煤沉陷充填区，具体为"分层剥离、交错回填"，条带状分层铲起表层土堆于一侧，填入充填物到设计标高后，再回覆到充填材料表面。

（2）生土熟化

积水沉陷区造地往往难以取得足够数量的表土，必须采用生土恢复土层。

生土亦称"死土"，即尚未发育成熟的土。生土土体紧密，结构不良，蓄水保墒能力低，生物活性差，供肥能力低，植物生长不良，甚至不能完成生长发育全过程，只有通过生物作用以及人为的施肥等生产活动，才能变成适宜植物生长的熟土。生土熟化是指通过耕作、培肥与改良，促进生土的水、肥、气、热、生诸因素不断协调，促使生土逐步转变为适合植物生长的耕作土壤（熟土）的过程。熟化的标志是土层松软深厚，有机质含量高，土壤结构和水热条件及通透性良好，土壤吸收能力高，微生物活动旺盛，既能保蓄水分养分，又可为作物及时供应和协调土壤的水、肥、气、热。客土熟化措施主要有物理法、化学法、生物法等，各技术措施通常联合使用，以较快地达到良好的熟化效果。

此外，控制生土保持适宜的含水量，以水调肥，保证土壤中的固相、液相及气相间的3相平衡，可使土壤容重减小、孔隙度和透气性增加，改善土壤水、肥状况，有利于土壤微生物的活动和繁衍，加速生土熟化。

熟化后的客土除须富含有机质、团粒结构完好、具有良好的通气、透水和保肥能力外，还不得混入垃圾、石头等杂质，保证种植土的整体成分与结构的一致。同时，应取样进行碾压试验，以满足目标规划要求的密实度。

3.3.4.2 非充填重构

非充填重构主要用于非积水区因沉陷形成的坡地。根据场地条件和修复后土地再利用目标，可选用平整法、修筑梯田法或开沟抬田法等技术使其达到可使用状态。

1. 平整法

土地平整法主要针对一般地表沉陷较浅、沉降基本均匀沉陷区。

土地平整步骤包括地形测量、土地平整后标高与坡度设计、土地平整计算等。土地平整既要结合沉陷区的实际情况，又要有长期的规划目标，要求土地平整与沟、渠、路、田、林、井等统筹考虑，尽量避免重复填挖的现象出现；平整范围以条田内部一条毛渠所控制的面积为一个平整单位，地面平整度必须符合生产要求。

2. 修筑梯田法

修筑梯田法宜用于沉陷较深、地表破坏较严重、起伏坡度较大的沉陷区。一般沿地形等高线修筑成梯田（或台田），包括田坎、鱼鳞坑等，可按照"实地勘测—设计梯田—构筑田坎—剥离表土—田块平整—覆表土"的程序进行。梯田平台应修整为略向内倾的反坡，以挡蓄雨水保持水土。梯坎高度与田面宽度，应根据地面坡度、土层厚度、工程量大小、种植植物种类、耕种机械化程度等因素综合确定。

3. 开沟抬田法

开沟抬田法宜用于混合型或条带型的沉陷区，具体做法是在沉陷洼地分段开深沟，将取出的土就近摊平，抬高地面建成台田。此法"挖沟"与"造田"结合，成本较少，土地复耕率较高，适于排水出路较好的浅沉陷区。沟深、宽与沟间距应按沉陷深度和排水条件具体设计，并按照"实地勘测—设计深沟和台田—开沟筑田—覆表土"的程序进行。台田地面平均抬升高度按式（3-18）计算：

$$台田地面平均升高 = \frac{平均沟宽 \times 沟深}{沟间距} \qquad (3-18)$$

3.4 植被重建与景观提升

植被恢复的途径分为自然恢复和人为干预恢复。自然恢复是在消除人为的破坏因素以后,在没有(或尽可能少的)人工协助,仅(或主要)依赖自然演替的力量恢复已退化的植被生态系统。人为干预恢复,主要为植被重建,需要人工辅助措施使它恢复到一种接近早期自然状态或完全按照景观构建目标建立植被群落,以加快生态修复进程。一般来说,自然植被恢复适宜以生态保育为主要目的、利用现存的植被斑块让野生植物自主繁衍,此种方式需要的时间长,并且在恢复过程中可能还会出现退化。人为干预恢复时间较自然恢复短得多,但一般不会完全恢复到原始状态,但有针对性,目的性强。

3.4.1 植物选择与配置

植物选择与配置是采煤沉陷区生态修复方案设计的技术关键点,不仅决定着即期的生态修复效果表达,还对植被的长期演替起着基础性作用。

3.4.1.1 基本原则

采煤沉陷区生态修复植被重建过程中,植物的选择应遵循以下原则:

1. 因地制宜,适地适树原则

乡土树种实质反映的是"地"和"树"在自然植被分区(植物分布区)的区域(宏观)尺度上的相互关系——经过长期的协同进化和演替而相对稳定。适地适树是对"地"和"树"两个"点"对"点"的矛盾的高度概括和总结。在"地"对"树"这一既对立又统一的矛盾体中,"地"对"树"具有决定作用,"树"对"地"具有反作用,"地"和"树"在相互选择和相互作用中完成统一。因此,在通过植被重建方式实施的生态修复中,树种选用应以适地适树为最高原则,注意不同种源、家系和品种的生态适宜性,所选植物应与种植点立地类型的生态环境条件相适应。

2. 构建近自然群落原则

采煤沉陷区生态修复通常都是以 km² 为单位较大规模进行,植物群落是一个自然生态复合系统,系统内部具有自我调节能力,其结构越接近自然,系统越稳定,生态功能越强。因此,须尊重自然规律、适应自然规律,在顺应自然的前提下,优先应用乡土植物、地域特征鲜明的地带性植物和适生植物,对植物群落的时空分布、年龄结构和营养结构合理统筹,保障群落具有良好的稳定性。

3. 保护与提升生物多样性原则

采煤沉陷区立地类型多、生境复杂,应统筹兼顾乔、灌、藤、草多形态,水生、陆生(湿生、中生、旱生)多生态型,常绿、半常绿、落叶多生活型,以及生态、景观、食源(鸟类等)等多功能型,速生、慢生等多生长型,构建"陆地—湿地—水生、植物—动物—微生物"相互协调发展的生态系统。

4. 人与自然和谐共生,多目标兼顾原则

采煤沉陷区一般都面临经济社会转型发展的压力,因此,生态修复也必须兼顾生态修复工程的多功能性和多目标性,统筹修复与利用,兼顾生态、景观、经济等综合目标。

3.4.1.2 植物配置

植物配置就是运用恢复生态学、景观生态学和植被群落理论等原理,对采煤沉陷区植被群落的组成、结构和密度等进行设计,创造适宜的植物生存空间,避免种间竞争。

1. 植物配置的原则

（1）生境匹配

植被自然分布规律与立地类型关系十分密切。采煤沉陷区按照不同立地类型和生态系统特征,植被种植区可划分为陆域区、滨岸缓冲带区和水域区等,按照不同种植区选取不同种类植物(陆域区以陆生植物为主,滨岸缓冲带区以陆生和湿生植物为主,水域区以水生植物为主)。植物配置的核心是植物生态位的配置,在具体的构建过程中应当模拟地带性群落的结构特征,遵从"生态位"原则,构建完整的生态系统,提高群落的自然维持和演替的能力,恢复和重建近自然群落,创建野生动植物的栖息地。

(2) 功能匹配

采煤沉陷区生态修复具有多目标性、多功能性,植物配置除充分考虑各种自然生态因素外,还应充分展现当地的地域性自然景观和人文景观特征,充分挖掘乡土植物资源,模拟自然的方法营造结构合理、多样性丰富、生物量高、稳定性强、具有地域特色的近自然植物群落,充分发挥园林绿地的生态效益、社会效益和经济效益。

(3) 多层次复合配置

植物的形态和生态型、生活型的类型众多,在配置上应该将各种层次上的植物进行搭配设计,营造乔、灌、草、藤、花相结合的丰富的植物景观。此外,还应注意植物的色彩搭配,好的色彩搭配能使景观层次突出,使人感受到不一样的心情。还应考虑到植物不同的季相变化和林相变化,使城市湿地公园的植物景观的多样性和美感得到充分体现。

2. 潜自然植被的确定

根据宫胁昭的相关理论,近自然植被的恢复或营建,应以当地潜自然植被为蓝图,在进行植物种类选择和配置前,应对采煤沉陷区内的现状植物群落进行调查分析,了解原有的植被群落种类,并对群落中物种的相对重要性进行综合评价,加深对调查地区植物群落的种类组成特征、分布规律及其与环境的相互关系的认识。结构特征涉及群落物种在时间、空间上的配置状况,通常可通过采用经典样方法对采煤沉陷区群落特征进行分析,并从这些指标中选出最佳的植物搭配、结构组成及数量构成,为选择适合该地区的植被群落奠定基础。

通过样地调查,记录乔木层树种的名称、数量、高度、胸径、冠幅、枝下高及胸高断面积,记录灌木层与草本层植物的名称、数量、高度、多度、频度和盖度等,并通过数据处理,进行重要值和物种多样性计算。其中,重要值 (I_r) 是一个重要的群落定量指标,可按式(3-19)~式(3-24)分别对乔木层、灌木层、草本层进行计算。

乔木层、灌木层重要值计算公式为:

$$\text{重要值}(I_r) = \text{相对多度}(D_r) + \text{相对显著度}(P_r) + \text{相对频度}(F_r) \tag{3-19}$$

草本层重要值计算公式为:

$$\text{重要值}(I_r) = \text{相对多度}(D_r) + \text{相对显盖度}(C_r) + \text{相对频度}(F_r) \tag{3-20}$$

$$相对多度 D_r = \frac{D(某个种的株数)}{\sum D(全部种的总株数)} \times 100\% \quad (3-21)$$

$$相对频度 F_r = \frac{F(某个种的频度)}{\sum F(全部种的总频度)} \times 100\% \quad (3-22)$$

$$相对显著度 P_r = \frac{P(某个种的断面积)}{\sum P(全部种的总断面积)} \times 100\% \quad (3-23)$$

$$相对盖度 C_r = \frac{C(某个种的盖度)}{\sum C(全部种的总盖度)} \times 100\% \quad (3-24)$$

3. 主要立地类型区植物配置要点

（1）陆域区

陆域区一般为地表高程高出正常洪水位60cm以上的区域。在该区域内，凡当地适生园林植物均可选用。这一区域的植物配置，一应注意空间层次错落有致和疏密变化，同时进行竖向和横向设计，尽可能达到"虽由人作，宛若天开"的近自然意境。二在选择配置绿化植物时应注意植物季相变化，考虑常绿植物和落叶植物以及乔木与花灌木的搭配比重，开花植物的花期、花色的相互搭配。三要把握好乔灌花草复层配置，构造立体绿化，增强景观效益与生态效益。立体配置方式能突出群落分层结构和植物配置的自然美，可营造丰富的多层次植物群落景观。虽然大面积地建造了人工植物景观，但应力争达到自然植物群落的效果，以提升采煤沉陷区植物群落的质量和档次。

（2）滨岸缓冲带区

滨岸缓冲带是生态学研究的热点，虽然目前国内外学者对滨岸缓冲带的总体认识一致，但是对滨岸缓冲带的定义却多种多样。从采煤沉陷区生态修复利用的角度，滨岸缓冲带可定义为地表高程不高于正常洪水位60cm至正常枯水位之间的区域，见图3-6。其可以细分为水滨区域和近岸陆域两部分。

滨岸缓冲带一是在位置上临近地表水体，二是在范围上没有明确的边界，三是在形态上表现为线形，四是在生态功能上属于水陆生态系统的过渡带。

研究表明，缓冲带的营建方式不同，植物在缓冲带中所起的作用差别很大。缓冲带上种植的浓密草皮层，能有效滞缓径流，沉降、截留和吸附

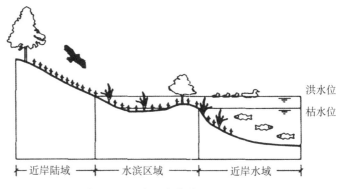

图 3-6 滨岸缓冲带横向结构示意图

径流中的各类污染物质。在缓冲带中草本植物还对水体中的固体悬浮污染物起主要净化作用，这种作用与其高盖度有十分重要的关系。同时，草本根系较浅，能有效减少水流对土壤的过度冲刷，而灌木和小乔木在其下不生长草本且没有枯枝落叶覆盖的情况下，裸露的表层土壤受到水流的冲刷进入水体，使污染物浓度增加。但是，灌木和小乔木对中浅层土壤、中层土壤和中深层土壤的保固作用十分明显。

因此，滨岸缓冲带的植物选用和配置需要结合生态护坡（堤）工程，兼顾生态和景观功能，接近陆域的地带可以草本为主，在保护地表水体的同时，最大限度地消减面源污染物；接近水域的地带可以根系发达、耐冲刷的灌木和乔木为主，再辅以耐阴湿的草本。要按照陆生—湿生植物结构过渡原则和景观美学原则进行自然式配置，营造出优美的生态型滨水风景线。

（3）水域区

水域区植物根据其生活方式，一般分为挺水植物、漂浮植物、浮叶植物和沉水植物几大类，各类水生植物的特征见表 3-11。在自然状态下，如果湖盆形态比较规则，水动力特性和底质条件也较为近似，那么水生高等植物 4 种生活型多呈环带状分布，即由沿岸向湖心方向依次出现挺水植物、漂浮植物、浮叶植物和沉水植物所组成的水生植物系列。

根据自然状态下的水生植物分布规律，采煤沉陷区水域区可以细分为浅水区和深水区两部分。水生植物配置要考虑水域的深浅程度，还要考虑降水、气候、潮汐等因素对水域深度的影响。半湿生和湿生植物适合生长在 0.2~0.3m 的浅水区，挺水和浮叶植物适合生长在 0.3~1.0m 的区域，喜水和沉水植物多生长在 1m 以下的区域。为方便工程施工控制，可以设定正常

水生植物分类表 表 3-11

类别	特征	常见物种
挺水植物	其茎叶伸出水面,根和地下茎埋在泥里,主要吸取深部底泥中的营养盐,很少直接吸收水中的营养盐	芦苇、茭草、蒲草、水葱以及稗、苔和蓼属植物等
漂浮植物	其茎叶或叶状体漂浮于水面,根系悬于水中漂浮不定,在浅水处有的根系可扎入泥土之中;其过度生长,会造成水底光照不足,制约沉水植物的生长	满江红、浮萍、水浮莲、凤眼莲和槐叶萍等
浮叶植物	其根生长在底泥之中,叶柄细长,叶片自然漂浮在水面上,有良好的净化水质效果,种植和收获较容易	芡实、荇菜、睡莲、金银莲花和菱等
沉水植物	其扎根于泥中,全株沉没于水面之下,受光照、透明度的影响较大,是湖泊生态系统重要的初级生产者,其存在和消亡对湖泊生态系统的结构和功能有很大的影响	轮叶黑藻金鱼藻、狐尾藻、马来眼子菜、苦草、水车前和轮藻以及伊乐藻

稳定水深 <0.8m 的区域为浅水区,正常稳定水深 ≥ 0.8m 的区域为深水区。浅水区是水陆交界区,适合多数湿地植物生长。湿生、半湿生植物和浮叶、挺水植物相配置,可增强水景的层次感和透视感,同时也要注意浅水区与深水区植物的种类、数量的合理搭配。深水区的水生植物配置是水景设计的难点,对水体含氧量、矿物质、微生物等有一定要求。首先要选择适合生长的沉水植物种类,配置时要考虑水面透光面积,透光面积过少会影响沉水植物的光合作用。其次,沉水植物对温度和光照也有一定要求,其需要生长在适宜温度范围内利用光照进行新陈代谢。

在面积过大、水域过深的水域可建造生态浮岛,又称人工浮床或生态浮床。它是人工浮岛的一种,针对富营养化的水质,利用生态工学原理,降解水中的 COD、氮和磷的含量。它以水生植物为主体,运用无土栽培技术原理,以高分子材料等为载体和基质,应用物种间共生关系,充分利用水体空间生态位和营养生态位,从而建立高效的人工生态系统,用以削减水体中的污染负荷。在植物选择上应选用乡土水生植物、水陆两栖植物和多年生草本植物。

3.4.2 植物种植

植物种植包括施工前准备,种植材料和播种材料选择,种植前土壤处理,种植穴、槽的挖掘,苗木运输和假植,苗木种植前的修剪,木本植物、草本植物、水生植物种植，绿化工程的附属设施等，按采煤沉陷区立地类型，可分为陆域植物种植、滨岸缓冲带植物种植和水生植物种植。

3.4.2.1 陆域植物种植

黄淮海平原采煤沉陷区陆域植物种植中，需要特别关注充填重构土壤区，植物种植前必须进行场地整理，按照种植设计要求耕翻和平整场地、清理土壤侵入体、调整种植土厚度、修筑排灌设施等。此外，采煤塌陷地生态修复应用的苗木规格不宜过大，速生树种苗龄不宜超过5年，慢生树种苗龄不宜超过8年，质量应根据生态修复目标，符合《造林技术规程》GB/T 15776—2023或《园林绿化工程施工及验收规范》CJJ 82—2012规定，播种植物种子质量应达到《林木种子质量分级》GB 7908—1999规定的合格种子标准。植物种植以穴植法为主，对塌陷地坡面、矸石山沿等高线进行带状或穴状整地。

3.4.2.2 滨岸缓冲带植物种植

黄淮海平原采煤沉陷区滨岸缓冲带包括水滨区域和近岸陆域2个部分，特点是旱湿并存、施工困难，植物栽植宜结合生态护坡（堤）工程实施。近岸陆域的乔灌木的种植可采取穴植，草本地被植物可采取播种或铺设草块、草卷等方式建植；水滨区域乔木可采取穴植、水生植物采用槽植的方式栽植。栽种质量应符合《园林绿化工程施工及验收规范》CJJ 82—2012规定。

3.4.2.3 水生植物种植

1. 种植时间

黄淮海平原采煤沉陷区生态修复中，挺水、浮叶植物以15℃以上水温种植为宜，气温低于5℃时不宜种植。沉水植物播种在春、夏季进行，漂浮植物的种植时间为春末到秋季。

2. 种植密度

种植密度根据水生植物种类、植物分蘖能力、分枝特性及景观要求确定，株体较大的宜适当稀植，株体较小的宜适当密植；生长期内不分蘖或只分1次蘖的宜适当密植，多分蘖的宜适当稀植。种植密度过大或过稀都会影响成活率和景观效果，应根据不同的水生植物，采用不同的密度植被。主要水生植物配置密度参见表3-12。

主要水生植物配置密度表 表 3-12

类型	植物	密度要求
挺水植物	千屈菜	16~20 株 /m²
	泽泻	30~40 株 /m²
	香蒲	40~50 株 /m²
	花叶芦苇	30~40 株 /m²
	芦苇	20~30 株 /m²
	水蜡烛	16~20 株 /m²
	黄花鸢尾	30 株 /m²
	菖蒲	16~20 株 /m²
	梭鱼草	1 株 /m²
	荷花	12~16 株 /m²
	再力花	10~15 芽 / 丛，2~3 丛 /m²
	水葱	20 芽 / 丛，6~8 丛 /m²
	旱伞草	10~15 芽 / 丛，6~8 丛 /m²
	花叶芦竹	5~10 芽 / 丛，6~10 丛 /m²
	海寿花	3~5 芽 / 丛，10~15 丛 /m²
	水毛花	30~40 芽 / 丛，10~15 丛 /m²
	花蔺	2~3 芽 / 丛，20~25 丛 /m²
	玉蝉花	5~8 芽 / 丛，12~16 丛 /m²
	石菖蒲	50 株 /m²
	香菇草	20 株 /m²
浮水植物	水鳖	60~80 株 /m²
	大漂	30~40 株 /m²
	槐叶萍	100~150 株 /m²
	凤眼莲	20~30 株 /m²
浮叶植物	睡莲	1~2 株 /m²
	菱	25~30 株 /m²
	荇菜	15~25 株 /m²
	芡实	4~6 株 /m²
	水罂粟	20~30 株 /m²
	萍蓬草	4 株 /m²

续表

类型	植物	密度要求
沉水植物	苦草	40~60 株/m²
	竹叶眼子菜	30~50 株/m²
	黑藻	10~15 芽/丛，9~12 丛/m²
	狐尾藻	5~6 芽/丛，9 丛/m²
湿生草本植物	野芋	12~16 株/m²
	芭蕉	1 株/m²
	春羽	12~16 株/m²
	龟背竹	12~16 株/m²
	三白草	16~20 株/m²

3. 种植水深

新建水体，未注入水之前可种植挺水植物、浮叶植物。种植后注水至低水位，促使植物快速生长，以后逐渐提高到设计水位。

原有水体种植时宜适当降低水位，随植物的生长逐渐提高水位。特别是浮叶植物生长在浅水中，叶浮于水面，根长在水底土中，必须先放浅水进行栽种，再逐渐增加水深。

4. 种植方法

种苗随到随种，若不能及时种植，应先覆盖、假植或浸泡在水中保存。

挺水植物的种植可以采用开槽、裸根幼苗栽植以及将幼苗植于容器中进行培育的方法进行，盆栽移植较裸根幼苗栽植具有更大的初期生长优势，可加快幼苗的培育。

浮水植物由于漂浮于水中生长或很少固定在水底，有些全株漂浮于水面，常采用打捞引种法，但是要注意控制其生长范围，以免疯长。

沉水植物的种植有抛掷法、叉种法等。抛掷法可以直接将植物抛入底部有泥土的水中，待植物自然沉入水底，生根萌发新芽，或者用无纺布包裹种植土和植株根部，抛入水中，根部沉入水底，植株借助包裹内的种植土生长。叉种法适用于软底泥在 10cm 以上，水深 0.5~2m 的环境，施工人员可直接种植。施工人员用叉叉住植株的茎部，将其插入软底泥中，使其长出根系，多用于丛生的沉水植物，或可将单株植物捆绑成一簇后种植。如果种植后要立即有效果的，可将沉水植物先栽植在容器中，培育长大后种植。种植深度应按所栽的植水生植物生态学特性具体确定。

3.4.3 水生生境重建

水生生境重建是利用水中不同生物之间的关系，形成良好食物链和物质、能量循环平衡系统，对保持优良的水生态环境具有重要的作用。其中，水生植物不仅是初级生产者，吸收水体中的氮磷等营养物质，控制湖泊水体的富营养化，还为各类动物提供生存必需的食物、产卵地和栖息场所，是整个水生生境结构和功能的基础，大多数水域都必须保持一定数量的藻类和大型水生植物，才能维系水生态系统稳定。湿地动物种类包括涉禽、游禽、两栖、哺乳、鱼和鸟等，是生态系统中的消费者，同时受到湿地植物群落的影响。水生动物选择性的觅食活动能够改变水生植物间的竞争态势，利用沉陷区内水体内的动植物、微生物形成的天然食物链，还可以有效拦截和控制采煤沉陷区污染物进入水体，保持和优化采煤沉陷区内的生态环境。鸟类在湿地生态系统能量流动和维持生态系统稳定性方面同样起着重要作用，不仅对土地利用和生境变化的敏感性很强，是环境变化的指示物种，而且食草性水鸟的取食还可以推迟沉水植物的繁殖。因此，要通过水生植物、水生动物的合理选种、水生植物的空间和时间配置以及水生动物食物网的合理构建，使各种群在整体上互补共生，形成结构合理、具有一定抵抗能力与自我恢复能力的水生态系统。

3.4.3.1 典型水生生境结构

水生生境的结构与采煤沉陷区的水文特征有关，一方面受水的物理特性及其移动如降水过程、地面和地下水流、水流方向和动能以及水的化学性质等因素影响，另一方面受土壤积水期的影响，即积水的持续时间、频度、水的深度和发生季节等。在这种情况下根据水位深度不同将其分为滨岸缓冲带、浅水区、深水区和底栖区四部分，见图3-7。

1. 滨岸缓冲带

滨岸缓冲带位于水陆交接地带，主要包括湿地、沼泽地等水滨区域，在这种生态环境下，湿地植物群落和动物群落都具有明显的水陆相间性和过渡性，主要包括湿地植物、湿地动物、细菌和真菌4个生物类群以及其非生物环境，其组成极其复杂。

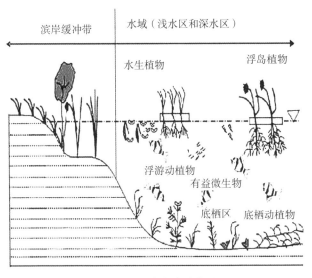

图 3-7　水生生境结构图

2. 浅水区

在水域边缘的浅水处生物种类最丰富，这里的优势植物是挺水植物，植物的数量及分布依水深和水位波动而有所不同，浅水处有苔草和灯芯草，稍深处有芦苇、慈姑和菖蒲等，再向深处还有浮水植物带，这些植物根系大都不太发达，但有很发达的通气组织，如浮萍、眼子菜等。当水再深一些，浮水植物无法生长时，就会出现沉水植物，常见的有金鱼藻、马来眼子菜等，这些植物缺乏角质膜，叶多裂、呈丝状，可从水中直接吸收气体和营养物质。

除了挺水植物和浮水植物，浅水区内还生活着各类动物，如原生动物、软体动物等；原生生物包括浮游植物、浮游动物以及各种鱼类。浅水水域为整个水生生境提供大量的有机物质。

3. 深水区

深水区中的生物种类和数量取决于浅水区营养物和能量供应。植物主要以沉水植物为主，生物容易分解的物质在通过深水区向下沉降的过程中，常常有一部分会被矿化，而其余的生物残体或有机碎屑则沉入水底，它们与被冲刷进来的大量有机物一起构成了水底沉积物，是底栖生物的栖息地。

4. 底栖区

湖底软泥具有很强的生物活性，在深水区下面的湖底氧气含量非常少，湖底沉积物中氧气含量极低，生活在这里的优势生物是厌氧细菌。但是在无氧条件下，分解很难进行从而产生最终的无机产物，当沉到湖底的有机物数量超过底栖生物所能利用的数量时，它们就会转化为富含 H_2S 和 CH_4 的有臭味腐泥。因此只要浅水区的生产能力很高，深水区的湖底的生物区就会比较匮乏。

3.4.3.2 水生生境重建中的关键技术措施

1. 种植水生植被

水生植被重建是指对水域内原有已被破坏的植被的重新恢复。在恢复水生植被时应考虑与原有环境的不同，应选择更适合变化后环境的水生植物。由于水生植物与藻类同处于初级生产者地位，与藻类同时竞争营养、光照和生长空间等生态资源，所以通过对水生植被的种植和保护，对水体的生态恢复具有重要意义。但是入侵种的过度生长也会对生态系统造成危害，可通过定期修剪，引入食草鱼类，适当控制大型沉水植物数量，使水生植物达到理想的密度以提高生物多样性。

2. 生物操纵技术

水生生境中各个生物体之间以及它们与环境之间存在着相互作用。生物操纵主要是指通过改变捕食者（鱼类）的种类组成或多度来操纵植食性浮游动物的群落结构，促进滤食效率高的植食性大型浮游动物的发展，进而降低藻类生物量，提高水的透明度，改善水质。并且在这个过程中，大型沉水植物、微生物以及一些理化因素也相互作用。目前，生物操纵主要是通过对鱼类的管理改变浮游动物的群落结构，利用底栖食草性鱼类减少沉积物再悬浮和内部营养负荷。捷克的研究者发现可以采用以下3种方法相结合的措施去除浮游生物食性鱼：控制鲤科鱼类的成功产卵；捕获和去除不想要的鱼种；提高食鱼性鱼的数量。

3. 水位调控

水位调控是水域生态恢复的主要措施之一。这种方法能够改善水鸟的生境，促进鱼类活动，改善水质。据已有研究数据表明，水深和沉水植物的生长存在一个单峰关系。即如果水过深，植物生长会受到光线限制；反之，如果水过浅，由于频繁的再悬浮和较差的底层条件，会使得沉积物稳定下降。

通过改变水位可以减少食草鱼类的聚集，改善水质。短期的水位下降可以促进鱼类活动，减少食草鱼类和底栖鱼类，增加食肉性鱼类的生物量和种群大小，这是因为低水位生境增加了被捕食者的危险，以及使受精卵干涸而使其无法卵化。

此外，水位调控还可以控制损害性植物的生长，为营养丰富的浑浊水体向清水状态转化创造条件。水位下降增加了浮游动物对浮游植物的取食，改善了水体透明度，为沉水植物生长提供了良好的条件。干旱期的低水位可以帮助巩固沿岸带沉积物，为埋在沉积物里的植物种子提供萌芽机会，为水生植物生长提供载体。同时，高水位有利于水生植物生长、饵料物增殖和鱼类摄食繁殖。

3.4.4 景观提升

一般意义上，景观指一定区域呈现的景象，即视觉效果。因此，作为客体的景观之于作为主体的人就有了审美性、体验性和时间性。采煤沉陷区生态修复的景观提升，就是立足于采煤沉陷区植被重建的基础上，不局限于生态学意义上的修复，而是在保护沉陷区特色景观风貌的同时，根据生态修复规划目标，运用生态学、景观美学等理论和原理，综合提升沉陷区的自然景观和人文景观，使采煤沉陷区能够成为具有地域特色的自然空间。

3.4.4.1 景观提升的基本原则

1. 生态性原则

生态性原则简单说来就是景观提升也必须以生态学的思想理论为基础，以综合恢复生态学、景观生态学、绿色设计理论、生态演替理论等为指导，最大限度地提高沉陷区各景观要素的重复利用率，以减少重建过程对环境的损害，改善区域内的生态环境，保障区域内生态系统的稳定发展。

2. 人文性原则

采煤沉陷区具有独特的矿业遗迹的特征，在对其进行景观提升时，要充分考虑这种特质。在文化层面上，要充分挖掘沉陷区原有的内涵，表现的独特个性，搜寻其蕴含的现代工业精神；在历史层面上，要尊重沉陷区长久以来的进展，保护其原有的历史印记；在景观层面上，要提倡对原址采取最低的干预措施，对旧有的景观要素要最大限度地保存，而不是将其抛弃破坏，其目的仍是保护其原有的文脉历史文化。

3. 整体性原则

在对采煤沉陷区进行景观提升时，不能只关注单个景观的再建，还要强调景观提升与其他要素之间的联系，包括经济、环境、文脉、历史、人文、地理等。要从全局的角度来统筹规划，这就是整体性原则的体现。

4. 地域性原则

采煤沉陷区有多种类型，且每种类型的治理方法都各不相同；即使是同种类型的沉陷区，由于所处的区域不同，环境不同，植被种类不同，所采取的治理方法也就大不相同，这就要求在对采煤沉陷区进行景观提升时，必须要秉承因地制宜的原则，在充分了解研究区域的地形地貌、气候环境以及居民生活背景的前提下对症下药，选择适宜的提升方案和具体的方法，才能取得良好的效果。

5. 可持续性原则

采煤沉陷区的景观提升必须在可持续发展理论的指导下进行，要多角度、全方面地考虑。沉陷区上的各种景观要素，通过合理的改造利用，均可实现其再利用的价值。这就使原来沉陷区不用的景观要素，重新焕发出新的活力，产生新的效益。

3.4.4.2 自然景观提升

采煤沉陷区自然景观提升，重点应依托采煤沉陷区湖、河、沟、塘、田、坎、堤、山等多样化的地形地貌和生境条件，充分利用各自然资源，采取点、线、面相结合，强化独特的自然景观或典型地域特征。其中，点型景观宜突出古树名木等特色自然景物，有效保护并合理改造提升周围环境，线型景观宜区分滨岸与道路线性空间特点并分类施策，面型景观宜突出植物季相变化以及空间尺度与观赏者的和谐。

1. 线型景观提升

道路线型空间景观提升宜强化"保护—远观"属性和连续性、贯通性特点，突出春花秋果行道树应用和路侧植物高矮、姿态、色彩等的变化。滨岸区线型空间景观提升宜丰富竖向景观层次，突出林冠线形与色彩的变化和吸引力。以徐州潘安湖采煤沉陷区为例，将线型景观区分为湖岸景观区、湖滨带景观区、浅水景观区三部分。

湖岸景观区：湖岸的景观提升设计主要包括生态护岸设计、湖岸改造设计以及湖岸绿化带的设计等。生态护坡常用一些根系较发达的固土植物。结合项目区的特点，选择半自然型驳岸，即采用植被混凝土作为生态护坡材料，再在稳定的坡上种植耐涝植物。对湖岸的改造往往将其改造为不规则的河湾，延长湖岸线的长度，同时提高景观效果。湖岸绿化带采用高大乔木或阔叶林作为树种，树种高低错落有序，为湖泊湿地生物提供遮蔽功能，同时不影响植物采光。

湖滨带景观区：湖滨带是湖泊水、陆生态系统之间的过渡地带。湖滨带的景观生态设计一般包括确定湿地的面积和位置、基质，配置合适的水流系统，选择配置合适的水生植被和陆生植被。其景观生态设计重点应放在对其底质的生态改造和对植被的选择配置上面。采用生态砾石作为透水材料对湿地底质进行改造，在底层铺设防渗层，以防污染地下水。另外，由于矿区水体的污染造成湿地散发出臭味，严重破坏景观效果，可通过植物类型的搭配使植物与枯枝落叶层形成一个自然生物过滤器来控制臭味，同时可阻止杂草肆意生长。

浅水景观区：对于湖泊浅水景观区的设计重点在于浅水区水生植被的选择和配置上。从生态角度出发，植物生长和分布受到湖泊水深、波浪和底质，以及悬浮物、透明度、光线等因素影响，因此上述因素都需要进行适当的考虑。另外，选择先锋植物时，应选择适合当地生长、耐污性强的植物；从景观角度出发，则需要考虑植物色彩、层次的搭配以及露出水面的植物的比例，使沉水植物、浮水植物和挺水植物分布错落有序，达到较好的景观舒适度。

通过以上三个层面的景观区设计，并在整个湖泊景观的外围建设滨水道路等，将湖泊景观与外围景观联系起来，从湖面向外形成"亲水区—见水区—远水区—望水区"4个层次的景观格局，见图3-8。

2. 植物景观提升

植物在景观提升的过程中最大的特点便是季相的变化，根据这一特点，利用植物一年四季不同的景观表现形态可创造出千变万化的季相景观。

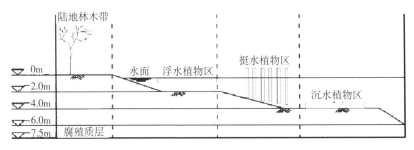

图3-8 植物分区景观图

植物种类各不相同，形象各异，高低错落便形成了植物的层次。在植物层次的设计上，应遵循景观美学、植物生态学等的原理，营造出结构多样、层次分明、功能齐全的植物群落组合，以增强植物的设计美感，提高植物种群的多样性，稳定植物的可持续发展。例如，乔木与灌木、速生与慢生、常绿与落叶、花灌木与草坪等按适当的搭配比例、最佳的组合方式，结合景观美学的指导，按照自然界的生长规律便可形成错落有致、层次鲜明、季相变化明显的植物景观。

在植物的景观规划中，植物景观的布局也是影响整体景观效果的重要因素。不仅要有错落有致、疏密结合、层次分明的人造植物群落，也要有自然开阔、宛若天创的自然景观森林。各色的植物群落科学有致、浑然天成地组合在一起，便构成了景色秀丽、美观大方的景观空间组合。在植物的设计方面，不仅有规划整齐、干净干练的规则式植物群落，更少不了无序自然、杂而不乱的植被组合。块植、面植相结合，多种质感的植物群落在美学原理的指导下，便构成了对比鲜明而又和谐自然的植物景观。

3.4.4.3 人文景观提升

人文景观提升首先应特别注意最大限度上保护和挖掘、梳理废弃地上的建筑遗存和废弃设备等矿业遗迹，以体现历史的原貌。矿业遗迹中包含着丰富的历史文化信息，包括特定的建筑形态，某时期特有的开采设施等。从这些遗迹中，游客们可清晰地勾画出煤矿厂在繁荣时期的历史原貌，可以准确理解这一时期的技术水平和生产方式，同时还能够感受到开采方法和工艺流程，从而切身感受到煤矿挖掘的不易。另一方面，矿业遗迹在经历自然的侵蚀和历史的打磨后，其表现出的风化、腐蚀、破损等都可认为是历史再现的部分，使游人在观赏的同时体会到曾经其中的文化历史氛围。因此，不经雕琢，原汁原味地展示废弃地的工业遗迹，是后工业景观重建过程中重要的且必须遵守的原则之一。在此基础上，应进一步挖掘、梳理、提炼采煤沉陷区农耕文化、民俗民风、传统工艺等历史文化元素基础，合理突显独特的人文景观特征。

一可通过文化探源，发掘核心价值。应充分发掘对废弃煤矿有价值的建（构）筑物以及当地乡风民俗和历史文化等方面的特色、亮点。

二可通过文化萃取，提炼特色价值。应重点突出唯我独有的优势，汲取具有独特性的精华来展示和提升核心文化元素，演绎文化意象，打造景观"之最",有效提炼文化特色价值。

三可通过文化组合,整合规模价值。应通过文化资源要素梳理并有机整合,形成景观规模,丰富集合性价值。

四可通过文化演绎,拓展原真价值。应注意保护传承地域原真性文化,塑造鲜活的民族文化和厚重的历史文化内涵,使地方化与国际化和谐共生。

五可通过文化活化,升华体验价值。应从多维的角度提炼采煤沉陷区文化资源所蕴含的意象和象征意义,让"地下的东西走上来、书本的东西走出来、死的东西活起来、静的东西动起来",显示文化资源要素的现实意义。

六可通过文化趋同,激活诱导价值。应从游客的需求点营造氛围,制造环境,设计场景,增强吸引力、感染力与亲和力。

七可通过文化拓展,延伸联动价值。应加强与周边风景区的协调互动,提升集群效应。

3.5 维护管理与动态监测

采煤沉陷区生态修复工程完成后的维护管理,包括土建工程保修管理和植物养护管理。其中,良好的植物养护管理,是保障生态修复工程实现最佳生态、经济和社会效益的重要条件。生态修复工程竣工后的地质安全、土壤质量、水环境、植被及生物多样性等动态监测评估,则是对比分析修复工程设计目标与实际结果之间的差距,查找根源,以反向指导、改进生态修复设计与工程技术的必然要求。

3.5.1 植物管护

采煤沉陷区生态修复的植被重建通常是在地形地貌整理和土壤重构的基础上进行,土壤生产力低下,只有高质量、高水平的养护管理,才能充分发挥出植物应有的生态功能。因此，生态修复园林植物工程养护期一般不低于 2 年，要坚持尊重生态自然的基本原则，遵循植物栽培学原理，制定科学、完整的土壤水分、土壤肥力、植物形态、植物群落、植物灾害等管护方案，满足植物生长需要的环境条件和水肥供应，合理控制植物病虫害的发生，以获得生态保护、景观美化的最佳效果。

3.5.1.1 陆生植物

1. 土壤水分管理

土壤是由固态颗粒、水、空气以及各种有无机物、土壤生物等组成的多孔物质。土壤水分包括气、液、固三种形态。对陆地生态过程而言，土壤水分不仅是植被水耗的主要来源，还影响土壤肥力、土壤温度和土壤通气状况，是土壤内部物理、化学和生物过程不可缺少的介质，对植物的生长有着综合性影响。

（1）土壤水分指标

与土壤水分相关的基本参数有土壤体积含水率、质量含水率、土壤饱和含水率、田间持水率、残余含水率、凋萎含水率等。

（2）园林植物水分管理指标

与一般的农、林植物栽培不同，园林植物（群落或植被）的需水具有以下特点：

一是组成园林植物群落或植被的植物种类众多，不同植物种在形态和生理结构上形成了不同的结构方式，具有不同的水分需求。

二是同一种园林植物，在不同的生长发育阶段，对水分的需求也不同。

三是园林植物栽植年限不同，对水分的需求也不同。新栽植的园林植物，根系损伤大，吸收能力弱，需要适当增加灌水量，才能保证成活；成活以后要谨慎灌水，适当炼苗，促进根系发育；定植多年、进入正常生长阶段的植物，能从土壤深层获取水分，可适当减少浇水量。

因此，园林植物的灌溉，难以采用农植物那种基于（群体的）水量平衡原理、水分生产函数模型等理论和方法制定灌溉制度。

（3）园林土壤水分管理的目标

根据园林植物（群落或植被）的需水特点，园林绿地土壤水分管理的目标，下限应不低于凋萎含水率，上限应不高于田间持水率。

当土壤含水率高于田间持水率时，应及时组织排水。

当土壤含水率低于凋萎含水率时，应及时组织灌水，这也是灌水安排的理想情况——在灌水频率最小化的同时，促进植物根系的健康发育。为完成这个目标，平常必须对园林绿地植物进行定期观察，并对灌水安排做出必要的调整。需要特别注意的是，在园林植物的落叶期调控植物根区土壤水分也是很重要的，此时根系可能仍旧在生长。如果土壤开始变干，则需要运行灌溉系统使植物根系吸收到水分，以此来维持园林植物的健康生长。此外，每年早春、初冬季节的"解冻水"和"封冻水"还能使苗木免受或减轻冻害。

（4）园林植物灌溉管理新技术

园林植物灌溉的基本要求是，用少量的水达到最佳的灌溉效果。适宜的灌溉技术，既能充分保障各种园林植物生长的需要，又最大限度地减少水的用量。所以灌溉技术的好坏是衡量园林绿化设计技术水平的一个关键因素。当前，适用于园林植物的节水灌溉技术主要有以下 2 种：

①微喷

微喷作为一种新兴的灌溉方式，主要利用低压管道系统，通过微喷喷头进行局部灌溉。具有节水、节能等特点，还具有独特的景观功能。但在初期建设成本较高，适用于观赏性高的乔灌草混植区域。

②滴灌

滴灌是通过管道系统与安装在毛管上的滴头，将水（和植物需要的养分）一滴一滴、均匀而又缓慢地滴入植物根区土壤中的灌水方法。滴灌不破坏土壤结构，蒸发损失小，不产生地面径流，几乎没有深层渗漏，是一种省水的灌水方式。滴灌的主要特点是灌水量小，灌水器每小时流量为 2~12L，一次灌水延续时间较长，灌水的周期短，可以做到小水勤灌；需要的工作压力低，能够较准确地控制灌水量，可减少无效的棵间蒸发，不会造成水的浪费。

③地下灌溉

地下灌溉是通过埋设地下的暗管，灌溉水由下而上浸润根系土壤的一种灌溉方法。此法也不破坏土壤结构，可减少表土蒸发，不占地方。

2. 土壤肥力管理

采煤沉陷区生态修复后土壤肥力一般较低，不能很好地满足植物的生长需要，必须采取有效的培肥措施来增加土壤营养物质。复垦土壤肥力改良主要有以下措施：

（1）深翻松土，改善土壤物理结构。由于采煤沉陷区地形整理、土壤重构时采用机械辗压，造成土壤容重较高，孔隙度较低。因此，在土壤重构完成后，园林植物种植前，应对土壤进行深翻松土，以提高土壤空隙度，降低土壤容重。

（2）优先应用豆科植物。豆科植物属于双子叶乔木、灌木和草本植物，分布广泛，具有较强的生长适应性，可以作为复垦土壤种植的先锋植物，改善土壤。适宜黄淮海平原采煤沉陷区复垦土地土壤改良的豆科植物有刺槐、黄檀、黄金槐、龙爪槐、合欢、皂荚、湖北紫荆、紫穗槐、胡枝子、紫藤、紫云英、苜蓿、野大豆、草木犀、田菁、毛苕子等。

（3）增肥改土，平衡施肥。有机肥不仅营养均衡，养分全面，还能活化土壤中潜在养分，极大提高土壤生物多样性和土壤生物学活性，改善土壤理化性质、土壤的形成、环境及营养循环，提高土壤肥力，特别是对盐碱土壤酸碱度的调控效果显著，能降低碱化土壤的pH值。畜禽粪便、沼渣、水稻秸秆堆肥、蔬菜收获残留物、城市污泥、生活垃圾堆肥等对改善土壤肥力均有明显的作用。但有机肥养分含量低，肥效缓慢，肥料中氮素的当季利用率低。因此，有机肥与无机肥配施既能提供全面的养分，又能在作物营养需求大的时期及时提供养分，并且能维持和提高地力，增加产量，保持土壤中微量元素的平衡，降低重金属污染风险。一般一年宜施肥2次，即春肥和冬肥。春肥宜在3~4月施用，冬肥宜在10~11月施用。

（4）增施微生物肥料。土壤微生物是土壤不可缺少的重要组成部分，是土壤熟化程度的重要标志，和土壤内部物质转化、土壤结构变化、植物生长具有密切的关系。即使初始种植豆科植物，也需要采用人工接种的办法来弥补土壤中自然存在根瘤菌的不足，帮助豆科作物高效地增加复垦土地的土壤肥力和改善土壤结构。复垦土地土壤改良的微生物肥料，有细菌类根瘤菌肥、固氮菌肥、解磷菌肥、解钾菌肥，放线菌类、真菌类、菌根真菌（包括外生菌根菌剂和内生菌根菌剂）类、藻类肥料（如固氮蓝藻菌肥）以及复合型微生物肥料。

3. 植物及群落管理

生态修复以构建地域近自然植物群落为主要目标，做好园林植物形态、群落和入侵植物的管理。

植物形态管理应兼顾植物学和景观美学，不应过度修剪，要坚持冬季修剪为主、夏季修剪为辅的原则，在修剪的频率上，基本上保证一年1~2

次即可。

植物群落管理应注重密度管理，合理调控植物的种间和种内竞争。目标管理植物密度宜低于 −3/2 或 −4/3 自疏线。因为植物个体平均生物量（W）与植物平均密度（ρ）之间存在 $W=K\rho^{-3/2 \text{ 或 } -4/3}$ 的关系，植物种群超过了这一密度将发生"自疏"。

侵入植物管理应以构建地域顶级植物群落为目标，区分有益侵入植物与有害侵入植物。有益侵入植物应为之提供有利的生境条件，有害侵入植物管理应坚持"除早、除小、除了"原则，及时予以清除。

4. 植物病虫害管理

病虫害大面积发生对植物的危害较大，极易造成生态修复培育的植物群落紊乱，应高度关注。应坚持"预防为主、综合防治"的基本方针，根据苗木种类和生长特性，科学、有针对性地进行养护管理，将病虫害控制在经济危害水平以下。

每年冬季修剪植物时，及时剪除病虫枝，并集中统一销毁，消灭越冬病虫源，降低次年病虫发生基数；每年 6~8 月高温季节是各类病虫害高发期，要科学合理使用安全无毒的药剂，防止发生二次污染。病虫害发生前，可全面喷施光谱药预防，病虫害发生后，要及时有效喷药处理，避免蔓延。

5. 植物次生灾害管理

极端气候极易造成植物冻害、融雪剂盐害、暖冬诱发病虫害等多种植物次生灾害问题，为及时有效做好极端气候防范工作，植物管护应建立灾前监测预警、灾中应急预案及灾后快速应急机制。

（1）植物冻害

植物低温伤害分为冷害（0℃以上低温对植物的伤害）和冻害（0℃以下低温对植物的伤害）两大类。一般在冬季来临前，应提前对植物采取防寒防冻措施，尤其是当年新植树木和耐寒、耐风能力差的植物，常用的防寒措施主要有灌防冻水、涂白、卷干、覆土、喷施抗冻剂等。

如遇寒冬，植物冻害较重时，在春季树木萌发前及时调查并清理冻害苗木，并对雪压、冻害形成的断梢、断枝苗木及时修枝、整形或平茬。对伤口涂以波尔多液或石硫合剂等保护剂，防止伤口腐烂；对已撕裂未断的枝干，先用绳索吊起或支撑起，恢复原状，受伤处涂以保护剂并绑牢，促其愈合恢复生长。同时，加强受灾树木的养护管理，通过施肥、灌解冻水、松土等措施尽快恢复受灾树木的树势。

(2)融雪剂盐害

目前,雪后使用融雪剂的情况越来越普遍,已经成为清除冬季积雪的主要技术手段,相对传统的化冰盐,融雪剂对植物危害程度较低,但其主要成分仍以氯盐为主,如过量使用,其对植物的盐害问题仍不容忽视,防盐工作显得越来越重要。在不太影响美观的区域,尽量增设挡盐板,其他区域的雪水及时清理,防止盐水飞溅,导致植物受损。

(3)暖冬诱发病虫害

几乎所有大范围流行性、暴发性、毁灭性的植物重大病虫害的发生、发展、流行都与气象条件密切相关,或与气象灾害相伴发生。特别是暖冬(表现为冬天气温高且雨水多)有利于病虫害越冬,不仅导致病虫害种类和越冬基数多,而且还将使有害生物提前繁殖,延长了繁殖期和危害时间。暖冬年的次年通常是病虫害发生或流行的年份,应加强病虫监测预警,一旦发现病虫害的爆发迹象,及时采取行之有效的防治措施。

3.5.1.2 水生、湿生植物

1. 水生植物养护管理

水生植物一般生长迅速、适应性强,较容易形成自然的植物群落,对其管理较为粗放。其管理要点主要包括:

(1)水分管理

水生植物的养护主要是水分管理,只有保证合适的水体深度才能促进水生植物正常生长。在生长期与冬眠期均应保持合理水深,冬眠期水生植物根茎宜保持在冰冻层以下,防止冻伤影响来年发芽生长。依生长习性的不同,对水体深度要求也不同,如沉水植物水位必须超过植株高度,使茎叶自然伸展;挺水植物因茎叶会挺出水面,则须保持50~100cm的水深;最不易把握的是浮水植物,水位的高低影响着水面的大小,决定着茎梗在水中生长的长短,要根据景观效果进行调整,使叶浮于水面呈自然状态。

(2)群落管理

水生植物群落管理包括植物群落密度管理与侵入植物管理。

植物群落密度管理,应充分考虑其植物类型及景观要求,可根据其分蘖特性进行小范围的调整。对于生长期内不断分蘖的水生植物,种植密度略小一些,对于不分蘖的、一年只分蘖一次但种植时已过分蘖期的水生植物则应种密一些。检查植株是否拥挤,一般3~4年分一次株。对弱枝弱株、植株过高出现倒伏现象的以及枝叶繁茂造成相互遮盖影响景观效果的植株，适当地整形修剪，既可保证株形美观整齐，又利于通风透气，从而起到改善植株生长密度的作用。浮水植物生物量过大相互遮盖时，也必须适当疏除。水生植物大多是多年生植物，秋季降霜后地上部分枯萎。如景观允许最好能保留不修剪，这样有利于保护地面芽及地下芽植物安全越冬。

侵入植物管理方面，水生植物生态系统一般较为稳定，但水体中如出现藻类等浮游植物时，应及时进行清除，防止扩散。在生产中，应优先采用生物和物理措施开展水体富营养与藻华防治，通过适量放养滤食性鱼类等措施，改善生物群落，控制藻类生物量，也可选用化学药品，但最好采用安全无毒的化学试剂，避免二次污染。

此外，由于景观水系岸边没有遮挡物，水热条件好且富含营养，杂草易生长。在日常养护中，坚持"除早、除小、除了"的原则，及时对杂草进行人工除杂，但要注意避免带出水生植物幼苗和伤苗。在除草的频率上，应保证每月至少1次；另外对于杂草生长旺盛的时期，即每年的6~8月应坚持每月除草2次。

（3）肥力管理

水生植物多生长在富营养化的水体中，对肥料的要求并不高。追肥时宜采用化肥不宜使用有机肥，避免污染水质，用量较一般植物稀薄10倍左右。具体操作方法是将化肥用可降解的材料包裹，再将包裹住的化肥埋藏在水生植物根系附近。

（4）越冬管理

水生植物冬季水上部分茎叶枯黄，南方地区，只需将枯黄叶片及时清理以免影响景观；北方地区，水生植物会全部枯黄，在清理时为不损伤水生植物的根系，应该保留10cm左右根茎。

自然恢复区植物管护应同时做好防火、抚育等工作。春、冬两季枝叶枯萎，是每年防火关键期。防火的主要内容包括清理、设置防火带、绿化巡查等：清理，即及时清除绿化区域的杂草、落叶、枯枝；设置防火带，即为了阻断火势的蔓延；绿化巡查，即通过沿线的绿化巡查，加强对火情的把控。

2. 湿生植物养护管理

湿生植物作为广义水生植物的一类，日常养护管理同水生植物。只需特别注意一点，在水分管理方面，湿生植物因种植在常水位以上，故根茎部及以上部分不易长期浸泡在水中，只要保持土壤湿润、稍呈积水状态即可。

3.5.2 沉陷动态监测

为了研究采煤沉陷区地表沉陷发生的原因、过程以及趋势，了解沉陷发展的规律，分析和评价治理效果，必须进行全面的动态监测，以反馈设计和施工质量，为控制矿区地表沉陷、优化生态修复技术体系、维护生态系统的稳定提供支持。

3.5.2.1 监测评估程序

生态修复工程结束后，由管理机构或委托机构负责持续维护，对现场进行必要的监测和评估，以确保该场地不会倒退至退化。通过生态修复监测评估，对照项目的指标、目标和目的，评估生态修复的进展情况与效果，通过比对分析与生态修复规划目标之间的差距并查找根源，以监测评估结果，反向指导、改进生态修复设计与工程技术。监测方案包括监测目的、监测内容、监测方法、监测点布置、监测预警和信息反馈与共享机制等。评估内容包括地质灾害隐患防治工程的稳定性、水土保持工程的稳定性，水质、动植物生长及生物多样性变化等。

3.5.2.2 地表沉陷监测

地表沉陷监测内容及其方法的选择应根据监测区域地质环境特点、地表沉陷历史和现状等确定。地表沉陷监测网的布设、监测点密度和观测频率等还应考虑到监测区域的范围大小、开发程度、环境条件和特定目的等因素综合确定。监测方法包括精密水准测量、全站仪三角高程测量等。

1. 精密水准测量

精密水准测量作为传统地面沉降监测方法，具有前期投入小、施工过程简单、精度高等特点。水准测量是一种直接测量高程的方法，测量高差的精度较高，但受地形起伏的影响大，转站多，实测速度较慢，即使国外有使用摩托化水准测量，也没有显著提高它的速度，且劳动强度大，在长倾斜路线上还要受到垂直折光误差累积性影响，当后、前视视线通过不同高度温度层时，每 100m 高差中可能产生系统误差影响为 15~30mm。

在水准测量实施前，先收集煤矿地下开采资料，详细分析地表可能发生沉降的范围，在沉降区外布设沉降基准点，在沉降区内采用环形网状或剖面线的水准路线的方式布设水准测量路线，然后确定沉降观测点的位置。根据场地实际情况选择并检查校正水准测量仪器，外业观测时应选择有利的观测条件，保持前后视距相等以及观测时间与空间的对称。最后，对水准测量的数据进行处理，包括观测数据的整理、概算、平差处理、平差成果整理、对水准测量成果的分析以及计算监测点各期间沉降量及总沉降量。

2. 全站仪三角高程测量

在采煤沉陷区应用全站仪来进行地表观测工作具有一定的积极意义，全站仪具有测程远、精度高、操作简单、功能齐全、可进行数据存取和通信以及自动化程度高等特点和优点，广泛应用于各行各业的测量，更适合于对移动目标及空间点的测量。

通过全站仪进行高程测量可以快速准确地测得高程数据，使得测设作业速度大大地提高，而且减少了水准测量因为转站多和高差过大，以及大风等恶劣条件下引起的误差，大大降低了测量工作量与工作强度。

3. GPS 技术

GPS 技术具有数据获取速度快、数据处理及时、内容齐全、成果可靠、作业方法简单，且较常规方法成本低等优点。在地表沉陷观测中，使用正确的方式和方法，GPS 完全可以代替水准测量，减少了水准高程测量和平面测量不能同步进行而带来的工作量，并且数据采集自动化程度高，降低了人工数据处理的劳动强度。

在实际应用中，采用通过数学模型改正的大地高差代替水准高差具有一定意义。因为，作业成本和效益是人们所关心的最大问题，水准测量作业效率比 GPS 测量效率低得多，尤其在复杂地区，水准测量的困难度也比 GPS 测量大得多。而且 GPS 直接测定地面点大地高的变化，不存在系统误差的积累，在沉降观测、大型建筑物的变形观测中已得到广泛应用。

4. InSAR 技术

合成孔径雷达干涉测量（InSAR）技术是利用两幅来自同一照射点的雷达回波信号，分两次观测传感器高度、雷达波长、波束视向及天线基线距之间的几何关系，利用复图像经过干涉处理后形成的干涉条纹图，得到斜距向上的点与两天线之间的距离差，从而精确地测量出图像上每一点的三维位置和变化信息。InSAR 技术融合了合成孔径雷达成像原理以及电磁波干涉技术，理论上可以获得非常精确的数字高程模型和毫米级的地表形变信息。利用 InSAR 技术不仅可以获得矿区地面形变图像，还能够精确监测到沉陷幅度（精度到厘米级），指明矿区地表沉降范围和沉陷的幅度。目前已有研究表明，InSAR 测量技术处理成果真实、可靠，能很好地应用于城镇地区地面沉降和采矿沉陷监测。

5. D-InSAR 技术

合成孔径雷达差分干涉测量（D-InSAR）技术具有全天时、全天候、覆盖面广、高度自动化和高精度监测地表变形的优势，是水准测量（或三角高程测量）和 GPS 测量的有效补充，在大面积、短周期沉陷区损害调查及预测中优势明显，将其应用到矿山开采沉陷监测中，可以对地下煤炭开采引起的地表变形进行自动化、全天候、连续空间覆盖的监测，用于矿区地表沉降监测具有很大的优势和较好的应用前景。

D-InSAR 是在 InSAR 的基础上发展起来的，它以合成孔径雷达复数据提供的相位信息为信息源，利用复雷达图像的相位差信息，根据传感器高度、雷达波长、波束视向及天线基线距之间的几何关系，通过图像处理、数据处理和几何转换等，从包含目标区域地形和形变等信息的一幅或多幅干涉条纹图中提取地面目标的微小形变信息。D-InSAR 技术对垂直方向的形变比较敏感，并且能够大规模监测几天到几年厘米级甚至毫米级的形变场信息，其高分辨率和空间连续覆盖的特征是其他技术手段所不具备的，从而可以揭示更多的地球物理现象，最终为矿山开采沉陷提供一种全新的动态研究途径。

6. CR-InSAR 技术

由于常规 D-InSAR 技术的形变监测精度受卫星轨道误差等因素影响，提取的地表形变信息具有不确定性。此外，由于开采引起的煤矿区地表沉陷大、沉降速度快等因素，D-InSAR 技术获取的沉降值往往小于矿区地表的实际沉降值。而 CR-InSAR 技术可以克服常规 D-InSAR 技术应用的不足，能够较好地获取监测区的形变信息。

CR-InSAR 技术是在监测矿区中人为布设一定数量和大小的金属角反射器（角反射器的规格必须严格统一），通过对这些 CR 点的回波相位进行干涉测量，获取精度很高的视线方向形变量。因为在试验区布设的 CR 点的后向反射强度远远高于附近参照物，所以在 SAR 强度影像上会呈现一个个突出的亮点。通过在试验地区布设一定数量的角反射器，结合 GPS 观测结果，利用观测值对干涉结果进行校正，能够消除卫星轨道误差、大气延迟和地理编码误差等影响。因此，将 CR-InSAR 用于煤矿区地表沉陷监测具有很强的研究价值和应用价值。

7. 三维激光扫描技术

三维激光扫描（LiDAR）技术是近年来兴起的一种主动式对地观测系统，为实时获取高分辨率三维空间信息提供了一种全新的技术手段。三维激光扫描技术具有高精度、高效率、非接触性、快速性等优点，在矿区地表沉陷监测中与其他传统测量技术相比有无可替代的优势。传统测量技术采集的数据量有限，并且工作效率也相对较低，而三维激光扫描技术能够直观反应地表沉陷盆地的真实形态、完整的地表移动以及裂缝等信息。

该技术通过对比不同期 LiDAR 获取的地表点云数据，来分析煤矿沉陷区地表变形情况。目前，点云数据形变信息的提取方法有 3 种，分别为点云—点云、点云—表面模型、表面模型—表面模型。首先，利用采动前首期观测获取的点云创建 DEM 模型；然后，计算后期观测点云与该表面模型之间的高程差值来得到点位沉降量，进而探测表面形变；最后，对比不同时期 DEM 模型，分析变形量，以可视化的形式展现。

3.5.2.3 建（构）筑物变形监测

建（构）筑物的变形与破坏是由于采空区上方及其周围地表产生的移动与变形作用于建（构）筑物的基础，导致建（构）筑物受到附加应力的作用而产生。在不同的地表变形作用下，对建（构）筑物将产生不同的影响。建（构）筑物变形监测是为了有效掌握建筑物的承载状况以及地质成熟状况，以分析是否发生建筑物的变形情况。用于建（构）筑物变形监测的方法主要有沉降监测、倾斜监测和裂缝监测等。

1. 监测要求

建（构）筑物的变形监测对精度要求非常高，在选点时要求基本基准点与参考基准点之间构成最短水准路线，且交通方便，便于精密水准测量的实施。在选择工作基点位置时，应考虑其能为各项监测所利用。监测工作实施过程中应遵守"五定"原则：观测所依据的基准点和工作的基点以及被观测建筑的变形观测点都要做到点位的准确；要保证观测的仪器和设备的准确性；观测人员需要做到具有稳定性且不能随意变更；观测的环境条件要保持基本一致性；观测的路线和置镜位置以及观测的程序和方法要固定。

在变形监测中应注意要严格按照监测的要求和程序实施监测，前后观测过程中最好使用同一个水平的标尺，观测时也应该按照同一方向的路线进行，同时避免阳光的直接照射，以保持观测的准确性。要制定合理的观测时间，一边观测的同时还应该随时检查计算，最后观测完成后要及时地把观测的数据递交给相关部门，并且当观测的建（构）筑物每天的沉降值超过 1mm 时，应该马上停止观测，并调动抢修人员进行补救，以保证观测人员的安全。

2. 监测方法

（1）沉降监测

沉降监测是根据建筑的场地地形、变形监测的精确度和地质条件等众多因素所确定的一个合理布点，目的是测定建（构）筑物地基的沉降量、沉降差及沉降速率并计算基础倾斜、局部倾斜、相对弯曲及构件倾斜。沉降量是建（构）筑物基础某点沉降大小，通常是指基础中心的沉降量。沉降差是基础上任意两点沉降量的差，通常是指相邻两单独基础的沉降量的差。工作的基点主要是用来监测建（构）筑物的位移，它通常会和基准点共同组成一个网形，采用精密水准测量的方法进行检验和测试。除此之外，也还可以使用液体静力水准仪、气泡倾斜仪、电子水准器等进行测量。

每周期监测后，应及时对监测资料进行整理，计算监测点的沉降量、沉降差以及本周期平均沉降量和沉降速率。可按式（3-25）、式（3-26）计算变形特征值：

1）基础倾斜 α

$$\alpha = (s_A - s_B)/L \tag{3-25}$$

式中：s_A——基础或构件倾斜方向上 A 点的沉降量（mm）；

s_B——基础或构件倾斜方向上 B 点的沉降量（mm）；

L——A、B 两点间的距离（mm）。

2）基础相对弯曲 f_c

$$f_c = [2s_0 - (s_1 + s_2)]/L \tag{3-26}$$

式中：s_0——基础中点的沉降量（mm）；

s_1、s_2——基础两个端点的沉降量（mm）；

L——基础两个端点间的距离（mm）。

（2）倾斜监测

倾斜监测应测定建（构）筑物顶部相对于底部或上层相对于下层监测点倾斜度、倾斜方向和倾斜速率。倾斜监测的一般原理是在对建（构）筑物做出监测的时候，应对其主体的倾斜变形做出有效监测，在测定时需要注重偏移值,主要是顶部到底部的偏移值,然后利用高度演算出主体的倾斜度,通常倾斜监测都是在垂直的前提下进行。

当从建(构)筑物的外部监测主体倾斜时,可以选用投点法、测水平角法和前方交会法等进行监测;当利用建(构)筑物的顶部与底部之间的竖向通视条件进行主体倾斜监测时,可选用激光铅直仪观测法、激光位移计自动测记法、正倒垂线法和吊垂球法等进行监测;当利用相对沉降量间接确定建(构)筑物整体倾斜时,可选用倾斜仪测记法、测定基础沉降差法等进行监测。主体倾斜监测的周期可视倾斜速度每1~3个月观测一次,当建(构)筑物附近因大量堆载或卸载、场地降雨长期积水等而导致倾斜速度加快时,应及时增加观测次数。倾斜监测的精度可根据给定的倾斜量允许值,按有关规定确定。

(3)裂缝监测

裂缝监测应测定建(构)筑物上的裂缝分布位置,裂缝的走向、长度、宽度及其变化程度。观测的裂缝数量视需要而定,主要的或变化大的裂缝应进行监测。裂缝的测量有两种方式,一种是绘制方格坐标,另一种是通过在裂缝两端作标志,最后使用钢尺丈量。对需要监测的裂缝统一进行编号时,每条裂缝至少布设两组监测标志,一组在裂缝最宽处,另一组在裂缝末端。每组标志由裂缝两侧各一个标志组成,裂缝监测的标志应具有可供量测的明晰端面或中心。

裂缝监测中,裂缝宽度数据应量取至0.1mm,每次观测应绘出裂缝的位置、形态和尺寸,注明日期,附必要的照片资料。裂缝监测的周期应视其裂缝变化速度而定。通常可半月测一次,以后一月左右测一次。当发现裂缝加大时,应增加观测次数,直至几天或逐日一次的连续监测。

3.5.3 土壤与水环境监测

土壤和水环境是经济社会可持续发展的物质基础,关系人民群众身体健康和美丽城市建设,加强土壤和水环境保护是推进生态文明建设和维护国家生态安全的重要内容。

3.5.3.1 土壤监测

土壤样品组分复杂,污染组分含量低,并且处于固体状态。监测时,需要将其处理成液体状态和将预测组分转变为适合测定方法要求的形态、浓度，以及消除共存组分的干扰。受重金属污染的农田土壤样品的预处理方法主要用分解法。

土壤样品分解方法有酸分解法、碱熔分解法、高压釜分解法、微波炉分解法等。分解法的作用是破坏土壤的矿物晶格和有机质，使待测元素进入试样溶液中。

3.5.3.2 水环境监测

沉陷区生态修复后水环境常规监测指标包括色度、透明度、pH值、水温、电导率、水质浊度、溶解氧（DO）、COD、总磷、硝酸盐态氮、氨氮、BOD_5等，必要时须对重金属浓度进行监测。

3.5.4 植物与生态系统监测

生物多样性保护受到国际社会的广泛关注。生物多样性是一个内涵十分丰富的概念，一般包括生态系统多样性、物种多样性和基因多样性3个概念层次，也有专家将生物多样性划分为景观多样性、生态系统多样性、物种多样性和基因多样性4个层次。对于人工促进采煤沉陷区生态修复区而言，生物多样性的监测对象主要为物种和生态系统2个层次。物种与生态系统监测是评价、指导和改进生态修复工作的一项重要的基础性工作，生态修复工程竣工后的前3年宜每年进行1次，3年后监测频率宜根据实际需要合理调整，通常每5年进行1次为宜。

3.5.4.1 群落和物种监测

对于人工促进采煤沉陷区生态修复区而言，在物种层次的监测就是对区内植物、动物等物种种群和主要影响因素的监测。组成生物群落的各个物种的种群之间存在着复杂的种间关系，它们之间相互联系、相互制约、相互促进，这种关系对群落的组成、稳定和演替具有重要的意义。因此，应对各物种进行全面监测。物种监测对象包括植物、真菌、兽类、鸟类、两栖爬行类、昆虫类等。监测指标包括种类、各物种数量、分布等情况，尤其要重点监测关键种、外来种、指示种、重点保护种、受威胁种、对人类有特殊价值的物种、典型的或有代表性的物种。这些重点物种种群监测内容包括种群大小与密度、种群结构、种群平衡以及影响种群大小的压力变化等。植物群落、植物物种、外来入侵物种、主要动物监测指标见表 3-13~ 表 3-16。

植物群落监测指标 表 3-13

监测内容	监测指标
乔木层	种类、个体数量、郁闭度、密度、盖度、高度、胸径
灌木层	种类、株（丛）数、高度、盖度
层间植物	种类、株（丛）数、生活型（藤本、附生、攀缘、寄生等）、附生高度
草本层	种类、株（丛）数、平均高、盖度
天然更新	种类、数量、高度
物种多样性	多样性指数（Shannon-Wiener 指数等）、重点保护植物的种类及数量

植物物种监测指标 表 3-14

监测内容	监测方法
生境状况	土壤、水、大气环境基本状况
种群结构	种群数量、年龄结构、种群密度、种群高度、种群盖度
种群动态	幼树更新状况
物候	物候期
人为干扰	干扰方式和强度

外来入侵物种监测指标 表 3-15

监测内容	监测方法
生境特征	土壤、水、大气生境基本状况
自然衰退/入侵物种	物种名称、分布地点、面积、生长状况、密度、盖度
入侵物种扩散	繁殖方式、扩散方式、适宜性
衰退机理	气象环境、水环境、土壤环境、生物环境
对群落结构的影响	对乔木、灌木、草本的影响

主要动物监测指标　　　　　　　　　　　　　　　　　　　　　　　　　　　　表 3-16

监测对象	监测指标	获取途径
兽类	种类、数量、行为类型、性比、成幼比	样方和定点观察（或聆听）相结合
鸟类	种类、数量、行为状态、性比、成幼比等	样带和定点观察（或聆听）相结合
两栖爬行类	种类、种群数量、鸣叫声密度	样方、样带和定点观察（或聆听）相结合
鱼类	种类、个体数、年龄段、体长	诱网捕捞

采煤沉陷区生态修复区物种监测的重点：应针对国家重点保护植物、极小种群物种，或者是当地群众比较喜爱、易受到砍伐或破坏的物种。

生物入侵向来是重要的生态学议题之一。植物衰退同样是植物种群发生的重要现象，特别是在人工促进生态修复区，初始植物群落的构建可以说完全处于人的意志之下，是否完全符合修复区自然生态环境，需要对具有自然衰退（迹象）的物种加以重点监测。

采煤沉陷区生态修复区动物监测的对象包括兽、鸟、两栖爬行和水生动物 4 类，监测的指标包括物种名称、数量、分布格局等。监测方法，兽类可采用鸣声监测法、直观监测法、痕迹监测法等；鸟类可采用样带监测法、样点监测法等；两栖爬行类可采用样带法、陷阱法等；水生动物可采用诱网捕捞等传统方法。

采用红外相机监测技术，可以改善工作效率、成本花费和数据质量等。根据野生动物的分布特点，制定科学的红外相机监测方案，合理布设红外相机的位置和数量，构建野生动物红外相机监测网络，应尽量通过"穿插分散"的方式提高样本代表性，并在上述过程中保证每个相机位点数据的统计独立性，防止"伪重复抽样"。监测时的抽样强度指标主要有监测时长（捕获日）和抽样面积 2 个参数。国内大部分物种多样性监测的投入都在 1000~3000 个捕获日之间。就抽样面积而言，Mokany 等曾通过群落物种模拟演示 α 和 β 多样性随抽样面积变化的情况并用真实物种进行了验证，指出抽样面积至少是整个研究区域的 10% 才能对 α 和 β 多样性均做出可信度较高的统计推断。

3.5.4.2 生态系统监测

采煤沉陷区生态系统层次的监测，主要是通过在采煤沉陷区内建立一定面积的固定样地，对从陆生生态系统、湿生生态系统到水生生态系统的组成、结构、功能及关键物种、濒危物种和主要的生态学过程进行监测。主要监测指标包括植被类型多样性、龄组结构、植被自然度、天然次生植被面积比重、植被覆盖率、植被破碎化、群落垂直结构、空间结构、植被健康等。

在采用传统方法实施生态系统监测的同时，无人机监测技术作为一种新型的中低空实时电视成像和红外成像快速获取系统，具有影像获取速度快、应用周期短、影像清晰度高、便于解析、受自然环境约束小、成本低、操作容易、运行和维护成本低的特点。通过无人机获取的影像数据具有更高的时空分辨率，基于长期、高频率无人机遥感数据能更深入地开展生物多样性监测，如植物物种分布、生物多样性反演、生境监测，同时也能开展更多传统遥感技术无法实现的监测应用，如入侵物种监测等单体事件和局部区域开展精细化监测。

生态系统无人机监测技术包括图像识别与分类解译、数据反演与格局分析、数字建模与地表测量等。图像识别与分类解译技术类别包括了植物识别、植被分类等。

进行植物识别可利用不同植物生长、凋落、开花等表观特征的不同，增强识别的差异，同时经过实地光谱、纹理、群落、生境等信息的采集，结合无人机正射拍摄或倾斜拍摄，实现解译识别。

植被分类结合已有的植被调查数据和分类成果，利用地形、土壤、种间关系、群落结构等现场调查数据，可实现群丛水平的植被分类。

数据反演植被长势监测需要构建训练样方，并实地采集样本数据如植被高度、胸径、生物量等，通过实测数据和无人机数据相关关系的构建，反演计算获得生物量、叶面积等表征植被长势的指标。

物候季相监测时，需要采集温度、降水、日照时长等环境数据，同时利用无人机观测植物萌芽、开花、结果、枯萎等现象，将实测数据和无人机数据进行关联，实现更加精准的物候季相监测或预测数据。

植被结构监测时，在调查获知乔灌草物种组成、密度、盖度、高度等真实数据后，使用无人机搭载激光雷达传感器进行扫描，获得的密度点云数据，可重建森林三维结构。

植被覆盖格局监测应关注植被盖度、林窗、林冠、生境异质性、连通性和隔离性等，结合土地利用数据、植被分类数据等，对无人机数据使用景观生态学分析方法，掌握景观格局变化发展的趋势和原因。

第 4 章

实践案例

4.1 徐州市潘安湖采煤沉陷区生态修复

徐州市潘安湖采煤沉陷区位于徐州主城区与贾汪城区的接合部,由权台煤矿和旗山煤矿 2 个矿区组成。通过 2 期生态修复工程建设,形成了规模为 15.98km^2 的集湿地自然生态景观和农耕、民俗文化特色景观于一体的特大型城市湿地公园,实现了湿地生态、科普教育、休闲度假、乡村观光共存、共融、共同发展,具有独特的绿水青山的生态价值、诗意栖居的美学价值、城市历史传承与嬗变中的人文价值、绿色低碳的经济价值、简约健康的生活价值和美好生活的社会价值,成为徐州主城区和贾汪城区之间公园城市绿地生态系统的关键节点。

4.1.1 修复前主要生态环境问题

1. 潘安湖采煤沉陷区概况

潘安湖采煤沉陷区属旗山—权台矿区,地处徐州主城区与贾汪城区的中间(图 4-1),区域总面积约 53km^2。沉陷区内原有土地利用类型包括灌溉水田、旱地、果园、林地,农村道路、田坎、晒场、水利用地,农村居民点、建制镇,独立工矿用地,特殊用地以及河流水面、坑塘水面、水工建筑用地,荒草地等。其中,坑塘水面在各地类中所占比例最大,达到 53.52%,而且分布零散,水下地形复杂,大部分处于荒芜状态。

2. 主要生态环境问题

潘安湖采煤沉陷区地处平原,潜水位高,开采深度和强度都较大,塌陷造成的生态和景观问题主要有以下几点:

(1)土地不均匀塌陷下沉,形成了众多分布不均的低洼地,原有的面貌和农田、森林植被等生态系统被严重破坏,景观质量极差(图 4-2)。

图 4-1 潘安湖采煤沉陷区地理位置

图 4-2 旗山—权台矿区的采煤沉陷区

（2）在区域环境由陆地生态环境突变为水生生态环境的过程中，报废矿井废水中含有的大量悬浮物和污染物质，导致地下水和土壤质量下降。

（3）煤矸石等风化污染。选矿废弃的煤矸石以及粉煤灰在烈日暴晒作用下，不仅产生的细小颗粒和粉尘易受风扩散，造成扬尘污染，而且煤矸石在烈日下还会释放大量的 SO_2 等有害气体；煤矸石的雨水淋溶物和粉煤灰含有的铅、氟等重金属元素，还污染沟河、土壤和地下水。

4.1.2 生态修复技术条件分析

1. 自然条件

（1）气候条件

贾汪区属于湿润至半湿润季风气候区。区内年平均风速为3.0m/s，年平均气温为14℃，年均降雨量为802.4mm，年日照时间为2280~2440h。自然灾害现象主要有旱、涝、风、冰雹等，其中洪涝灾害尤为严重。

（2）地形地貌

潘安湖采煤沉陷区属于贾汪潘安庵盆地，四周环山，东有大洞山，南有岠山、庙山，西有小黄山、贾山，北有寨山、大山等。这些低小的山丘平缓，最高山峰大洞山出仅+360.9m，出露有寒武系和奥陶系厚层石灰岩，并覆盖有微薄的风化堆积黏土层。之间为黄泛冲积形成的地表平原区。潘安庵盆地地面两级标高 +30~+33m。沉陷区为平原区，最大坡度为 8°，海拔为 27~30m，地势西高东低，北高南低。

（3）土壤条件

潘安湖采煤沉陷区土壤主要为淤土土属和潮土类黄潮土亚类二合土。土壤耕作层平均厚度为 22cm，有机质含量 0.91%，磷含量 0.061%，氮含量 0.067%，碱解氮 69.36ppm，土壤 pH 值 4.28。

（4）水文条件

潘安庵盆地在地貌上表现为完整的盆地，构成了一个独立的水文地质单元，是较为完整的自流盆地。沉陷区位于盆地东南部，北、东和南部为别有屯头河、不牢河环侍，并与京杭大运河相连，通过闸门控制不牢河水位（不牢河河底标高 +23m，正常水位 +23.54m）。区内最大年降水量 1383.51mm（1963 年），最少年降水量 593.33mm（1953 年），年最大变幅 544.8mm。历史最高洪水位 +30.44m。从水的补径排条件看，也可作为一半封闭的水文地质区。潘安湖采煤沉陷区地下水主要为松散岩类孔隙水、岩溶水、裂隙水。

（5）植被现状

潘安湖采煤沉陷区湿地生态修复之前的野生植被主要为草本植物，有小飞蓬、荸草、马兜铃、野豌豆、狗尾巴草、马齿苋、苍耳、乌蔹莓、萝藦、小蓟、多裂翅果菊（野莴苣）、节节草、铺地锦、牛筋草、铁苋草、苦麦菜、打碗花、一年蓬、牵牛花、莎草、藜、萹蓄、鸭跖草、旱莲草、无芒稗、马唐、鬼针草；水生植物主要有芦苇、香蒲、水葫芦、水花生、满江红、槐叶萍、看麦娘、浮萍、紫萍等。乔木主要为人工种植的杨树、柳树，间有少量的野生构树等分布。

2. 地质与环境安全性

（1）地质构造、采煤工艺与地质灾害分析

潘安湖采煤沉陷区是由权台和旗山 2 个相邻煤矿开采形成的。两矿均始建于 20 世纪 50 年代，权台矿于 2011 年 3 月停产歇业，旗山煤矿于 2016 年关井闭坑。

两矿均为井采型煤矿。矿井开拓方式为立井、水平开拓。自投产以来，分别采用水采、炮采、普采、综采、综放等采煤工艺，开采后形成了大量采空区，各采空区或连接成片，或独立存在。由于岩浆岩入侵规模不大，断裂构造较发育，数十年不同方式的采掘活动，诱发的环境地质灾害有地表变形、移动和沉陷，并形成了大面积的塌陷区。据沉陷趋势预测，目前主采区已基本达到沉稳。

(2) 环境污染分析

根据《江苏省科技支撑计划项目——徐州采煤沉陷区生物修复》(编号 BE2013625) 研究 (见表 4-1), 5 种立地类型的 Cd、Cu、Cr、Pb、Zn 平均单因子富集指数分别为 2.39、1.15、1.03、1 和 0.93, 表明 5 种重金属中 Cd

潘安湖不同立地土壤重金属富集指数　　　　　　　　　　　　　　　　　　　表 4-1

立场类型	土层	重金属富集指数						综合富集指数 P_i
		Cr	Cu	Zn	Cd	Pb	均值	
杨树区Ⅰ	表层	1.09	1.19	1.21	3.31	1.08	1.57	2.59
	淋溶层	1.04	1.01	0.92	2.56	0.99	1.31	2.03
	母质层	1.08	1.03	1.01	3.20	1.04	1.47	2.49
	均值	1.07	1.08	1.05	3.02	1.04	1.45	2.37
杨树区Ⅱ	表层	1.03	1.09	0.86	1.72	1.20	1.18	1.48
	淋溶层	1.08	1.19	0.99	2.09	1.04	1.28	1.73
	母质层	1.08	1.06	0.87	1.71	0.92	1.13	1.45
	均值	1.06	1.11	0.90	1.85	1.05	1.2	1.55
椿树、构树区	表层	1.10	1.17	0.84	1.77	0.91	1.16	1.50
	淋溶层	0.94	1.11	0.82	1.94	0.90	1.14	1.59
	母质层	0.77	0.80	0.65	1.22	0.68	0.82	1.04
	均值	0.95	1.03	0.77	1.640	0.82	1.04	1.38
柳树、刺槐区	表层	1.10	1.25	1.20	3.63	1.10	1.66	2.82
	淋溶层	0.92	1.18	0.99	2.62	0.98	1.34	2.08
	母质层	0.86	0.92	0.81	1.87	0.79	1.05	1.52
	均值	0.96	1.12	1.00	2.68	0.95	1.35	2.14
木本植物区均值		1.01	1.09	0.93	2.3	0.97	1.26	1.86
草本植物区	表层	1.13	1.29	1.05	2.85	1.12	1.49	2.27
	淋溶层	1.02	1.18	1.00	2.72	1.02	1.39	2.16
	母质层	0.96	1.15	0.85	1.99	0.95	1.18	1.64
	均值	1.04	1.20	0.92	2.47	1.03	1.35	2.02
五区均值		1.03	1.15	0.93	2.39	1	1.31	1.94

注: 综合富集指数 $P_i \leq 1$, 即土壤污染物实测值与土壤背景值相近; $1 < P_i \leq 2$, 即土壤污染物实测值高于污染起始值, 土壤受到污染; $2 < P_i \leq 3$, 即土壤污染物实测值超过污染起始值 1 倍, 植物生长受到抑制; $P_i > 3$, 即土壤污染物实测值超过污染起始值 2 倍, 植物受害严重。

中度富集，Cu、Cr 轻度富集，Pb、Zn 无富集，说明该区域土壤以 Cd 污染为主。平均综合污染指数为 1.94，说明该区域土壤总体表现为轻度富集。其中杨树 Ⅰ 区，柳树、刺槐区，草本植物区综合富集指数分别为 2.47、2.14、2.02，属于中度富集，其余 2 种属于轻度富集。

与木本植物区相比，草本植物区域土壤中各重金属富集指数、富集指数平均值和综合富集指数基本都大于木本植物，在一定程度说明草本植物所在区域土壤重金属富集大于木本植物所在区域土壤。

同一立地，不同土层的重金属含量存在明显差异，基本表现为表层土壤综合富集指数大于中下层土壤。以杨树区 Ⅰ 为例，表层、淋溶层、母质层的综合富集指数分别为 2.59、2.03、2.49，Cr 的富集指数分别为 1.09、1.04、1.08；Cu 的富集指数分别为 1.19、1.01、1.03；Zn 的富集指数分别为 1.21、0.92、1.01；Cd 的富集指数分别为 3.31、2.56、3.20；Pb 的富集指数分别为 1.08、0.99、1.04。

潘安湖采煤沉陷区湿地沉积物重金属污染的积累指数见表 4-2。由表 4-2 中可见，湿地沉积物重金属污染主要为 Mn 污染。

4.1.3 生态修复的主要技术与方法

1. 治理策略

潘安湖采煤沉陷区治理采取生态修复、景观重建、文化再造"三位一体"策略，以采煤沉陷区生态修复为基础，在区域层面寻求生态环境与经济效益的共赢。通过生态整体性的实现和景观空间结构的完善，实现人与自然和谐共生的同时，创造出多样化的发展平台和途径，按照"宜农则农、宜水则水、宜游则游、宜生态则生态"的原则，形成了总面积 52.87km^2 的"潘安湖生态经济区"，其中生态景观核心区（潘安湖采煤沉陷区湿地公园）15.98km^2，实现了由采煤沉陷区向"城市绿肺""城市之肾"的华丽转变。

潘安湖采煤沉陷区湿地沉积物重金属污染的积累指数　　　　表 4-2

元素	统计量	最小值	最大值	平均值	平均污染等级
Zn	11	−3.73	−3.56	−3.63	无污染
Cd	11	−4.30	−3.25	−3.80	无污染
Mn	11	−1.22	0.55	−0.54	无污染到中度污染

2. 污染治理

(1) 煤矸石山的治理

优先采取填充等方式进行资源化利用，对于未资源化利用的煤矸石山进行封闭，然后在其上覆盖种植土，创造植物适宜生长的环境。

(2) 污水治理

一是对未利用的煤矸石、粉煤灰、周边农业等产生的污染物进入湿地的区域，在各入水口上游区域建立"生态截污带"。

"生态截污带"（图 4-3）一般由 2 条渗滤坝及位于其中间的水生植物带组成。每条渗滤坝宽 3m，长约 1000m，以煤渣、河沙混以泥土建筑而成。两坝间隔 50m，中间人量种植芦苇等耐污水生植物（图 4-3）。由于"生态截污带"的渗滤作用，水体质量得以显著提高。

二是对区内镇、村、厂矿生活污水等污染物进入湿地的区域，在各入水口上游区域设立"一体化污水处理设施"。

"一体化污水处理设施"采用将一沉池，Ⅰ、Ⅱ级接触氧化池，二沉池，污泥池集中为一体的设备，并在 Ⅰ、Ⅱ 级接触氧化池中进行鼓风曝气，使接触氧化法和活性污泥法有效结合起来，进一步提高污水处理水平。

(3) 重金属污染的处理

重金属污染土壤的修复采用植物富集修复技术。根据《江苏省科技支撑计划项目——徐州采煤沉陷区生物修复》（编号 BE2013625）研究，Cd 富集能力强的树种有杨树、三球悬铃木、银杏；Cr 吸收能力强的树种有枇杷、侧柏、银杏；Cu 吸收能力强的树种有石榴、紫薇、国槐；Pb 吸收能力强的树种有雪松、乌桕、红叶石楠、木槿；Zn 吸收能力强的树种有紫薇、杨树、重阳木；Mn 吸收能力强的树种有乌桕、杨树、女贞；重金属综合吸收能力强的园林植物种类有杨树、乌桕、枇杷、紫薇、雪松。草本植物中的艾蒿、黄花蒿、一年蓬、牛漆和狗尾草对重金属尤其对主要富集重金属 Cd 的吸收能力强。

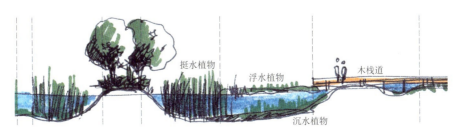

图 4-3 生态截污带

根据以上研究结果，针对功能区的重金属污染情况，结合生态景观重建要求，有针对性地选择不同的植物种类，并进行合理配置，以最大限度地吸收环境中的重金属污染物，有效改善生态环境。

（4）水环境生态修复

水体环境修复综合运用水位调控、污染源控制、生物净化等技术和措施，改善和保证水体质量（图4-4）。

①湿地生物净化

综合运用挺水植物、浮叶植物、沉水植物、生态浮岛等，构建从滨岸到水体中心、群落类型依次为植被缓冲带—挺水植物群落—浮叶植物群落—沉水植物群落—植物浮岛湿地的生物净化体系。

漂浮物过滤区域：设置植物浮岛和截污网，消除固体垃圾。植物选用拦污能力强的美人蕉、菖蒲等。

砂砾过滤区：设置于进水口附近，以砂砾石为过滤层，去除水体中悬浮颗粒。植物配置上选用根系发达、固沙力强、耐淹的植物；挺水植物：芦苇、荻、水芹；湿生植物：苔草、莎草。

综合净化区域：种植水生植物对水体进行初步净化，选择具备耐淹性（有永久性和间歇性水淹）、对各种污染物有综合吸收能力的植物。

潜流湿地净化植物床：利用植物根系和土壤将有机物颗粒拦截滞留在土壤中，由微生物进行下一步分解。

重金属净化区：以沉水植物和潜流湿地来吸收水体中的重金属元素。

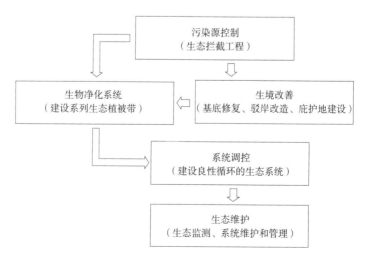

图4-4 潘安湖采煤沉陷区水体生物修复技术路线图

水质稳定区：利用人工增氧的手段，增强水中生态系统的稳定性，避免水质再度恶化。混合种植挺水植物、沉水植物和浮水植物，协同净化。投放贝类、龟类、栖类、蟹类，控制鱼类数量，适当控制鱼类数量，禁止网箱养殖。

②植被缓冲带

设置一定宽度、坡度的植被缓冲带，通过过滤、截留、吸收等方式将地表径流和渗流中的沉积物、营养盐、有机质等物质去除，使进入水体的污染物浓度和毒性降低，这是湖泊水体修复的第一道屏障。潘安湖采煤沉陷区陆生植被缓冲带构建模式主要分为三区，这三区宽度按1∶3∶1配置（图4-5）。其中，一区（间歇区）种植本土耐水湿乔木，具有固土护坡和保护水生生境的功能；二区（陆地区）种植人工林和灌木，保证植物多样性，为各类小型动物提供生活场所；三区（陆地区）种植草本植物，主要截留和过滤各类污染物。

潘安湖示范区分两种情况实施：缓冲带宽度小于10m，不做二区人工林，只做三区草本区和一区乔木区加灌木，以增加植物净化能力；缓冲带宽度大于10m，按照滨岸缓冲带植物配置模式图的三区的比例扩大或者缩小实施。

绿地宽度小于10m，一区植物配置：水杉—池杉—混播草坪、枫杨—混播草坪、乌桕—麦冬；三区植物配置：混播草坪（高羊茅∶黑麦草∶早熟禾=1∶1∶2）。

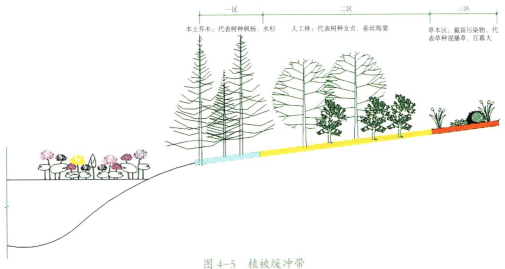

图4-5 植被缓冲带

绿地宽度大于10m，一区植物配置：水杉—池杉—混播草坪、枫杨—混播草坪、柳树—桃树—百慕大、乌桕—麦冬等；二区植物配置：女贞—红瑞木—混播草坪，苦楝—木槿—云南黄馨—白三叶；落羽杉+丝绵木—垂丝海棠—百慕大等；三区植物配置：混播草坪、百慕大、早熟禾、麦冬。

③浅水区植物修复

浅水区指正常稳定水深<100cm的区域。浅水区植物带是湿地生态系统中水生植物景观塑造的重点，植物配置以挺水植物为主，挺水植物主要有芦苇、香蒲、水葱、千屈菜、西伯利亚鸢尾等。

④深水区植物修复

深水区指正常稳定水深≥100cm的区域。深水区植物配置以浮水植物、沉水植物为主。无论沉水植物或浮水植物，均应合理控制种植密度，以保证水下的植物光合作用良好。浮水植物主要有睡莲、中华萍蓬草等。沉水植物主要有苲草、狐尾藻、金鱼藻、伊乐藻等。

3. 地貌重塑

地貌重塑应根据地貌破坏程度、生态和景观恢复目标等综合考虑。核心是制订土地利用平面和竖向控制，关键在于水系重塑、土方设计与土地利用的动态平衡、环湖与岛屿边坡的筑护三个方面。

（1）充填造地

潘安湖采煤沉陷区水域面积大、比例高，土地资源宝贵。为增加可用土地，选择在浅沉陷区，首先剥离表层熟土，堆放在周围，然后采用分层法填充煤矸石，待煤矸石充填到规定要求时，再将熟土（或客土）覆盖在煤矸石上，作为种植层。

采用分层法将煤矸石充填到沉陷区，即每次充填一定厚度的煤矸石，分层厚度与煤矸石的颗粒级配、煤矸石含水量、施工机械、压实趟次等要素有关，应该具体情况具体分析，选择合理的分层厚度后，一般选用振动式压路机逐层充分压实，再在该层上面充填煤矸石，如此逐层用煤矸石充填压实至设计标高，压实后要进行现场测试。

（2）水系重塑

潘安湖采煤沉陷区自然河道发达，上游有京杭大运河的支流不老河，下游有屯头河。水资源虽然丰富，但由于土地沉陷、沉降程度不一，导致水体分布散乱，连通性差，死水塘多，水体自净能力低下。为此，须通过构建湖泊型水体、连通自然水系和筑岛的方法，重塑沉陷区内的水系结构。

①构建湖泊型水体

根据塌陷形成的水体（塌陷坑或季节性积水区域）与原有自然河道的关系，截断各个围圩，使之成为相互联通、开放的水体，形成广阔的湖面，见图4-6。

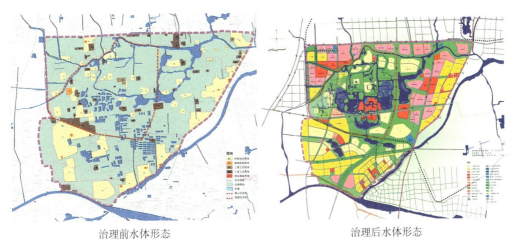

治理前水体形态　　　　　　　　治理后水体形态

图4-6　潘安湖采煤沉陷区湖泊型水体的构建

②连通自然水系

以原有自然河道为中心，现状水面为基础，进行适当的连通、疏浚，勾通与上、下游河道的联系，保证水体交换、防洪排涝的需要，见图4-7。

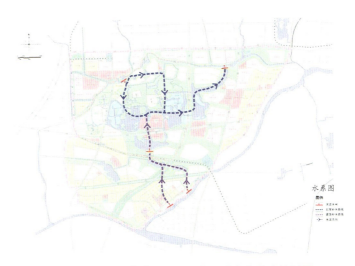

图4-7　潘安湖采煤沉陷区湿地公园水系重建规划图

③筑岛

根据地质勘探和开采沉陷学，通过沉陷体稳定性预测评价，选择稳定性较好、已不再活动的区域作为岛址，利用开挖湖泊型水体和连通自然河道所产生的土方筑岛。

（3）土方设计与土地利用的动态平衡

在潘安湖采煤沉陷区的再利用规划中，土方的工程量相当巨大，在设计之初就应把土方平衡的问题考虑在内。

首先是科学确定各类用地标高。根据规划目标，潘安湖采煤沉陷区可以分为农耕景观、自然生态景观两大类。农耕景观又可细划分为农业生产区、休闲农业区等；自然生态景观可细划分为生态保育区、生态休闲观光区等。根据景观类型，分别制订标高策略。

农耕景观区以复垦后的土地能保证当地农作物正常生产为原则。

自然生态景观区采取多种标高策略：以主岛为全区的景观制高点，标高要能够保证旱生大乔木的生长和景区游憩服务场所的防洪防涝要求。其他岛屿，中心区域要能满足旱生乔木的生长需要，中心区域至水域的区域，可根据选用的植物不同逐步降低标高。

土方来源：主要运用沟通水系挖出的土方。不足部分，按挖深填浅、近挖远输的方法，达到区内的土方平衡。

（4）环湖与岛屿边坡的筑护

潘安湖采煤沉陷区为砂性土，特点为结构较疏、黏聚力低，岛屿与边坡的筑护是地貌重塑中土方与土地利用平衡的关键措施。因此，在环湖与岛屿边坡修筑中，针对边坡砂性土的特点，须采取建立在可靠的土壤工程基础上的生物工程方法。

①自然岸线驳岸

潘安湖在坡度缓或腹地大的河段使用自然岸线驳岸，沿岸土壤和植物适当采用置石、叠石，以减少水流对土壤的冲蚀，这样做成的景观自然，岸栖生物丰富，可保持水陆生态结构和生态边际效应，生态功能健全稳定。种植柳树、水杨以及芦苇等喜水植物，由它们生长舒展的发达根系来稳固堤岸，加之其枝叶柔韧，可顺应水流，增加抗洪、护堤的能力（图4-8）。

②生物有机材料生态驳岸

对于较陡的驳岸或冲蚀较严重的地段，采用生物有机材料生态驳岸类型，通常这种方法利用树桩、树枝插条、竹篱、草袋等可降解或可再生的

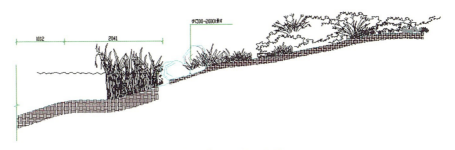

图 4-8 自然岸线驳岸示意图

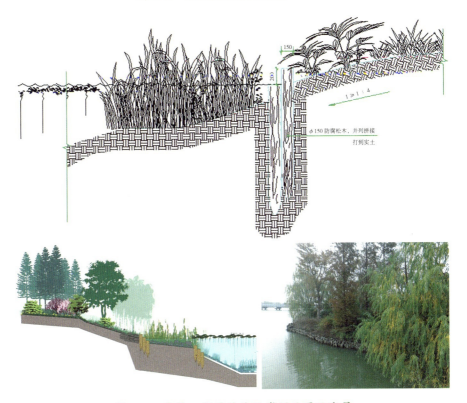

图 4-9 生物工程法边坡驳岸剖面图及实景

材料辅助护坡,再通过植物生长后根系固着成岸。本项目采用双排木桩辅助护坡,这样做成的驳岸固土护坡效果好,而且净化能力强(图4-9)。

4. 土壤重构

潘安湖采煤沉陷区为黄泛冲积平原,农业发达,土壤原为优良的耕作土,塌陷后绝大部分地方地表损坏严重。根据现场条件,土壤重构主要采用分层剥离、削高补低、挖深填浅、交错回填、修复整平的土壤重构技术。

分层剥离、交错回填,即将上覆岩层分为若干层,一般分为两层,如分为上部土层和下部土层或两层以上,对分出的土层逐层剥离,同时通过错位的方式交错回填,保持土层的顺序基本不变,构建更适于植物生长的土壤剖面。再通过分层充填、分层压实逐步将沉陷区回填至设计标高,以满足复垦土地用作建筑用地的要求。

回填表土或客土之前要平整土地,平整土地时应综合考虑当地实际地形以及灌排水的要求和道路布置,合理进行平整单元划分,移高填低,就近挖填平衡,尽量减少工程量,提高劳动生产率。回填表土或客土后再次平整土地时应注意保护表土,并与土壤改良结合起来进行,平整后的土地应加强田间管理,尽量保持一定肥力,可采用旋耕犁等多种机械,深度要达到设计要求。

4.1.4 景观重建

1. 总体格局

潘安湖采煤沉陷区湿地公园的总体格局,首先根据土地的沉陷情况,水系的连通整治需要,构造大小岛屿19个,形成丰富的水系艺术空间。以此为基础,根据公园建设目标,合理布置各功能片区,整体形成"五大区、十二小区"的功能布局[①]。其中,生态旅游休闲区位于核心区北部,由农耕体验区、生态休闲区两部分组成。该区结合现状农田景观,开展农耕体验、生态休闲等。湿地核心景观区位于核心区中部,该区由入口服务区、湿地生态保育区、湿地民俗游乐区、湿地生态观光区及潘安文化创意产业园五个部分组成。该区结合湿地自然风光、民俗文化,充分利用水域、岛屿、植被及文化特征,开展生态观光、科普教育、民俗体验等。旅游度假区位于核心区南部,由生态水上游乐园及生态度假区两部分组成。充分利用开阔水域开展各类娱乐运动项目,着力打造潘安湖水上娱乐等品牌。生态度假区将融合湿地景观特色、滨水特色打造生态环境优美的度假区。西部风情区位于马庄以南的区域,主要为西部风情园,由乡村农家乐与马庄民俗文化村两部分组成。依托马庄民俗文化背景,以展现马庄的特色民俗文化及产业为主,成为中外乡村民俗文化交流的中心(图4-10、图4-11)。

---

① 本节规划设计图片均引自徐州市规划局和杭州市城市规划设计研究院《徐州市贾汪区潘安湖采煤沉陷区湿地公园及周边地区概念规划》,特此说明。

图4-10 潘安湖采煤沉陷区湿地公园功能分区图

图4-11 潘安湖采煤沉陷区湿地公园核心景区景点分布图

2. 核心自然景观群构建

（1）主岛与植物景观群

主岛是全园的景观与服务中心。以地域文化为主基调，从主入口进入中央大道，沿大道中央设置4组假山石，分别展现春夏秋冬一年四季不同的景色，寓四季平安之意（图4-12），与两侧布置的游客服务中心等旅游服务设施，形成主岛的景观主轴线。右侧池杉林风景区占地近千亩，池杉林中设栈道，穿行其中，可体验与水亲近、与林相邻的雅、静之感。

图4-12 潘安湖主岛春夏秋冬"四季"组景

(2) 蝴蝶岛

蝴蝶岛位于潘安湖风景区西北部，占地 101 亩，该岛围绕渲染蝴蝶主题文化，配建蝴蝶展览馆，让游人在观赏蝴蝶的同时，体验制作蝴蝶标本的乐趣。

(3) 醉花岛

醉花岛位于潘安湖风景区西部，占地 64 亩，以香花植物为特色，设有传统的中式婚庆场所。可在此举行民俗婚礼仪式和开放式婚庆活动，也可举行沙龙聚会、品茶等户外活动。（图 4-13）。

(4) 颐心岛

颐心岛的名字取自"颐养身心"之意。该岛位于醉花岛北侧，紧靠西侧湿地，占地 63 亩。岛上以种植药材植物为主，形成植物养生的特色。在葱郁的树林和花草中间，布置有养生场所，具备植物养生、五谷养生、水疗养生、休闲养生四大特色，形成了幽静自然的生态养生基地（图 4-14）。

(5) 鸟岛

鸟岛分涉禽散养区、野生鸟类招引区、鸟类游禽区、红锦鲤鱼区和孔雀散养区，岛中设观鸟亭。多样的植被群落和生境，引来苍鹭、天鹅等野生鸟类（图 4-15）。

图 4-13 醉花岛荷花

图 4-14 舟行碧波上，人在画中游

图 4-15 翠叶藏莺

（6）池杉林

池杉林科普教育基地是展示潘安湖物种多样性的最重要地区，该基地位于潘安湖东北部的湿地保育区，总面积 208 亩，是潘安湖的核心景观区、重要的湿地保育区、文化展示区和科普教育基地（图 4-16）。

图 4-16 潘安湖池杉林景观

3. 乡村与人文景观的保护和再造

（1）潘安文化岛

潘安文化岛以"潘安"故事底蕴为依托，形成古色古香、底蕴深厚的潘安古街、古庙和潘安市井文化。全岛占地 140 亩，岛上古木葱茏，建筑整体风格朴素秀气、错落有致，保持了北方民居的建设风格（图 4-17）。

（2）民俗风情区

该区以"全国文明村"马庄村为依托，主要由神农庄园、民俗大舞台、民俗广场组成。

图 4-17 潘安湖潘安古镇

图 4-18 潘安湖马庄村民俗广场

神农庄园设有神农氏雕塑,以弘扬中国传统农耕文化。民俗广场设置二十四节气雕塑,体现中华民族对自然和人类自身的思索,以及顺应四时、"天地人"和谐统一的文化思想(图 4-18)。

4.1.5 修复治理的效果

潘安湖采煤沉陷区湿地公园于 2014 年 9 月竣工投入使用,其中水域面积 7100 亩,陆地面积 4100 亩。湖中有主岛、鸟岛、枇杷岛、欢乐岛、潘安古村岛等 12 座岛屿、16 座码头、36 座桥梁,环湖道路 20km、木栈道 15km、游步道 17km,环湖市民广场 10 处,约 30000 万 m^2。栽植乔木 19 万棵,以水杉、池山杉及本地榔榆、国槐、银叶等树种为主,其他花灌木以当地石榴、梨树、桃树、木瓜等果树为主,品种达 60 多个,灌木及地被 200 万 m^2 涉及 50 多个品种,水生植物 133 万 m^2 涉及约 30 多个品种,形成了高、中、低植物搭配,疏密有致,层次丰富的湿地公园景观绿化体系。

多种岛的设计组合形成了层次、空间景观、植被生境环境丰富的水系空间,同时,潘安湖采煤沉陷区湿地公园景区的运营带动了周边商业、种植业、休闲观光农业的发展潜力,形成了贾汪连接徐州主城区的生态走廊,极大促进了贾汪区的经济发展。经调查评估,湿地公园生态服务功能总价值为 16873.42 万元 /a,其中湿地生态系统价值 11248.95 万元 /a,森林生态系统价值 5624.47 万元 /a。湿地生态系统中,供给功能价值 674.44 万元 /a,调节功能价值 7508.67 万元 /a,文化功能价值 1665.97 万元 /a,支持功能价值 1394.87 万元 /a。森林生态系统中,生物多样性保护价值 546 万元 /a,涵养水源 1266.89 万元 /a,保育土壤价值 720.43 万元 /a,固碳释氧价值 1219.10 万元 /a,积累营养物质价值 834.37 万元 /a,净化大气环境价值 1304.45 万元 /a,森林防护价值 211.46 万元 /a,森林游憩价值 265.77 万元 /a。潘安湖水系空间和生态景观见图 4-19、图 4-20。

1. 生物多样性

(1) 植物多样性

修复后的潘安湖采煤沉陷区湿地公园共有植物 97 科,227 属,353 种(含变种),其中乔木 117 种,灌木 94 种,草本植物 86 种,水生植物 41 种,

图 4-19 潘安湖丰富的水系空间

图 4-20 生态潘安湖

竹类 10 种，藤本 5 种（表 4-3）。乔、灌、草的比例为 1.24∶1∶0.91；木本植物中常绿树种与落叶树种的种类比为 3.36∶6.64，数量比为 5.15∶4.85，总体构成基本合理；乡土植物与外来植物的种类比为 7.18∶2.82，以乡土树种为主，利于公园地方特色的体现。

公园整体的植物多样性指数较高，其中辛普森指数为 0.9283，香农-维纳多样性指数为 3.3401，植物丰富度指数为 13.6926，反映出公园内植物种类丰富，利于植物群落的稳定和生态功能的发挥。公园植物的均匀度指数较低，为 0.6488，说明植物组成中优势种占优势，其他种类的植物应用数量少，现场调查统计数据也证实了这一点，公园内乔木中，有的树种数量达到上万株，如水杉和池杉，有的不到 20 株，如灯台树、秤锤树、枳椇等；灌木和草本植物中，木槿种植数量达到 2 万余株，海桐、金钟等的种植面积均达到 1 万 m^2 以上，而部分种类植物种植数量不到 20 株（$10m^2$），如金边胡颓子、迷迭香、桔梗等。主要景区的植物多样性相关指数分析结果见表 4-4。

（2）动物多样性

经调查统计，潘安湖采煤沉陷区湿地公园共有野生脊椎动物 298 种，隶属于 27 目 74 科，其中鸟类最多，共 15 目 41 科 209 种，占动物总种数的 70.13%；其次为哺乳动物，有 6 目 13 科 20 种；鱼类为 4 目 10 科的 44 个种；爬行动物 16 种；两栖动物较少，有 1 目 5 科 9 种，占总数的 3.02%。动物种类构成详见表 4-5。

潘安湖采煤沉陷区湿地公园植物种类构成　　　　　　　　　　　　　　　　　　表 4-3

植物类型	科	属	种	种占总种数的比例 /%
乔木	40	72	117	33.14
灌木	29	59	94	26.63
草本植物	25	72	86	24.36
水生植物	23	30	41	11.62
竹类	1	3	10	2.83
藤本	4	5	5	1.42

潘安湖采煤沉陷区湿地公园各景区植物多样性比较　　　　　　　　　　　　　　　　　　　　表 4-4

景区	植物多样性		植物丰富度指数	Pielou 植物均匀度指数
	辛普森多样性指数	香农-维纳多样性指数		
蝴蝶岛	0.4801	1.4614	5.0795	0.3681
环湖东路	0.582	1.7212	6.6018	0.3950
环湖北路（含池杉林）	0.8534	2.3308	3.4427	0.6407
哈尼岛	0.9295	3.1445	5.9134	0.7711
醉花岛	0.9523	3.3931	5.9124	0.8467
北大堤	0.7356	1.8301	2.5782	0.5920
澳洲主岛	0.7641	2.1818	7.4214	0.4873
整个公园	0.9283	3.3401	13.6926	0.6488

潘安湖采煤沉陷区湿地公园动物种类构成　　　　　　　　　　　　　　　　　　　　　　　表 4-5

动物类型	目	科	种	种占总数的比例 /%
鸟类	15	41	209	70.13
鱼类	4	10	44	14.77
两栖动物	1	5	9	3.02
爬行动物	1	5	16	5.37
哺乳动物	6	13	20	6.71

2. 生态服务价值

（1）生物多样性价值

根据以往的研究成果，江苏省湿地生态系统的 Shannon-Wiener 指数为 3.8，对应的单位面积物种保育价值为 2 万元 /（hm² · a）。经计算可得出潘安湖采煤沉陷区湿地公园生态系统生物多样性价值为 546 万元 /a，单位面积湿地生态系统的生物多样性价值为 2 万元 /（hm² · a），见表 4-6。

（2）涵养水源

根据中国气象科学数据共享服务网获取的气象数据，可以求得徐州市近

15 年的年平均降水量；根据以往的研究成果，我国各类型森林的平均蒸散量占总降水量的 30%~80%，本项目采用《中国森林环境资源价值评价》中 70% 的平均蒸散系数，计算得出林分蒸散量；在遭遇大暴雨时，某些特殊地形地貌的林地会产生一定的地表径流，但从区域尺度和年尺度来看，地表径流量非常小，因此本项目忽略了地表径流量；水库单位库容造价为 13.71 元 /m^3，居民用水价格为 4.51 元 /m^3。根据相关公式，可计算出潘安湖采煤沉陷区湿地公园涵养水源量为 695331m^3，涵养水源总价值为 1266.89 万元 /a，其中调节水量价值为 953.30 万元 /a，净化水质价值为 313.59 万元 /a，调节水量与净化水质的价值分别占涵养水源价值的比例为 73.25% 和 24.75%。单位面积森林生态系统涵养水源价值量为 4.64 万元 /（$hm^2 \cdot a$），见表 4-7。

（3）保育土壤

根据江苏省森林生态定位站多年监测数据及相关研究成果得出无林地土壤平均侵蚀模数为 382t/（$hm^2 \cdot a$），有林地土壤平均侵蚀模数为 213t/（$hm^2 \cdot a$），林地土壤平均密度为 1.3t/m^3，单位体积土方的挖取费用为 25.5 元 /m^3。

潘安湖采煤沉陷区湿地公园生物多样性价值 表 4-6

项目	幼龄林	中龄林	近熟林	合计
林分面积 /hm^2	116.84	140.87	15.29	273
物种保育价值 /（万元 /a）	233.68	281.74	30.58	546

潘安湖采煤沉陷区湿地公园涵养水源量及价值 表 4-7

项目	幼龄林	中龄林	近熟林	合计
林分面积 /hm^2	116.84	140.87	15.29	273
年平均降水量 /mm	849	849	849	2547
林分蒸发量 /mm	594.3	594.3	594.3	1782.9
涵养水源量 /m^3	297591.45	358795.89	38943.63	695331
调节水量价值 /（万元 /a）	408.00	491.91	53.39	953.30
净化水质价值 /（万元 /a）	134.21	161.82	17.56	313.59
涵养水源总价值 /（万元 /a）	542.21	653.73	70.95	1266.89

潘安湖采煤沉陷区湿地公园固土量及价值　　　　　　　　　　　　　　　　　　　　　　表4-8

项目	幼龄林	中龄林	近熟林	合计
林分面积 /hm²	116.84	140.87	15.29	273
固土量 /（t/a）	15189.2	18313.1	1987.7	35490
固土价值 /（万元/a）	38.73	46.70	5.07	90.50

根据相关公式，可计算出潘安湖采煤沉陷区湿地公园固土量及价值，如表4-8所示。

经取样测定，徐州市森林区域表层土壤全氮平均含量为0.062%，全磷平均含量为0.075%，全钾平均含量为1.86%，有机质平均含量为0.85%；根据化肥产品的说明，磷酸二铵化肥的含氮量和含磷量分别为14%、15.01%，氯化钾化肥的含钾量为50%；根据中国农业信息网站公布数据显示，磷酸二铵化肥的价格为3000元/t，氯化钾化肥的价格为2700元/t，有机质价格为920/t。根据相关公式，可以计算出潘安湖采煤沉陷区湿地公园保肥量（减少N、P、K流失量）及价值（表4-9）。

潘安湖采煤沉陷区湿地公园保肥量及价值　　　　　　　　　　　　　　　　　　　　　　表4-9

项目	幼龄林	中龄林	近熟林	合计
林分面积 /hm²	116.84	140.87	15.29	273
减少 N 流失量 /（t/a）	12.24	14.76	1.60	28.60
减少 N 流失价值 /（万元/a）	26.54	31.63	3.43	61.60
减少 P 流失量 /（t/a）	14.81	17.86	1.94	34.61
减少 P 流失价值 /（万元/a）	29.60	35.69	3.87	69.16
减少 K 流失量 /（t/a）	363.28	442.81	48.06	854.15
减少 K 流失价值 /（万元/a）	194.33	239.12	28.95	462.40
减少有机质流失量 /（t/a）	167.84	202.36	21.96	392.16
减少有机质流失价值 /（万元/a）	15.44	18.62	2.02	36.08
森林保肥总价值 /（万元/a）	269.60	325.06	35.27	629.93

森林保育土壤价值为森林固土价值与森林保肥价值之和，由此得出潘安湖采煤沉陷区湿地公园保育土壤价值，如表4-10所示。公园保育土壤价值为720.43万元/a，其中森林固土价值为90.50万元/a，森林保肥价值为629.93万元/a，森林固土与森林保肥的价值分别占保育土壤价值的比例为12.56%和87.44%。单位面积森林生态系统保育土壤价值为2.64万元/（$hm^2 \cdot a$）。

（4）固碳释氧

根据文献资料，徐州市潘安湖采煤沉陷区湿地公园的森林净生产力取中国暖温带植被年均单位面积净生产力的平均值14.5t/（$hm^2 \cdot a$）；根据瑞典碳税率，每吨碳150美元，折合成人民币约为1038.7元/t；氧气的价格为2200元/t。根据相关公式，可以计算出潘安湖采煤沉陷区湿地公园固碳释氧实物量及其价值，固碳量为1759.55t/a，固碳价值为178.77万元/a，释氧量为4710.61t/a，释氧价值为1036.34万元/a，固碳释氧价值合计为1215.11万元/a，单位面积湿地生态系统固碳释氧价值量为4.47万元/（$hm^2 \cdot a$），见表4-11。

潘安湖采煤沉陷区湿地公园保育土壤价值　　　　　　　　　　　　　　　　　　表4-10

项目	幼龄林	中龄林	近熟林	合计
林分面积/hm^2	116.84	140.87	15.29	273
固土价值/（万元/a）	38.73	46.70	5.07	90.50
保肥价值/（万元/a）	269.60	325.06	35.27	629.93
保育土壤总价值/（万元/a）	304.33	371.76	40.34	716.43

潘安湖采煤沉陷区湿地公园固碳释氧实物量及价值　　　　　　　　　　　　　　表4-11

项目	幼龄林	中龄林	近熟林	合计
林分面积/hm^2	116.84	140.87	15.29	273
固碳量/（t/a）	753.06	907.94	98.55	1759.55
固碳价值/（万元/a）	74.22	94.31	10.24	178.77
释氧量/（t/a）	2016.07	2430.71	263.83	4710.61
释氧价值/（万元/a）	443.54	534.76	58.04	1036.34
固碳释氧总价值/（万元/a）	521.76	629.07	64.28	1215.11

(5) 积累有机物质

根据文献资料，徐州市潘安湖采煤沉陷区湿地公园的森林净生产力取中国暖温带植被年均单位面积净生产力的平均值 14.5t/（hm²·a），不同林分森林林木的 N、P、K 平均含量分别为 0.826%、0.035%、0.633%；根据化肥产品的说明，磷酸二铵化肥的含氮量和含磷量分别为 14%，15.01%，氯化钾化肥的含钾量为 50%；中国农业信息网站公布数据显示，磷酸二铵化肥的价格为 3000 元/t，氯化钾化肥的价格为 2700 元/t。根据评价公式，可计算出潘安湖采煤沉陷区湿地公园森林生态系统积累营养物质实物量（N、P、K）及价值，分别为氮 32.7t/a，磷 1.39t/a，钾 25.06t/a，积累营养物质总价值为 86.37 万元/a，单位面积森林积累营养物质价值量为 0.32 万元/（hm²·a），见表 4-12。

(6) 净化大气环境

按照最新国家排污费征收标准及说明等，结合徐州市目前经济水平及各指标的市场价格，取 SO_2 的治理费用为 2.73 元/kg；氟化物的治理费用为 2.69 元/kg；氮氧化物的治理费用为 1.63 元/kg；降尘的清理费用为 2.15 元/kg；负离子生产价格为 10.69 元/（108 个）；按郎奎建支付愿意法得到森林减少噪声价值为 5 元/dB·m。根据评价公式，可计算出潘安湖湿地生态系统净化大气环境的各项功能量及其价值分别为，吸收污染物价值 11.8 万元/a，滞尘价值 1271.33 万元/a，提供负氧离子价值 7480 元/a，降低噪声价值

潘安湖采煤沉陷区湿地公园林木营养物质积累实物量及价值　　　　　　　　　表 4-12

项目	幼龄林	中龄林	近熟林	合计
林分面积 /hm²	116.84	140.87	15.29	273
积累 N 量 /（t/a）	13.99	16.87	1.83	32.69
积累 N 价值 /（万元/a）	29.99	36.15	3.92	70.06
积累 P 量 /（t/a）	0.59	0.71	0.08	1.38
积累 P 价值 /（万元/a）	1.19	1.43	0.16	2.78
积累 K 量 /（t/a）	10.72	12.93	1.40	25.05
积累 K 价值 /（万元/a）	5.79	6.98	0.76	13.53
积累营养物质总价值 /（万元/a）	36.97	44.56	4.84	86.37

2.457万元/a，净化大气环境总价值1304.45万元/a，单位面积森林生态系统净化大气环境价值量为4.79万元/（hm²·a）（表4-13）。

（7）森林防护

森林防护的实物量折算为牧草产量，牧草价格采用1.3元/kg，计算出潘安湖采煤沉陷区湿地公园森林防护总价值为211.46万元/a，单位面积森林防护价值量为0.77万元/（hm²·a），见表4-14。

潘安湖采煤沉陷区湿地公园净化大气环境实物量及价值 表4-13

项目	幼龄林	中龄林	近熟林	合计
林分面积/hm²	116.84	140.87	15.29	273
吸收SO_2量/（kg/a）	17774.87	21430.55	2326.07	41531.49
吸收SO_2价值/（万元/a）	48525.39	58505.41	6350.16	54875.55
吸收氟化物量/（kg/a）	300.28	362.04	39.30	701.62
吸收氟化物价值/（万元/a）	807.75	973.88	105.70	1887.33
吸收氮氧化物量/（kg/a）	701.04	845.22	91.74	1638
吸收氮氧化物价值/（万元/a）	1142.70	1377.71	149.54	2669.95
滞尘量/（t/a）	2530.75	3051.24	331.18	5913.17
滞尘价值/（万元/a）	544.11	656.02	71.20	1271.33
提供负氧离子量/（10^{21}个/a）	1.0	1.21	0.13	2.34
提供负氧离子价值/（万元/a）	3201.69	3860.16	418.98	7480.83
降低噪声价值/（元/a）	105156	126783	13761	245700
净化大气总价值/（万元/a）	560.00	675.17	73.28	1308.45

潘安湖采煤沉陷区湿地公园森林防护价值 表4-14

项目	幼龄林	中龄林	近熟林	合计
林分面积/hm²	116.84	140.87	15.29	273
森林防护实物量/[kg/（hm²·a）]	5870	5890	6110	17870
森林防护价值/[万元/（hm²·a）]	89.16	107.86	12.14	209.16

3. 美景度与游憩价值

根据参与者对潘安湖内不同林分类型景观效果的评分结果，从40个植物群落中筛选出得分较高的6组植物群落景观，依次为水杉＋芦苇＋荷花＞水杉＋芦苇＞木兰＋芒＋荷花＞香樟＋荷花＞木兰纯林＞栾树重阳木阔叶混交林，其美景度值分别是86.53、83.62、82.23、77.54、71.27、68.87（图4-21）。潘安湖采煤沉陷区湿地公园内总体景观效果较好，其中水杉＋芦苇＋荷花的评分较高，主要是由于该群落同时包含了旱生、临水与水生三种生活型植物，每种植物排列高低错落有致，挺水的荷花与浮水的睡莲构成了近景，临水的芦苇构成了中景，远处耸立的水杉构成了远景，并形成了起伏变化的"天际线"，且植物色彩丰富、形态各异，该配置在丰富景观元素的同时，增强了生态稳定性。木兰纯林与栾树重阳木阔叶混交林在景观美学评价上稍次于前面4种模式，这可能是因为缺少水生植物，景观元素相对较少，且在层次上不够鲜明，导致评价值相对较低，但总体上植物种类丰富、树形饱满，故也被大众所接受。

本研究在典型样地调查法的基础上，采用旅行费用法对潘安湖采煤沉陷区湿地公园的旅游总收入及森林景观状况进行了分析，得出潘安湖采煤沉陷区湿地公园单位面积平均旅游价值为9735元/（hm^2·a）。根据潘安湖采煤沉陷区湿地公园的森林面积273hm^2，计算得出其森林游憩价值为265.77万元/a，单位面积森林游憩价值量为0.97万元/a，见表4-15。

图4-21 潘安湖采煤沉陷区湿地公园不同植物群落美景度

潘安湖采煤沉陷区湿地公园生态系统游憩价值　　　　　　　　　　　　　　表 4-15

项目	幼龄林	中龄林	近熟林	合计
林分面积 /hm²	116.84	140.87	15.29	273
森林游憩总价值 /（万元 /a）	113.74	137.15	14.88	265.77

4. 社会效益

一是促进区域旅游产业快速发展。生态的改善，使生态休闲农业与旅游业相伴而兴。潘安湖湿地公园成功创建成国家 AAAA 级景区、国家湿地公园、国家级水利风景区、国家生态旅游示范基地、国家湿地旅游示范基地，成为淮海经济区一颗璀璨的生态明珠。贾汪区在改变生态的实践中也打响了生态旅游牌，先后建成了卧龙泉生态博物园、墨上集民俗文化园、茱萸养生谷、龙山温泉等一批生态休闲观光项目，唐耕山庄、织星庄园等农家乐项目别具浓郁的地方特色，大洞山风景区、紫海蓝山薰衣草文化创意园也已成为周边百姓休闲度假的常去之处。2010 年前，贾汪区没有一家旅行社，也留不住游客，眼下已有国家 AAAA 级景区 4 家、AAA 级景区 1 家，四星级乡村旅游示范点 11 家。得益于此，马庄旅游产业快速兴起，香包、民宿、农家乐、园林绿化等产业带动了近 500 名村民就业，见图 4-22。

二是增强区域开发引力。2017 年，徐州政府携手恒大集团，把潘安湖景区倾力建设成"景城一体"的生态小镇。恒大潘安湖生态小镇（图 4-23）依托潘安湖天然湿地资源，与马庄香包文化特色小镇有机融合，引入高端居住、休闲度假、娱乐体验、商务会议、主题酒店、健康运动等特色功能，打造了徐州地区首个生态度假综合体。规划发展目标预期：形成 10 万常住人口、提供 2 万个工作岗位、打造 10km 滨湖生态线路、350 万 m² 生态广场和公园。

图 4-22　马庄村民俗旅游项目开发

三是促成潘安湖科教创新区的开建。2017年11月，潘安湖科教创新区已经开建，目前进驻的学校有江苏师范大学科文学院和徐州幼儿师范高等专科学校。另外潘安湖科教创新区与南昌大学研究生院、河北工业大学研发中心等大学和科研机构已达成入园协议。上海大华、绿地香港等项目

图4-23　恒大潘安湖生态小镇

先后入驻潘安湖区域，带动了贾汪区教育、人才资源的整合，推动了城市转型发展，提升了贾汪区城市品质。从土地综合利用的角度看，在采空区上建设大学新校区这种变废为宝的做法，相当于又为当地增加了可用土地。事实上，徐州市对采煤沉陷区的治理，并非简单意义上的"指标增减"，而是着眼于恢复绿水青山、盘活土地资源的矿地统筹综合治理模式，把历史包袱转化为生态建设和经济社会建设的资源优势，让其成为促进老工业基地高质量转型发展的动力。

4.2　徐州市九里湖采煤沉陷区生态修复

徐州市九里湖采煤沉陷区为徐州主城区——泉山经济开发区的核心区，由原庞庄煤矿（徐矿集团属）、拾屯煤矿（宝应县属）和王庄煤矿（扬州市属）3个矿区组成，截至2008年，塌陷面积达到31.2km^2，是徐州主城区生态环境质量最为恶劣、发展转型最为紧迫的地区。2006年作为振兴徐州老工业基地和采煤沉陷区综合治理的内容之一开始规划治理，2009年1月在中德两国总理的共同见证下，江苏省人民政府与北威州政府共同签署了共建徐州生态示范区的框架协议，"中德中心"组织编制了《中德合作徐州城北矿区塌陷地生态修复示范区项目建议书》，2012年9月双方签署《中德合

作开展中国徐州老工业基地土地综合利用技术合作框架协议》等,九里湖采煤沉陷区综合利用治理工作开始正式推进。

4.2.1 生态修复前的主要生态环境问题

九里湖采煤沉陷区自20世纪70年代开始陆续发生地表沉降。经过数十年的逐步沉降,沉陷坑塘常年的积水使外围出现不同程度的沼泽化,陆生生态系统逐步转变为水-陆复合的生态系统。其生态特征主要表现为:一是地表景观破碎化。破坏前平整的耕地、林地等不复存在,沉陷形成大量不规则坑塘(其中部分经人工整理成为鱼塘等)。二是植被与生物物种逐步发生变化。地表植被大量减少,原先的小麦、大豆、薯类、花生和林果等农作物基本消失,增加了次生植物群落。三是新的生态系统形成过程缓慢,演变的方向与煤塌陷区所处的近城区经济社会发展的要求不相适应。

4.2.2 生态修复治理的技术条件分析

1. 自然条件分析

(1) 地质地貌

九里湖采煤沉陷区位于九里山向斜中段,总体上为不对称的复式向斜构造,大、中型断裂亦较为发育。受褶曲构造的影响,地层产状沿走向和倾向上均有变化,倾角一般为8°~10°;东南翼较陡,西北翼相对较缓,无基岩出露。井田地层自上而下主要为第四系(Q)、二叠系(P)、石炭系(C)、奥陶系(O)。其中,受煤层采空影响的地层有第四系(Q)、二叠系上统上石盒子组(P12S)、二叠系下统下石盒子组(P12X)、二叠系下统山西组(P11S)。

九里湖采煤沉陷区为平原地貌,受西南黄河故道影响,整体地势为西南高(堤外地面高程约37.5m)东北低(地面高程约36m),坡度低平。因沉陷,地貌较为破碎化,并有粉煤灰堆积区等。

(2) 土壤特性

九里湖采煤沉陷区为黄泛冲积平原,土壤主要有沙土(黏性沙土、沙底二合土)、轻盐碱土两大类。其中,黏性沙土为主表土层,近似沙土,养分含量略高于一般沙土。沙底二合土表心土层轻壤至中壤,保肥供肥较协调，生产性能近似二合土，肥力较好。轻盐碱土含盐量较低，对农作物危害程度亦较轻，遇到干旱年份返盐，通过改善排灌状况、洗盐、增施有机肥、培肥土壤、合理耕作条件等措施土地肥力会有提高。

（3）水文条件

九里湖采煤沉陷区位于沂沭泗水系和故黄河水系的接合部，西南部高滩径流直接进入故黄河中泓。沉陷区雨涝水沿地表汇入中小沟后经顺提河、拾屯河、拾新河和香山河排入京杭大运河。由于采煤沉陷形成众多常年积水的大、中、小型坑塘，与区内纵横的沟渠形成了边界复杂的水系结构（表4-16）。沉陷区积水常年水位+34.3m，雨季最高水位+35.25m（1982年7月22日）。

地下水赋存受构造影响明显。因沉陷区位于黄泛冲积平原的边缘区，并与东部上升区的构造侵蚀低山丘陵区毗邻，整个矿区内含水层具有单面充水的特征。其中二叠系砂岩含水层以静储量为主，既有局部垂直渗透，也有越流及侧向缓慢补给。太原组灰岩中，以四灰岩溶裂隙最为发育，富水性强，在浅部接受奥灰岩溶裂隙水的越流补给。

（4）原生植被

九里湖采煤沉陷区原为发达的农业区，无自然植被分布，植被为农作物，间有少量林木果树。土地沉陷后，随着土地抛荒，野生植物种类逐渐增多，在局部区域形成了次生湿地植物景观，主要有芦苇、荷花、红蓼、香蒲、荇菜等。陆地野花植物群落丰富，主要野生植物有白车轴草、益母草、打碗花、狼尾草等，无明显的野生乔木和灌木。整体植被生长势较弱，景观价值不高。

2. 地质安全性分析

九里湖采煤沉陷区煤层开采充分，井采技术从早期的炮采、木支架、金属摩擦支柱到普采、高档普采、机械化综采等多有不同，顶板管理均采

九里湖采煤沉陷区的水域类型及数量、面积 表4-16

名称	数量	面积/hm²
总计		354.7
池（坑）塘	395个	239.1
湖泊型水面	2个	83.4
主要河渠	9条	32.2

用自然冒落法。该沉陷区具有采空区分布面积大、多层重复采动、开采强度大（开采厚度6~10m）、采空形成时间长、采空埋藏深的特点。

根据工作面开采地表移动观测发现，当工作面回采长度为1/6h（h为采深）时，地表开始移动；当工作面回采至1/2h时，地表移动进入活跃期。

据对沉陷区庞庄煤矿老采区的构造地质、地层岩性、水文地质、岩土工程地质条件分析，并应用残余变形概率积分法计算预测其地表残余变形的结果为：最大残余变形量拐点连线（计算边界）处最大残余倾斜值im = 3.02~3.28mm/m。根据残余变形分区、沉降速率等评价因子综合分析，地质灾害危险性可划分为3个区：Ⅰ区和Ⅱ区分别为危险性小区和危险性中等区，为适宜和基本适宜建设场地；Ⅲ区为危险性大区，场地建设适宜性差，须进行地基工程治理，见表4-17。

3. 污染危害分析

九里湖采煤沉陷区及周边存在的主要工矿企业包括煤炭开采及相关工业、电力厂、造纸厂、锻造厂、建材厂等，此处，还有非规模化养殖场及一家已闭场的垃圾填埋场。除少数国营煤矿、热电厂外，大部分为私营企业，这些私营企业规模小、分布零散，多为高能耗企业，开业和停业频繁，企业生命周期短，对环境污染大。其中，矿区排放污染物主要来自矿山建设和生产过程中的矿坑排水、洗选过程中加入有机和无机药剂而形成的尾矿水，以及矿石堆、尾矿和矸石堆受雨水淋滤而产生的废水等。据统计，2008年区域内的工业废水排放量达到408.78×10^4t/a，COD排放量为1282.77×10^4t/a。

4. 土地适宜性分析

（1）影响因子选择及评价分级

依据规划的目标，从地质、地形、水文、土壤、气候、土地利用、景

九里湖采煤沉陷区采空地面沉降危险性分级标准表　　　　表4-17

评价因子	危险性等级		
	大	中	小
残余变形分区	采空沉陷区	拉伸变形及裂缝影响带	不受采空影响
煤层终采时间	<20a	>20a	无采空区
采空层数	单层或多层	保护煤柱边缘	保护煤柱内部
地表建筑物变形破坏情况	近几年建筑物出现变形开裂现象		无建筑物变形或原变形无扩大趋势

观、生物群落、污染情况等各影响因子中，经专家评定筛选出对土地利用具有显著影响的基岩地质、采空沉陷、水文、土地利用、自然生境5个要素作为土地适宜性分析评价的影响因子。

各影响因子的等级划分。基岩地质按地质稳定性划分为3个数量等级：1——基岩地质稳定区；2——断裂带/褶皱缓冲区；3——断裂带/褶皱区。采空沉陷按地表沉降划分为4个数量等级：1——无沉降区域；2——沉降小于0.5m区域；3——沉降介于0.5~1.0m区域；4——沉降大于1.0m区域。水文按地表水体分布划分为3个数量等级：1——无水体分布区域；2——临近水体区域；3——水域。土地利用按照土地利用强度划分为3个数量等级：1——土地利用强度较高；2——土地利用强度中等；3——土地利用强度较低。自然生境按照"归一化差值植被指数"（NDVI）将自然生境中植被生长状态和覆盖度划分为[-1, 1]连续的数值区间。其中，地表上的水、雪等NDVI值为负值；岩石、裸土NDVI值近似于0，在有植被覆盖的情况下，NDVI为正值，且随植被覆盖度的增大而增大。利用Erdas Imagine软件的Modeler Maker模块对"多光谱卫星影像图"处理计算后，得出该区域的NDVI值为 -0.981651~0.875。

（2）土地适宜性分析评价

根据上述单因子分级评价结果，并运用"层次分析法"计算影响各因子的权重，按照影响因子的权重系数，利用GIS对各因子进行叠加计算，得出土地适宜性分析的综合评价值，绘制出土地综合适宜性等级图。分级划分为1~7级7个数据区间。其中，一级区为适宜建设区、二级区为可建设区、三级区为外部生态缓冲区、四级区为内部生态缓冲区、五级区为生态恢复区、六级区为生态保育区、七级区为核心生态保育区。

根据土地适宜性综合分析结果、建设现状及未来发展目标要求，对九里湖采煤沉陷区域的土地利用划分为宜建设区、可建设区、地表生态环境重点整治区、水域、水岸生态涵养林区、缓冲绿地和公园区、工业景观区、绿色廊道和道路9类，结果见图4-24。

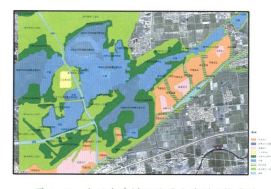

图4-24 九里湖采煤沉陷区土地利用格局图

4.2.3 生态修复治理

1. 地形重构与水系整理

（1）构建内部排水体系

九里湖采煤沉陷区西南部为故黄河，东部为低山丘陵，地势低洼，易发涝害。构建有效的内部排水体系，是区域生态安全的重要保障。

①构筑封闭挡水堤。沿沉陷区边缘修筑一定高程的封闭堤防，作为沉陷区的防洪屏障，提高区内的防洪标准，消除汛期外水向内串排倒灌的隐患，减轻沉陷区的内涝压力。

②梯级配置排水沟渠。遵循兼顾节约土地和确保排水沟运行安全原则，按照5年一遇排涝标准和负担排汇水面积设计排水沟断面。骨干排水沟上按照一定级差建立拦蓄分水节制闸，按地势进行梯级控制，一般年份降水产流由节制闸拦蓄作为灌溉水源，降水径流超量时则提闸逐级泄洪，形成沉陷区骨干沟渠拦蓄灌排为一体综合水利工程。

③湖区堤岸设置外排闸。东湖设置节制闸，调节湖区水量。东湖东南和西北、北湖和西湖的西部与南部设置排涝站，增强排涝能力。

④主要河道清淤，堤防加高加固，并作防渗处理。加强河岸湖边生态护堤建设，设置防护林带保持水土、涵养水域，提高景观效果。

（2）水系整理

水系重整是九里湖采煤沉陷区生态治理的基础性工程，对九里湖采煤沉陷区湿地生态修复及未来发展的影响重大。水环境整治以采煤塌陷形成的现状水面为基础，连通、梳理徐丰路东西两侧的水系，除保留部分滩荡作为鸟类栖息地外，对湖区淤积严重区域进行挖掘，淤泥可作建造渗滤坝的材料，或运至企业进行生产利用；截断各个围圩，将原有水域全部连通，使之成为开放水体，形成广阔的湖面，结合东部自然湿地，形成开放式的九里湖湿地生态系统，并实现与故黄河、丁万河、京杭大运河等上下游水系的贯通。

通过这些形态、规模各不相同的水体的有机组合，既构成了丰富多彩的湿地水景景观，又为湿地植被、鱼类、鸟类等各种湿地生物的繁衍创造了适宜的生境，并可净化水源、蓄水涵水等。

（3）驳岸处理

滨岸带是湿地生态系统功能特征的重要保证，驳岸作为滨岸景观的重要组成部分，应兼具生态、美化等综合功能。生态驳岸兼有自然岸线的生态功能与美化、稳定化效果，宜作为主要驳岸模式。九里湖采煤沉陷区湿地主要采用下列驳岸形式：

①自然驳岸。自然驳岸的坡降比在1∶8~1∶5之间。其主要特点是保持驳岸自然状态，配合植物种植，达到稳定坡岸的目的。驳岸绿化选择浅根、适生性强，耐贫瘠的水生、湿地植物如柳树、枫杨、水杉、落羽杉及芦苇、香蒲等，以植物根系来稳固堤岸。

②仿自然型驳岸。对于较陡的坡岸或冲蚀较严重的地段，不仅要种植植被，还要采用竹排驳岸等护坡，其上筑有一定坡度的土堤，斜坡种植植被，实行乔灌草相结合，固堤护岸。

③台阶式人工仿自然驳岸。在仿自然型护堤的基础上，采用水泥管竖向并排方式压入湖岸边，以此作为驳岸与湖水阻隔屏障；再向水泥管内回填50~60cm厚种植土，在种植土内栽植水生植物；邻水种植芦苇、菖蒲等水生植物，使其在缝中生长出繁茂、葱绿的草木，可阻止湖水冲刷湖岸又节约工程成本，并长期达到生态和美观的效果。

2. 污染治理

根据九里湖采煤沉陷区污染源排放现状，采取分类治理策略。

（1）污染源控制

对区内排放不能达标的工业企业及养殖业实施关闭、搬迁。实施故黄河丁楼闸上段截污工程，严格控制上游潜水来源。加强沉陷区居民生活污水、垃圾的集中治理。

（2）煤矸石和粉煤灰利用

对存量煤矸石通过充填造地，填筑沉陷的公路、铁路路基、堤坝和热能综合利用等途径进行处置。粉煤灰可通过代替黄泥浆防火、灭火，回填采煤沉陷区，替代黏土为主要原料制作墙体材料等途径进行处置。

（3）水体生态自净

通过设置入水口生态拦截、外源污染源定点监测控制等改善入湖水质。并利用对目标污染物吸收、净化能力强的水生植物，通过修建生态截污带、植物净化带、降雨截留带，设置生态浮岛等方式，进一步提高水体自净能力。

生态沟、植被净化带等措施主要对周边潜在污染源进行生态拦截，削减污染物；在三个湖泊中设置人工曝气装置，增加水体富氧量，并且促进水生生物的繁衍与生物量增加，从而增强水体的自净能力。

在湖滨区域种植大面积吸附重金属能力强的水生植物，如菖蒲、香蒲等，通过植被的恢复来净化水质，提高水体透明度。

（4）垃圾填埋场污染控制

九里湖采煤沉陷区西湖西侧的垃圾填埋场，采用以下措施控制污染：

①堆体改造。填埋场中的垃圾堆体高度大小不一，堆体不稳定，存在极大的安全隐患。因此，依据排水、堆体稳定、景观等相关要求，平整场地，减缓坡度，使场地纵横坡度在2%以上，以利于地下水和渗沥液的导排，对现有堆体进行重塑整形，保证堆体的稳定性。

②封顶覆盖层和种植土层铺设。

③垃圾坝构筑。垃圾坝的作用是拦截垃圾并获得初始的填埋库容，因此垃圾坝是整个填埋场最重要的构筑物之一。由于垃圾平整时有大量的土方产生，因此垃圾坝就地采用碾压式均质土石坝。

④填埋气收集与处理。填埋气体的积聚存在安全隐患。可以利用气体扩散性的物理特征，采用水平收集方式为主、垂直收集方式为辅的方法来收集填埋气输送至相关管道中，并由抽风机抽送到填埋气处理站处理。

⑤渗沥液收集。经过微生物处理的渗沥液，通过设置暗渠收集排放，另外通过抽水设备将填埋场周围含水层中被污染的地下水抽至地上处理设施进行处理达标后排放。同时配合人工补给或抽水的方法加快被污染地下水的稀释和自净，然后再将处理后的水回灌至地下。此外针对该区块周边建设实际情况，在垃圾填埋场周边构建生态渗滤驳岸，并进行植物恢复。

⑥保留原有植被，引进抗污染能力强的适生植物，进行植被重建。保留部分有价值的植被，如毛白杨、黄山栾、芦苇等。同时引进抗污染能力强的适生植物，如臭椿、旱柳、苦楝、侧柏等。

3. 土壤重构

（1）土壤重构的范围

九里湖采煤沉陷区土壤重构范围主要为以填充煤矸石基质为主的湖滨驳岸以及煤矸石较多的小北湖区域。

（2）土壤重构的方法

土壤重构主要采用回填土和换土的施工工艺，倒运外运煤矸石和粉煤灰，并采用土质较好的土壤进行回土换填，用机械进行压实，定期浇水养护，并在景观植物种植前采取相应的化学和生物方法进行土壤改良，例如雨季来临时进行施肥（如尿素、磷肥、复合肥等），栽植过程中施硫酸亚铁改良碱性土，对栽植后的苗木施有机肥，喷洒有机水进行更深入的改良，提高土壤活性。

4.2.4 生态景观重建

1. 总体目标

九里湖采煤沉陷区湿区生态修复与景观重建的总体目标是：严格按照国家湿地公园标准要求，以"全面保护、科学修复、合理利用、持续发展"为目标，以自然协调、安全、无污染为原则，在优先保障湿地生态功能的前提下，加强与湿地公园社区居民的联系与沟通，营造出乡土、自然、整体和谐的湿地景观，人文历史和谐相宜。提升城市生态环境，改善采煤沉陷区群众生产生活条件，推动沉陷区居民转变生产生活方式，更好地促进社区利益关系的协调发展，实现政府、居民、生态环境三方共赢。

（1）近期（2007~2017年）目标：在原煤矿沉陷区的基础上通过地形塑造、水系连通、动植物多样性恢复等一系列生态修复措施，推动生物多样性保护与恢复工作；改善水环境质量，优化生态环境，打造徐州城区北侧生态屏障的同时，推动湿地保护与生态修复科普宣教、观光游览、水上运动基础设施等建设，建成国家湿地公园。

（2）远期（2017年后）目标：随着沉陷区域的稳定，生态保护区范围进一步扩大，地域文化表达更加充分，自然湿地景观与人文历史和谐相宜，游客中心、休闲、游览和接待设施等更加完善，服务优质高效和文化氛围浓厚，达到国家AAAAA级旅游景区标准。

2. 功能分区

根据九里湖采煤沉陷区景观重建的总体目标，湿地公园分为湿地保育区、恢复重建区、宣教展示区、合理利用区、管理服务区五大功能区。其中，2007年，实施一期工程，以采煤沉陷区形成的现状水面为基础，连通、梳理徐丰路东西两侧的水系，通过统一规划，完善景观要素及服务设施设置，形成开放式的九里湖水景湿地生态风景区。2008~2009年，实施二期工程，进一步"北进东扩"提升九里湖水面和沿湖陆地景观。2017年，实施三期工程，即以东湖、小北湖、西湖为主体的湿地公园景观提升工程。重点围绕植物景观重构，用美学原则组织其色彩、线条、姿态等，创造出丰富的水岸之立面景色和水体空间景观构图效果，形成一年四季植物色相变化丰富的"彩色湿地"效果（图4-25）。

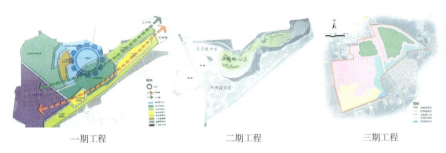

| 一期工程 | 二期工程 | 三期工程 |

图 4-25　九里湖采煤沉陷区湿地公园景观与功能分区图

3. 主要技术方法

（1）水生植物群落构建

重建水生植物先锋群落，以当地野生水生植物为先锋植物，配置时按水深呈带状分布，在开阔水域，营建以眼子菜、金鱼藻、菹草等为主的沉水植物；在临近滨岸带的浅水湖面，片植睡莲、芡实等浮叶植物，丰富湖面的层次和色彩，形成独特的湿地景观，使植物景观空间深远开阔。

①浅水沼泽—挺水群落模式。水深 0.3m 以下，密集种植当地乡土植物，如芦苇、芦竹、菖蒲等，体现湿地景观独有的自然性和生态性。

②浅水区挺水—浮叶—沉水植物群落模式

水深 0.3~0.9m 区间，植物配置以睡莲科、泽泻科、天南星科的挺水、浮叶植物为主，如睡莲、荇菜、浮萍、金鱼藻、狐尾藻、野菱、菹草等。多层次的群落不仅能有效地改善水质环境，也能形成丰富的立体景观。

③深水区沉水—漂浮植物群落模式

水深 0.9~2.5m 区间，种植的水生植物以沉水植物为主，常见的有金鱼藻、狐尾藻、菹草等，见图 4-26。

图 4-26　湿地水生植物群落

(2）沼生植物群落构建

沼生植物主要分布在陆生植被与水生植被之间。以乡土树种为主的植物，注重其护坡和污染物净化的作用，采用自然式种植方式，尽显自然之趣。根据立地类型，主要有湖滨植物群落模式、河滨植被群落模式、坑塘植物群落模式3种。

①湖滨植物群落模式

湖泊是湿地公园内面积较大、相对常见的水体景观类型，视野宽广。湖边种植时多以群植为主，注重群落林冠线的丰富和色彩的搭配。可选择耐水湿的乔灌木搭配具有净污能力的挺水植物，如乌桕—枫杨—垂柳+夹竹桃—芦竹—芦苇等。

②河滨植被群落模式

沉陷区内河流根据功能可分为景观河流和防汛河流。对于景观河流，两边用丰富的植物种类形成多变的林冠线和季相变化，同时利用植物群落营造堤岸纵向深远的效果，使各个空间似连非连、分多连少，形成开中有合、合中有开的不同空间分隔。以防汛功能为主的河流，植被建设首先要考虑其防汛功能，宜以固土护坡能力强的植物为主，以原生物种为优势种构建植被群落，丰富景观。景观河流植物选择乌桕—水杉（或夹竹桃）—蔷薇等。防汛河流植物选择女贞—枫杨—夹竹桃—迎春—蔷薇—萱草等，保持水土。

③坑塘植物群落模式

坑塘面积较小，为了获得"小中见大"的效果，植物配置突出个体姿态或利用植物分割水面空间，增加层次。植物配置须充分展示从沼生植物到水生植物的序列过程，并做到层次分明，有疏有密，见图4-27。植物群落主要模式有水杉—乌桕—枫杨（或芦苇）—千屈菜—荷花（或睡莲）—荇菜—浮萍等。

图 4-27 沼生植物群落

(3) 卫生隔离带构建

卫生隔离带的规划理念是要打造以秋色叶为主的生态自然卫生隔离带，成为功能与景观并重的公园边界轮廓与背景线。缓冲隔离带是陆生植被恢复的重要一环，主要指隔离部分的绿化，规模较大，采取乔灌草混交模式构建。

隔离带植物主要种植在九里湖采煤沉陷区湿地公园徐丰公路两侧、小北湖外侧以及湖北侧靠近运煤铁路夹茅线一侧，对湿地公园与省道S322线（徐丰公路）、湿地公园东湖与运煤铁路夹茅线支线、湿地公园小北湖与华美电厂、湿地公园东湖与拾西村等区域起到缓冲屏障、消声降噪的作用，可以隔绝湿地公园外部电厂、公路、烟囱、高压走廊和北湖粉煤灰堆积的不利影响，同时在湖滨带配植高大的挺水植物，实现湿地保育区与外界良好的空间隔离。隔离带树种选择以防风、隔声、防尘等功能显著的徐州乡土树种为主。其中，基调树种采用乌桕等；骨干树种采用女贞、垂柳、枫杨、栾树、夹竹桃、柽柳等；一般植物采用刚竹、水杉、落羽杉、榉树、朴树、无患子、国槐、连翘、南天竹。卫生隔离带模式一见图4-28。

东湖北部属于当地发电企业的粉煤灰堆放场，已经对周边土地、湿地公园内的少部分水体产生污染，不利于湿地生境保护和湿地生物多样性的恢复。为了防止粉煤灰堆放对九里湖采煤沉陷区湿地公园带来持续性污染，规划在东湖北侧沿夹茅铁路支线构建粉煤灰植被卫生隔离带。植物仍以适应性强的乡土树种为主，选择具备降尘、抗污染的树种，同时其具有一定的秋色叶景观效果。其中骨干树种采用朴树、榉树、乌桕、夹竹桃等。卫生隔离带模式二见图4-29。

缓冲隔离带种植区的种植土要求使用团粒结构完好的壤土，保证种植土具有较好的通气、透水和保肥能力，含沙量为10%~12%，砂粒粒径小于8mm。土壤酸碱度（pH值）应在6.5~7.5之间。壤土为偏褐色的黄土，种

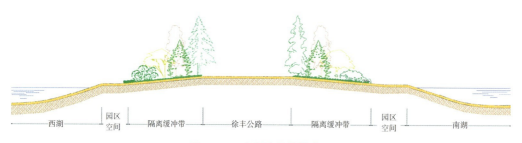

图4-28 卫生隔离带模式一

植土中不允许有土疙瘩，黏土或似黏土的物质，粗砂、石头、土块、杂草、有害种子及其他物质，保证种植土的整体成分与结构的一致。种植土握在手中有"松软"的感觉，松手之后，土壤易散开，不易结块。确保地被植物种植土层厚度≥40cm，乔木种植土厚度≥90cm。

（4）垃圾填埋场植被修复

垃圾填埋场已形成了地势相对较高的土丘，上层覆盖了约2m厚的土层和湖底淤泥。经过实施设置封顶覆盖层和增加种植土等措施，目前该区域已经生长出较为丰富的草本植物和部分乔灌木，前、中期恢复已经基本完成。为了进一步恢复该区植物多样性，完善植物群落结构，须增加抗逆性强的观花、观叶植物，采用乔、灌、草的三层复合式，形成疏密有致的植物景观，提高植物群落的稳定性。该区域植物选择以乡土植物为主，草本植物则以禾本科植物为主，乔木采用刺槐、乌桕、垂柳、朴树、刚竹等；灌木采用夹竹桃、柽柳等；草本植物采用狼尾草、芒草等，植被恢复示意图见图4-30。

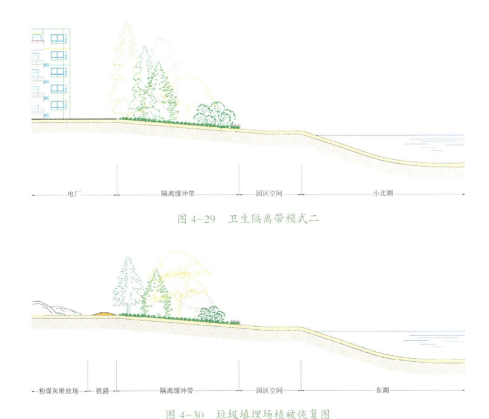

图4-29 卫生隔离带模式二

图4-30 垃圾填埋场植被恢复图

4.2.5 修复治理的效果

治理后,该区域生态核心区(湿地公园)面积达到250.62hm²(图4-31),其中湿地保育区73.61hm²、恢复重建区123.34hm²、宣教展示区(图4-32)22.89hm²、合理利用区26.86hm²、管理服务区1.92hm²。湿地类型有河流湿地(永久性河流)、湖泊湿地(永久性淡水湖)、沼泽湿地(草本沼泽)、库塘湿地4类,孕育了较为丰富的野生动植物资源,形成了特有的食物链及相互依存的生态环境,各湿地类型之间连通性强,通过不同湿地之间的融合与衔接,形成了多种湿地组合的复合湿地生态系统,是众多鱼类和鸟类的栖息地。经调查,现有维管束植物达70科717属215种。复杂独特的生态环境为鸟类及其他生物提供了丰富的食物来源和适宜的栖息场所,这里成了国际濒危鸟类重要的繁殖地及越冬地,发现野生脊椎动物共计31目64科197种,底栖动物15种。其中国家Ⅱ级保护鸟类有白琵鹭、小天鹅、燕隼等10种。

随着城市型采煤沉陷区湿地公园的建成,泉山经济开发区"一轴一带,一核三片"的公园城市规划空间布局和功能结构也基本形成。一轴——时代大道发展轴:轴线依托时代大道作为空间载体。时代大道是联系规划区东西方向的主要干道,该轴线串联高新技术产业区、主要的商业行政设施区,沿线鼓励布局商业设施、服务设施。一带——顺堤路景观带:结合堰下顺堤河景观及沿线景观节点,注重顺堤路两侧景观打造及构建慢行步道。一核——公共服务设施核心:结合堤下河北侧的现状水系,打造中心节点,并围绕中心节点设置多处商业、办公、金融设施等用地,作为规划区的公共服务中心。三片——①高新产业片区:顺堤路南侧的都市型小微工业企业组团及先进制造业产业组团;②综合物流片区:九里湖湿地公园南侧的

图4-31 九里湖采煤沉陷区湿地公园全景　　图4-32 宣教展示区一角

综合物流组团；③行政商业综合片区：以公共设施核心为主体，包括公安局项目、武警项目及必要的商业、行政服务设施。

4.3 淮南市大通采煤沉陷区生态修复

淮南市大通矿区采煤沉陷区位于安徽省淮南市大通区舜耕山下，面积约 4.5km²，大通煤矿于 1978 年采竭闭矿。2005 年以来淮南矿业集团实施矿山地质环境治理工程，2007 年初步建成"大通湿地生态区"，之后纳入总面积 22km² 的"淮南大通国家矿山公园"的核心组成部分，于 2010 年获批成为国家级矿山公园。2016~2017 年公园开始实施生态和景观提升改造工程，改造后的"淮南市大通采煤沉陷区湿地公园"成为以自然山水、采煤沉陷区修复、爱国主义教育园区等为主的城市湿地公园。

4.3.1 生态修复前状况

1. 沉陷特征

大通湿地公园采煤沉陷区所在区域位于淮河中游南岸，园区内最大高差 43m 左右，基本呈现南高北低，西高东低的自然地势。矿区属淮南复向斜东南翼舜耕山倒转单斜构造区，二叠纪煤系，开采煤层为逆掩断层上盘煤层，松散层厚度 20~30m，开采煤层走向大致呈东西向，倾向南，倾角 45°~90°，平均为 70°。主要开采 13 层煤层，最大开采深度 670m（530m 以下属九龙岗矿开采），累计采厚 25.8m，煤层深厚比约为 25，小于 30。此外，矿区内现仍有 8 个正在开采的小煤窑，井田总面积 0.6841km²，开采深度 2~260m。与开采煤层走向一致，整个沉陷区平面呈东西长条形，主要由五个沉陷区组成，沉陷坑、洼地清晰可见，坑底普遍积水，面积 0.4572km²，沉陷区内最大下沉值大于 15m，最大水平移动值为 3640mm，垂直水平移动均较大，相对以下沉为主，最大水平变形值（+142.4，−113.5mm/m），最大曲率变形值（+1.30×10⁻³，−1.60×10⁻³/m）。8个小煤窑造成的新的沉陷，与大通矿原有沉陷重叠，这些小煤窑形成的沉陷处于不稳定状态。各积水坑之间没有贯通连接。区内有一条自西向东的人工排洪渠，主要收集舜耕山北坡的雨水。除排洪渠和生活排水沟外，其余径流属于季节性径流，为舜耕山北坡汇水，多为自然冲刷而成，沟深坡陡，容易造成滑坡和水土流失。

2. 污染情况

大通煤矿闭矿时间较长，沉陷区内的污染主要是积存矸石、居民生活污水、小型工业污水、采石粉尘污染等。

沉陷区内面积较大的沉降坑塘，由于沉陷时间和补充水源不同而有较大差异。位于西部的坑塘沉降时间长，沉降深度浅，内有发育良好的芦苇群落和香蒲群落；位于东部的坑塘水源为生活污水，水体富营养化严重，部分坑塘水源为工业污水，水中没有植物生长。

园区东南部大通水泥厂及个体采石场、石料厂无序采石对环境有较大破坏，采石场粉尘对园区环境有较大影响。

3. 人文资源

大通煤矿是淮南煤矿的发源地，早在明万历年间就有煤炭开采的记载，1903年正式建矿开采，因资源枯竭于20世纪70年代末关闭，留下了井口、井架、煤矸石堆等矿业活动遗址。

区内还有一处位于大通矿南的"万人坑"，是日军发动侵华战争、犯下滔天罪行的铁证，是重要的爱国教育基地。

4.3.2 生态修复主要规划条件与目标

1. 自然地理

大通湿地生态区位于淮河中游南岸，舜耕山北麓，地势南高北低、西高东低，属于淮河冲积平原和江淮丘陵交界地带，区域中地貌类型多样，主要以丘陵和低地平原交错地貌为主。该区域地处亚热带和暖温带的过渡地带，属于暖温带半湿润季风气候，季风显著，四季分明。年平均气温15℃左右，年降水量918mm。区内灾害性天气较为频繁，每年的6~8月常出现大面积的持续降水天气，容易造成洪涝灾害。

2. 植物资源

淮南市属于亚热带常绿阔叶林和北亚热带常绿—落叶混交林之间的过渡地带。据淮南市林学会 1998 年的调查，淮南市调查共记录维管植物 97 科 232 属 362 种（包括露天栽培并可以自然繁殖、越冬的外来种）。其中，双子叶植物 77 科 291 种，单子叶植物 12 科 54 种，裸子植物 5 科 11 种，蕨类植物 4 科 5 种。总种数中有栽培植物 115 种，常绿或半常绿植物 42 种。源于当地的野生常绿种仅有络石、女贞、油松和侧柏。枳、卫矛、竹叶椒等均为落叶植物。植物在不同科属中分布极不均匀，种数较多的种有：菊科（27种），蔷薇科（23 种），豆科（23 种），杨柳科（13 种），十字花科（12 种），蓼科（11 种），占总科数的 7.5%，种数达 142 种，占总种数的 39.2%。

3. 经济社会条件

淮南市是中国能源之都、华东工业粮仓。据《2019 年淮南市政府工作报告》，2019 年淮南市地区生产总值 1130 亿元，财政收入 173.9 亿元，城乡常住居民人均可支配收入分别达 32898 元和 12859 元，社会消费品零售总额 614 亿元。

4. 生态修复规划

（1）总体目标

根据沉陷区的现状和特色，因地制宜，将生态修复治理与景观重建融为一体，不断提升和拓展公园的文化品位和综合服务功能，满足市民的精神文化要求。

（2）分区规划

大通湿地公园分为生态保育区、矿业遗迹保护区、爱国主义教育园区和煤矿博物馆区四大园区。各园区的目标是：

①生态保育区：地形整理，沟通水系，修整道路及排水设施，用植被把水系、山脉、林地和市政道路连为一体。保留原有沉陷区形成的水塘，大面积种植芦苇等水生植物，起到净化水源的功效，恢复自然生态。

②矿业遗迹保护区：矿区具有丰富的近现代工业文明，将以前的煤矿以及当时的生产设备保留下来，加以保护，让遗留下来的景观融入生态区内，形成具有淮南特色的矿区景观文化。

③爱国主义教育园区：深入挖掘"万人坑"历史，守护爱国教育基地。

④煤矿博物馆区：开发建设煤矿文化博物馆、井下探险、煤炭文化休闲街等项目，提升矿山公园综合服务水平和休闲娱乐品味。

4.3.3 生态修复主要技术与方法

1. 污染治理

（1）煤矸石污染治理

煤矸石主要用于填埋塌陷坑复垦造地。沉陷区煤矸石的岩石类型主要为粉砂岩、泥岩、细砂岩，pH 值通常在 6.5~8。利用煤矸石充填沉陷区，既消化处理了煤矸石，又释放出占压土地，增加了土地利用面积。

对暂未能利用的矸石山，为防止降水产生渗淋对湿地环境造成污染，根据现场环境调查和水文分析，建立人工湿地处理单元和漫流湿地处理单元。人工湿地由生物塘、植物碎石塘等重复组成。漫流湿地处理单元主要依据原有地形，增加种植一些治污能力较强的水生植物，如芦苇、香蒲、菖蒲、茭白等，通过生物阻滞和吸附作用，消减污染。

（2）生活污水处理

修复区的生活污水采用生物处理和物理化学法相结合的方法处理。其中，调节池中安装曝气装置，并添加微生物，通过吹脱氨氮和微生物的作用分解污染物；在池内加混凝剂并搅拌，使渗出液与混凝剂充分反应；混合物在澄清池相碰撞，形成絮凝，和水分离，使水澄清。

2. 地形、水系重建

（1）地形重塑

①沉降坑边坡的改造

大通采煤沉陷区沉降坑沉降时间最长达八十多年，相对沉降深度 5~6m，坡度 15°~30°。沉降坑边坡改造即将陡坡变成缓坡，防止水土流失，并在坡顶设立集中汇水的区域，从坡边缘向坡脚依次建立边缘加高区和边缘加固区、坡面绿化区、坡脚缓冲区和加固区，以降低大雨径流对坡面的侵蚀。

在近水岸边，设立坡脚沼生植物带（图 4-33），起到保护边坡的作用。种植的植物以湿生植物为主，主要考虑其根系是否有强大的护岸能力。

②矸石堆改造

大通煤矿采矿历史久，早期形成的煤矸石堆场有较多的次生植物，总盖度达到 80% 以上。新堆积的（1~3a）煤矸石场定居植物较少，仅在背阴和碎砾矸石的地方生长有总盖度 5% 左右的草本植物。对稀树杂灌木地，采用非填充塌陷修复方法，直接在矸石山上覆盖黑土；疏林落叶林地，在矸石山上铺不少于 300mm 厚的混合土，其中黏土混入量不少于 1:2。在种植物的

图 4-33　沼生植物带　　　　　图 4-34　水体修复

区域，采用填充修复方法、挖深换土法等，使洼地变成塘，塘中种植物。

（2）水系重建

重点改造排洪蓄水渠。原有排水渠较直，径流对土壤冲刷强，容易造成水土流失，而且景观单调。改造中采取挖补修曲造滩和局部扩充集水的方法，两岸相互挖填，使径流由直变曲，在径流汇水区造成次级集水区域，充分收集周边地表径流，在沟底建立次级漫滩，以适应丰水、枯水季节的水位变化。径流和排洪蓄水渠坡面改造，由上部挖土，回填沟底，制造漫滩地形，调整护坡。水体修复见图 4-34。

对径流和排洪蓄水渠剖面的改造主要采取调整护坡措施，在边缘可以适当采用木头、石块等作为挡土墙，在边坡上接合生态垫，适当地种植灌木和草本，形成生态坡岸。

3. 植被修复

（1）沉降坑植被修复

边坡稳定后，在水中种植水生植物。其中，在坡脚沼生植物带以下到水深 0.5m 左右主要种植挺水植物，水深 0.5~1.0m 种植浮叶植物带，其他区域种植适量的沉水植物和浮水植物，见图 4-35。靠水的岸边选择根系强大、固土力强、耐水湿植的乔木或灌木，如水松、水杉、杨柳等保护边坡。

（2）矸石堆植被修复

由于煤矸石养分含量低，持水能力差，在覆土后上下两层有明显区别，植物根系很难进入下次生长，在植物选择上要选择自然侵入煤矸石的植物为主，结合配置固氮植物，构成改造群落。

图 4-35　沉降坑植被

木本植物：本地非固氮植物选择臭椿、楝树、榆树、小叶朴、苦木、卫矛、荆条、蔷薇、悬钩子等；本地固氮植物选择山合欢、紫穗槐、刺槐、胡枝子等。

草本植物：非固氮植物选择狗尾草、马唐、狗牙根、牛筋草、雀草、藜、苋等；固氮植物选择望江南、田菁、白花车轴草、草木樨、白香草木樨等。

4. 景观提升

（1）既有植被改造提升

矿区既有植被包括早年栽种的人工林和矸石堆区的次生植被。

矿区人工林树种单一，林冠盖度大，林下灌木层发育不完全或缺失，地被层简单，林下缺少更新层，并且由于结构简单，不能为鸟类等动物提供多样性的环境，易于发生病虫害，景观多样性也较差。

人工林区：主要通过对林下植被封育保护、林冠过密区间伐并留置倒木、间伐后种植常绿树种和色叶树种的方法，提升植物物种和景观多样性。

次生植被区：在保持原生植被的同时，对稀树杂灌木地和疏林落叶林地，增植景观效果好、抗酸性的乔木和灌木，改善其结构。

（2）核心景区植物景观提升

①道路植物景观设计

入口道路植物配置方案：法桐、银杏—红叶石楠、大叶黄杨、连翘—草（麦冬）。

游园道路植物配置方案：柳树、桃树—紫丁香、小叶女贞—草（白三叶草）。

②入口广场植物景观设计

设计采用以规则式为主、自由式为辅的混合式。停车区须满足车辆的进出与成排的车位的要求，利用绿篱花灌木进行功能分区，避免阻挡驾驶员的行车视线；休息区应具有一定的隐蔽性，小面积地围绕一个主题，在内部进行植物配置，在界限边缘可置休息设施，景观小品；展示区使用高大乔木成列种植，置于展示区之后，形成半开放空间。

③停车区植物景观设计

地面以草地（高羊茅）结合地砖划分车位，再者以棣棠球与大叶黄杨篱植用来与休息区进行分区。

④休息区植物景观设计

地面以草地（高羊茅）与道路相结合，种植落叶、常绿乔木（香樟、银杏、水杉）、灌木（棣棠、大叶黄杨）与草本植物（白三叶草），形成半封闭空间,周围置休息设施,景观小品。

⑤湿地植物配置

岸缘沼生植物带—挺水型植物带(芦苇、香蒲)—浮叶型植物带(芡实)—漂浮型植物带(凤眼莲)—沉水性植物(黑藻)等(图4-36)。

图4-36　大通湿地植物配置

(3)人文景观提升

依据"万人坑"原貌将其提升为"大通万人坑教育馆"。该馆始建于1968年,在大通采煤沉陷区湿地公园规划建设中,教育馆作为一个分区,命名为爱国教育园区,占地面积扩大至3.1hm^2,建筑面积0.69hm^2,展室面积0.24hm^2,展室布置日军侵占大通期间布局沙盘、矿工生产生活用品用具、矿工上下工流程泥塑、矿工作业场景、秘密水牢等。展出物品包括当年矿工的衣物、挖煤工具、乞讨用品以及珍贵的历史照片。

4.3.4　修复治理的效果

随着2018年国务院正式批准《淮河生态经济带发展规划》的实施,淮南市整体定位为"中西部内陆崛起区",在"积极承接产业转移,推动资源型城市转型发展,因地制宜发展生态经济"的城市产业发展和"东进、南扩、西调、北联"的城市空间发展战略中,综合实施采煤沉陷区生态修复与景观提升工程,"林木茂盛望无边,沼泽密布隔尘凡;百鸟栖息成双对,祥和胜过桃花源。"这对打造特色生态休闲服务发展轴和以区域绿化景观资源为主的生态宜居康养旅游休闲区(图4-37),优化大通区公园城市导向的城市空间格局的形成和产业转型发展,发挥了基础性作用。大通湿地公园内现有植物140属,最具代表性的植物以华北区系植物为主,如苦木,栓皮栎,麻栎,榆科的榆、榔榆、朴、小叶朴等,华北常见的黄连木、元宝槭、山合欢、栾树、白蜡、楝、桑、小叶杨等在这里也占有重要地位。

图4-37　生态宜居康养旅游休闲区

4.4 枣庄市东湖采煤沉陷区生态修复

枣庄市东湖采煤沉陷区位于枣庄市市中区,东连老城区,西接经济开发区,总面积 65hm^2。2007~2009 年,枣庄市市委、市政府综合采用"治、用、保"措施对东湖沉陷区实施综合治理。

4.4.1 生态修复前状况

1. 地面沉陷特征

东湖公园属于鲁西隆起区的东南部,区域构造以断裂构造为主,北东向断裂发育。区域内及附近无明显的构造活动,地质条件相对稳定。

2. 污染情况

枣庄市市中区是一个老煤炭工业基地,采煤历史悠久。东湖公园原来是一处面积很大的涝洼地,是由近百年的煤矿开采和黄庄乡王林村、陈胡村等村取土烧砖而形成。原沉陷区域内一直杂草丛生、蚊蝇滋生、污水横流,生态环境破坏严重。附近部分村庄居住环境普遍较差,道路、供水等设施不配套,群众改善生活居住环境的愿望比较强烈。

3. 土地利用

沉陷区面积大约有 2.3km^2。土地类型主要有水域、农林用地和乱掘地。季节河从沉陷区穿过,河流两侧分布着零散的水坑、鱼塘、乱掘地。

4. 人文资源

枣庄物华天宝,人灵地杰。这里是中国古代伟大的思想家、科学家墨子的故乡。"自荐"而名传后世的毛遂,"凿壁偷光"的大经学家、西汉丞相匡衡,明代"博学宏词"的大文学家贾三近等历史名人,都是枣庄灵山秀水哺育出来的杰出人物。7300 多年前的北辛文化遗址,古滕国、古薛国等众多古遗址,孟尝君父子田文、田婴墓和众多的汉墓及明永乐皇帝妃子权妃墓,汉画像石,都是融人文之精华神奇魅力的体现。

4.4.2 生态修复主要规划条件与目标

1. 自然地理

枣庄市位于山东省南部,属于暖温带大陆性季风气候,光照充足,热量丰富,降水较多,四季分明,全市多年平均降水量在750~950mm,是山东省降雨量最充沛的地区之一。其地处鲁中南低山丘陵南部地区,属于黄淮冲积平原的一部分。地势东高西低,北高南低,由东北向西南倾伏状。

枣庄市东湖公园原为村镇王沟煤矿、官庄煤矿、寨子煤矿的采煤沉陷区,近百年的煤矿开采造成地表大面积沉陷,形成了大小不一的湖面、水坑。季节河穿过整个区域,兼具排洪功能。

2. 植物资源

枣庄市属于暖温带大陆性季风气候,水、热条件良好,气候温和,地形复杂多样。这些都为植物的生长、繁育提供了有利条件。枣庄市共有野生维管植物672种,分属111科394属。其中,蕨类植物16科20属35种,裸子植物2科2属2种,被子植物93科372属635种,是山东省植物资源相对比较丰富的地区之一。常见树种有悬铃木、杨树、国槐、臭椿、鸡爪槭、枣、刺槐、碧桃、朴树、白腊、泡桐、樱花、杏、紫叶李、龙爪槐、红枫、白玉兰、李、苦楝、五角枫、榆树等。

3. 经济社会条件

枣庄市是国务院批准的全资源枯竭城市,中央给予了一系列政策和资金支持,是山东省唯一进入国际资源枯竭城市名单的城市,省政府已出台专项扶持政策。枣庄市抓住机遇,将城市转型作为经济社会发展的重要战略,明确转型目标和任务,为加快转型创造了有利条件。2009年,枣庄全市GDP实现1196.04亿元,人均32698元。枣庄已成为全国发展势头最强劲、最具竞争力的煤化工基地之一。

4. 生态修复规划目标

(1) 总体目标

本着"以人为本、人水和谐"的治水理念,将打造东湖公园作为提升城市资源优势的迫切需要,按照"江北水乡·运河古城"的设计风格定位,坚持功能分区与城市功能相对接。市委、市政府把枣庄全民健身中心(东湖公园)建设项目列为市第九次党代会提出的重点利民工程,并确定为全市创建文明城市、"五城同创"特别是园林城市创建的重点工程,同时也是全省"一点三线"重点区域全民健身精品工程。

(2) 规划分区

根据相关规划,东湖公园综合交通、生态、游憩、文化等因素,生态修复区分为生态休闲区、体育健身区、文化休闲区、娱乐休闲区、水上娱乐区等五大功能区;主题公园分为文化广场区、体育运动区、水上活动区、滨水休闲健身区、综合服务区、湖心岛文化休闲区等六大功能区,见图4-38。

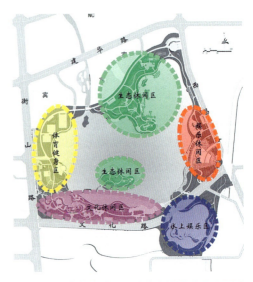

图4-38 东湖采煤沉陷区生态修复功能分区图

4.4.3 生态修复主要技术与方法

1. 污染治理

东湖公园的污染主要为水源地水体污染。其原址的煤矿于20世纪90年代初就已经停产。原沉陷区内的煤矸石、粉煤灰等采煤废弃物到2007年公园改造时,早已不复存在。区域内只有面积大小不一的水坑、鱼塘和乱掘地。虽然有河水流过,但由于是季节河,所以对改善水体水质作用不大。

治理水体污染采取的主要技术方法是:

(1) 引水清污。铺设引水管道引来活水。结合水位设置硬驳岸和软驳岸。

(2) 生物净化。扩大上游水源地的汇水面积,种植水生植物;入水口增加生态岛,强化生物净化。

(3) 构建生态系统。配置香蒲、莲藕、卢竹等挺水植物和浮叶植物及沉水植物;放养鱼类等水生动物。

2. 地形、水系重建

(1) 地形重塑

基地现状景观呈现出郊野养殖鱼塘的特点,大片的规则鱼塘,乡间道路,一、二层的居住建筑构成了现状景观风貌。

在地形重塑中,充分尊重原有地形,在满足景观需求的情况下,以最

图 4-39　东湖碧波

小的挖方量、最可行的方式连通水系。以原有湖面为中心，疏通各积水坑，扩大湖面面积。挖深垫浅，在湖周围因地制宜，堆土成丘。

(2) 水系重建

东湖公园原址是涝洼地，仅靠积蓄的雨水形成"湖水"，雨水经自然蒸发和渗漏后，存量较少。

水系重建采取引入活水的方式，在周村水库与东湖之间铺设地下管道20余公里，将"库水"变"湖水"。水满停供、水少补充，形成活水，让东湖始终保持"碧波荡漾"，见图4-39。同时，在上游水源入湖口和下游出水口各设橡皮坝，有效地控制日常水位高差。

为防止生活污水及沿线工业废水流入湖内污染水源，另铺设管道19.7km，将沿线生产废水及生活污水经管网引入汇泉污水处理厂进行处理，保证湖内水质。

3. 植被修复

植被修复树种以乡土树为主，乡土植物群落见图4-40。

乔木：悬铃木、杨树、国槐、臭椿、鸡爪槭、枣、碧桃、朴树、白蜡、泡桐、樱花、杏、紫叶李、龙爪槐、红枫、白玉兰、李、苦楝、五角枫、榆树、垂柳、柿树、银杏等；

常绿植物有黑松、雪松、龙柏、蜀桧、刺柏、白皮松、铅笔柏、女贞、竹子等；

灌木树种：铺地柏、小叶黄杨、枸骨、石榴、紫薇、紫荆、麻叶绣线菊、丁香、连翘等。

图 4-40　乡土植物群落

4. 景观提升

（1）地形构建提升

湖北岸入水口东侧地势较高的地方，垫高堆成 10m 左右的主山，形成公园对景及隔离。山顶建有高 35m 的观湖阁（后改名中兴阁，见图 4-41），突出古典符号，具有独特性、

图 4-41　东湖公园中兴阁（原名观湖阁）

地标性和可经营性。湖心岛占地 20 余亩，"卧"于形如中国版图的湖中，宛如雄鸡报晓，使湖面疏密合理，远近有度。环湖道路宽 5~6m，像玉带一样绕湖而走。南部环湖道路与水面之间营造出不同的活动空间且减少背水空间对居住用地的影响。

湖面常水位为 60cm 左右。驳岸处理分为硬驳岸和软驳岸。硬驳岸构建广场台阶、沙滩、平台、栈桥；软驳岸以自然草入水和适当种植水生植物为主。

（2）植物景观提升

植物景观规划充分体现一种滨水的导向性，原则上从内湖空间向外湖空间逐渐过渡，即水生植物—湿生植物—常绿落叶混交林——城市化行道树。植物种植充分与地形结合，创造出开敞、半开敞及林下空间。植物配置注重常绿植物与落叶植物的合理搭配，充分考虑植物景观的季相变化。

生态休闲区：以疏林草地和密林为主，在驳岸处种植湿地植物。疏林中以高大落叶乔木和常绿灌木为主，密林中以常绿乔木和花灌木为主，达到生态"野趣"的景观效果。在浅水区或驳岸边种植水生或湿生灌木，在陆地上以自然种植为主，营造出植物自然生长的状态，乔木以丛植为主，片植和孤植为辅，少种中层灌木，用以开阔视野。

体育健身区：以大草坪和疏林草地为主要的配置，达到与体育运动"活泼"相应的植物景观效果。以层层密林为背景，以片状花灌木为中景，以缓坡草坪为主景，并由丛植或片植的水生植物过渡到水系。密林的营造以银杏、栾树、杨树、刺槐、臭椿等高大落叶乔木为上层，雪松、女贞、石楠等常绿树为中层，宿根花卉等地被为下层。

文化休闲区：以疏林和密林相配合，局部种植特色植物品种和修剪植物，达到"典雅"的植物景观效果。以高大的落叶树（丛植或孤植树）为主，点缀竹、石楠等造型优美的植物或常绿灌木，以金银木、柿树、木瓜、

丁香等色叶或观果观花灌木作主景，下植耐阴地被，达到简洁、流畅的效果，与建筑相互衬托，见图4-42。

娱乐休闲区：以树阵为基本形式种植色叶、落叶和常绿植物，实现丰富的植物景观。种植方式多以丛植或孤植为主，

图4-42 文化休闲区植物景观

植物配置上，上层种植合欢、栾树、香樟等冠幅大、生长状况良好的乔木，下层种植书带草、常春藤等常绿耐阴地被，在临水的林荫广场，树种选择旱柳等耐水湿树种。

水上娱乐区：多以丛植或孤植为主，选择合欢、栾树、垂柳等耐水湿树种及水杉等色叶植物，达到"悦目"的植物景观效果。

（3）人文景观提升

枣庄名人英才辈出，历史文化悠久。三面文化墙的设立展现了枣庄深厚的人文资源。文化墙有位于东广场的历史文化墙、位于体育活动区的体育文化墙和位于西北景区的民俗文化墙。

历史文化墙长56.36m，宽3.27m，浮雕材质为平度灰花岗石，主要展示枣庄历代先贤、中兴工业文化、铁道游击队红色文化。雕塑集文化、教育等于一身，向人们充分展示了厚重的枣庄历史文化。

体育文化墙长32.51m，宽2.8m，材质为红砂岩，采用圆雕和浮雕相结合的对比手法，反映了具有浓郁地方色彩的民间体育文化——太极拳、太极剑、秧歌舞、交际舞、拔河等，以及射击、跳水、举重、游泳、速滑、乒乓球、跨栏等竞技体育。背面的内容为历届夏季奥运会举办时间和举办城市以及会徽和金牌，使观者在欣赏雕塑的同时增长奥运知识。

民俗文化墙长21.75m，宽1.82m，材质为绿砂岩，以二十四节气为主要内容，展现枣庄本地各个节气的风土人情。东湖公园鸟瞰见图4-43。

图4-43 东湖公园鸟瞰

4.4.4 修复治理的效果

2016~2021年实施的"东湖公园基础设施提升改造"等系列改造提升工程,使"东湖公园"成为枣庄市中区的新地标,广大市民健身休闲的最佳场所,先后获得"国家级体育公园""山东省水利风景区""山东省人居环境范例奖"称号。在枣庄市"南融、北连、东拓、西接、中提""全域大公园城市建设"新格局中,东湖公园以其"浩浩东湖,嵌明珠于翠苑;悠悠大道,接丽景于新城"的独特地位和"畅怀皆是胜迹,绕渚以寻萍踪""巧绘新图,称懋业而睦睦;传承宝运,颂和谐以融融"的内在品质,将生态价值、历史价值、文化价值和民生需求有机融合,实现了城市绿地提质增量、城市文化凸显、生态环境持续改善与市民群众满意认可的多方共赢局面。东湖公园旅游景点分布见图4-44。

图4-44 东湖公园旅游景点分布图

4.5 淮北市南湖采煤沉陷区生态修复

淮北市南湖采煤沉陷区位于淮北市城市核心区,西连城市南北中轴线孟山南路,东接雷河,南邻烈山区政府,北接城市东西中轴线人民东路,总面积约20.52km^2,其中水面面积4.92km^2。淮北市1955年开始煤炭开采活动,1980年代末以来开始推进改善矿区生态环境治理工作。

4.5.1 生态修复前状况

1. 地面沉陷特征

沉陷区煤矿投产时间为20世纪50年代末，塌陷地形成时间大约有50年，在大规模采掘煤炭之前，南湖片区没有大面积的湖泊，主要为耕地，随着大规模煤炭采掘的发展，才形成了大面积永久性的塌陷湖泊。沉陷区属于黄淮海平原区，高潜水位，为近南北走向的带状、大面积塌陷区域。经过测量分析，沉陷区沉陷深度为1~10m，其中东北侧沉陷较小，约为0.01~1m，后续塌陷区域分布在南湖北侧，沉陷深度为0.01~2.5m，为非稳定沉陷区。根据地质灾害危险性结论，沉陷区可能遭受的地质灾害主要为采空地面塌陷和岩溶塌陷，地质灾害危险程度由小至大，防治困难，所需投入资金也较大。

2. 污染情况

沉陷区内存在大面积水体，周边为耕地，粉煤灰及煤矸石污染较小，土壤未受到污染。根据2006年水体采样实测数据显示，沉陷坑积水水质较好，除雨水和部分农用排水外，无其他外源污染物排入，南湖的I_{wq}均值为2.630，处于Ⅱ类水质标准。

3. 土地利用

沉陷区以沉陷主湖为核心、外围为沉陷坑塘，北、东、南三面为集中的露地。露地以撂荒地为主，还有少量农田和树林。区域内还有一条完整的环湖路，路宽7m。场地东北角有一条西北—东南向的铁路专用线，切分场地。另还有散落的民房用地、南湖会所和南湖西岸商业会所等少量商业建设用地以及居士林、矿山博物馆等文化建设用地。

4. 人文资源

淮北是一座缘煤而建、因煤而兴的城市，是华东地区的重要能源城市，矿产资源蕴藏量丰富、煤质优良，年产煤2700万t，为国家五大煤炭生产基地之一和精煤生产基地，煤炭的开采为国家的经济建设做出了巨大贡献，享有"煤城""百里煤都""动力之乡"的美誉。沉陷区内还存有矿山公园纪念碑、矿山博物馆、第一钻、友谊矿部分墙垣等大量"乌金文化"的特色矿山景观资源。

4.5.2 生态修复主要规划条件与目标

1. 自然地理

淮北市位于淮北平原中部，地处北温带，地势由西北向东南倾斜，地貌以平原为主，平原面积占土地总面积的 93.3%，平原海拔高度在 22.5~37.0m 之间，山地一般高程约 200m；气候温和、四季分明、年平均无霜期 202d，年均蒸发量为 990.5mm，年均降雨量为 844.3mm，雨量较适中，多集中在 6~8 月，由于降水量的相对集中，且各月分配不均，易发生春旱、秋涝；全年主导风向为东南风。年平均日照 2272.3h，平均气温 13.3℃；淮北市河流有十多条，总长 378km，平均宽度 50~60m，面积约 18hm^2。

南湖公园地形平坦，高程基本上在 27~37m 之间，高差较大的地方主要是北侧铁路专用线路堤位置以及东侧雷河堤线位置。其他地段除水面坑塘外，均较为平坦。

2. 植物资源

淮北市属北方型大陆性气候与湿润性气候之间的季风气候，地带性植被属南暖温带落叶阔叶林带。淮北地区乡土木本植物有 140 余种，主要包括楸树、毛黄栌、五角枫、黄连木、栾树、乌桕、青檀、南京椴和栎类树种以及香椿、重阳木、榔榆、石榴、柿树、山皂荚、君迁子、黄荆、楝树、丝棉木、枫香等。在煤矿废弃地定居的野生植物共有 22 科 45 属 49 种，各科物种数比较单一，基本为单科、单属、单种。其中菊科植物最多，有 8 属 11 种，其次为禾本科和豆科，分别为 7 属 7 种和 3 属 3 种，它们是煤矿废弃地上自然定居的先锋植物，也是淮北地区广布的、耐贫瘠的植物种类，适应性很强，在局部营养条件较好的区域生长较好，具有植株较高、盖度较大、叶色较深、根系发达等特点，说明这三科植物在煤矿废弃地植被恢复过程中起着关键性的作用。从各物种的分布角度来看，狗牙根的数量最多，其次是臭荠和中亚酸模，分布也相对较多。从植物性状来看，草本植物占有绝对优势，共有 47 种，占总种数的 95.9%。而侵入的木本植物很少，仅 2 科 2 属 2 种，占总种数的 4.1%，分别是桑科的构树和豆科的本氏槐蓝，且所有植物基本上属于阳生种类，说明淮北煤矿废弃地的生态环境较为干燥。

3. 经济社会条件

淮北市是我国重要的煤炭、电力、纺织、建材、冶金等新型能源工业城市，进入 21 世纪后，淮北市的经济和社会发展保持了良好的发展态势并进入了全面大发展时期，城市用地扩张的速度也大大加快，各项事业的发展亟待城市用地作为支撑和保障，特别是公共设施用地需求增长较快。"十二五"以来，淮北经济总体保持快速增长。地区生产总值（GDP）760.4亿元。综合实力连上台阶，财政收入达93.2亿元，年均增长5.9%，人均生产总值35057元（折合5641美元）进入中等偏上收入发展阶段。累计完成全社会固定资产投资3493.7亿元，年均增长20.3%。然而，城市也面临着经济结构单一、资源枯竭、城市用地紧张、基础设施不完善、环境污染加重等问题，迫切需要调整、转变土地利用结构和方式，盘活存量土地资源，节约集约利用土地，以缓解城市采煤沉陷区规模大、人地矛盾突出的问题。淮北市委市政府十分重视采煤沉陷区土地综合整治和开发利用工作，从1980年代末开始采取有效措施，投入大量资金逐步加大沉陷区综合治理力度，积极申报实施国家级项目，累计申请获得了20个国家农业综合开发土地复垦项目，争取中央资金2350万元、省级资金793.5万元、市级配套资金482.5万元，同时大力实施市级投资土地复垦整理项目，总投资额1449.58万元。

4. 生态修复规划目标

（1）总体目标

南湖片区建设是淮北市建设精美之城，打造精致淮北的切入点。淮北市欲把其核心景区打造成为国家AAAA级景区，为之后南湖与中湖、东湖连片打造国家AAAAA级景区奠定基础。以通津活水、铺翠滨湖、荟萃艺术、传递精神为总体景观策略，"乐活山水城"为整体形象主题，充分挖掘、突出城市的工业文明，结合淮北的雕塑、诗酒艺术文化，把整个片区建设成为功能齐全、配套完善、环境优美、宜游宜居的特色南湖和城市花厅。

（2）分区目标

根据南湖景区现状景观资源特点，结合整体定位，将南湖景区总体划分为东、南、西、北4个不同的功能区，见图4-45。

（1）自然休憩区（自然湿地区）：位于规划区北部，结合沉陷区

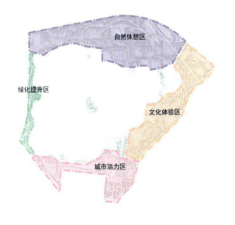

图4-45 淮北市南湖公园功能分区图

不稳定的地质条件，对现状水系、水塘进行梳理，并对部分水域水形进行修整，打造湿地涵养和湿地体验相结合的湿地自然休憩区。

（2）文化体验区：位于规划区东侧，结合矿山博物馆打造一个矿山文化展示游赏的文化体验区域。

（3）城市活力区：位于规划区南侧，打造以滨水活动广场、商业街、市民活动园、水上活力区为主的滨水城市活力区。

（4）绿化提升区：位于规划区西侧，增设长堤，完善湖区水体结构，并且在湖中心恢复湖心岛，增强水域的向心性。西侧因亲水界面较窄，规划以绿化为主，点缀少量休憩景点，形成以绿化提升改造为主的区域。

4.5.3 生态修复主要技术与方法

1. 环境治理

沉陷区内主要存在以下几个问题：①由于地下采煤作业时期不同，博物馆以南区域已经稳沉，以北区域尚未稳沉，后续仍将存在 0.01~2.5m 的沉陷，这将影响整个景区的布局以及后续使用中的安全性。②湖体水源来自采煤的疏干水，远期面临枯竭。③塌陷而成的现状驳岸多为断崖式，竖向高差均在 2m 以上，岸体不稳定。

（1）非稳定沉陷区治理

根据沉陷等高线资料图分析，南湖北侧的非稳定沉陷区对南湖区规划设计影响较大。针对南湖北侧的后续沉陷区域，不考虑大规模的工程建设，以湿地景观的塑造为主，同时，采取一系列技术措施应对沉陷：桥体采取箱涵基础、整板结构或木桩基础；道路铺装采用嵌草河滩石路面等柔性铺装形式，应对未来出现地表的沉降；对不稳定地基采取毛石或煤矸石换填、挤淤等方式，保证基础的稳定性。

（2）水体治理

针对南湖水体互不连通，面临远期枯竭的问题，主要采取治污截污、矿排水和地表径流的拦蓄净化、生物浮床、水系贯通等一系列技术措施，改善水质及动植物的生境，最大限度地发挥公园的生态效益。首先，通过通经活水改善水质。最大限度地保护现有水网结构，将主湖与外围分散的坑塘进行连接，并与外围水系连通，保证景区内部水系循环补给、排放以及持续的景观效果。整个南湖作为一个雨水收集与涵养的生态蓄水池，通过大湖周边的湿地坑塘以及露地上的雨水花园等设施进行自然雨水的滞、蓄、净、排，缓解了城市暴雨的压力，同时，为景区植物栽培养护提供景观用水。

（3）驳岸治理

沉陷而成的现状驳岸不仅平直生硬，而且多为断崖式，岸体不稳定，游客无法接近水体。因此针对大部分驳岸进行1:4削坡处理，将原始垂直断崖式驳岸改造为缓坡入水木桩驳岸或叠石驳岸，保证亲水活动的安全，同时丰富水体形态及植物景观。

2. 地形与水系整治

（1）地形重塑

沉陷区地形重塑整体上本着就地取材、就地施工、填挖结合、土方平衡的原则，采用"挖深垫浅"的方法，在南区和北区构筑微地形，减少城市道路干扰，也为场地营造出适宜的空间氛围，对地面沉降4m以上大面积常年积水的深度沉陷区和其他零散积水坑进行开挖、疏排、整合，形成完整的大面积水域。

由于沉陷区北部湿地部分尚处于后续采煤沉陷区，为非稳定沉陷区，根据地灾报告，后续会沉陷0.01~2m，因此地形重塑时，在北部湿地区域局部增高1~2.5m地

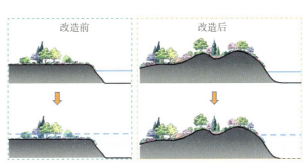

图4-46　北部湿地区地形重塑

形，以保证后期沉陷后植被场地会高于沉陷后水面（图4-46）。

（2）水系整治

沉陷区湖体水源来自采煤的疏干水，且水体相互独立，与外部水系不连通，远期面临枯竭，区域内远期补水策略以淮水北调及河道拦蓄补水为主。

水系整治结合治污截污、矿排水和地表径流的拦蓄净化、生物浮床、水系贯通等具体工程技术措施进行，梳理景区北部现状水系及水塘，进行连接，形成整体湿地水域形态；恢复湖心岛，在景区东侧增加堤岛，完善水体形态。南侧利用北侧湿地水形调整清出土方对部分零散水塘进行填方，加以利用。外部通过涵闸把龙岱河、萧濉新河和王引河与南湖进行连通，解决水资源短缺问题，优化水资源配置，提高承载能力，把节约、保

护、开发、利用、配置、治理结合起来，把采煤沉陷区作为淮北市重要的调蓄湖泊和湿地资源（图4-47）。

图4-47　南湖公园水系

由于驳岸安全性和稳定性差，因此驳岸设计要注重游人与水体之间的安全高度与距离，保证驳岸的建设强度，防止水体流失，以草坡驳岸和湿地水塘驳岸等自然式软质驳岸为主，部分断崖式驳岸区域采取立砌驳岸、木栈驳岸、置石驳岸等硬质驳岸与软质驳岸相结合的方式提高参与度与安全性（图4-48）。

3. 植被修复

植被修复以经济性原则和四季有景原则为基础，坚持生态优先，优先选择乡土树种，着眼整体性效果，打造淮北特色。营造乔、灌、草相结合的分层复合植物群落，注重绿色空间的多样统一，同时着重于群体美和树冠线的节奏变化，与南湖及淮北的城市特色相融合。基调树种主要采用垂柳、杨树、国槐、女贞、碧桃、紫叶李、月季等。乔灌区主要采用银杏、香樟、广玉兰、黑松、鹅掌楸、榔榆、毛竹、水杉、池杉、柳杉、白皮松、雪松、枫香、三角枫、海棠、日本晚樱、山楂、乌桕、山桃、悬铃木、栾树、紫薇、美化、桂花、合欢等，灌丛主要采用金银木、紫叶小檗、锦带花、丁香、迎春、红叶石楠、大叶黄杨、海桐、南天竹等，地被植物主要采用二月兰、郁金香、波斯菊、金鸡菊、狗牙根、高羊茅、细叶结缕草、马蔺、狼尾草等，水生植物主要采用千屈菜、水葱、荷花、香蒲、慈姑、

图4-48　南湖驳岸形式

芦苇、菖蒲、香蒲、苔草、水韭、睡莲、千屈菜等。整个沉陷区充分保护和利用场地现有植物，以乡土树种为基调树种，丰富植物种类和层次，发挥植物群落优势，尤其强调水生湿生植物的运用，保证植物景观地域性以

图4-49 南湖公园植物配置

及生态效果。在北部湿地区大面积林下地带，多采用自演花卉和地被植物，减少人工草坪的使用，降低成本（图4-49）。

4. 景观提升

（1）植物景观提升

植物景观提升根据功能区活动不同，实行分区规划、分层规划，注重绿色空间的多样统一，打造四季有景、富有节奏变化的南湖美景。

湿地观赏区以秋色叶树和湿生植物为特色，注重湿地植物的景观打造，主要植物有：枫香、三角枫、香樟、水杉、柳杉、白皮松、女贞、雪松、碧桃、海棠、日本晚樱、山楂、金银木、千屈菜、水葱、荷花、香蒲、慈姑、芦苇、菖蒲。

湿地体验区保留现状植物，对现状幼小杂木进行梳理增加开花和浆果类植物，为动物、昆虫提供良好生境。主要植物有：杨树、垂柳、乌桕、黑松、山桃、国槐、馒头柳、悬铃木、紫叶小檗、锦带花、火棘、金银木、山楂、大丽花、红花酢浆草、火炬树、金鸡菊、波斯菊。

湖心岛区对岛南侧及西侧的植物观赏面着重打造，形成高低错落、色彩层次丰富的效果，注重季相变化，打造四季有景的景观效果。主要植物有：栾树、银杏、火炬树、香樟、水杉、海州常山、丁香、迎春、香蒲、苔草、水韭。

绿化提升区主要以柳树体现湖景特色，增加常绿植物和开花植物，丰富季相，对植物枝下高进行控制，保证观湖视线通透性。主要植物有：垂柳、银杏、白皮松、碧桃、紫薇。

水杉湾区以水杉林与地被花卉组成的特色林下空间，形成乔木湿地，局部点缀常绿树种和开花树种。主要植物有：水杉、池杉、柳杉、香樟、垂柳、枫香、紫丁香、碧桃、海棠、二月兰、郁金香、波斯菊、金鸡菊。

矿山花园区以高大乔木和草本植物为特色，打造苍劲、古朴的氛围。主要植物有：榔榆、黑松、鹅掌楸、国槐、紫叶李、海棠、狗牙根、细叶结缕草、高羊茅、萱草、鸢尾、马蔺、狼尾草、粉花绣线菊、胡枝子。

梅林鱼乐潜区以梅为主题，打造四季有花的精致园林，利用高大乔木围合出私密空间，供人休息停留。主要植物有：毛竹、香樟、广玉兰、银杏、国槐、梅花、海棠、紫薇、桂花、蜡梅、白玉兰、八仙花、连翘、杜鹃花、菖蒲、睡莲、千屈菜。

城市活力区保留现状树种，利用市树银杏和地被花卉打造滨湖景观大道，滨湖区域则采用枫香，形成枫香大草坪，与对岸枫林形成呼应，适当增加常绿树比例，同时增加开花植物，保证四季有景的景观效果。主要植物有：银杏、合欢、香樟、雪松、白蜡、枫香、杨树、桂花、丁香、玉兰、红叶李、榆叶梅、红叶石楠、大叶黄杨、海桐、南天竹、月季。

（2）人文景观提升

南湖湿地公园人文景观提升重点以打造城市名片为切入点，围绕国家矿山文化、淮北工业文明、乌金文化展开，形成荟萃艺术、传递精神的矿山文化功能区。

矿山文化的展示主要围绕现状已有的三个景点进行提升，矿山文化展示游园位于园区东侧，结合矿山博物馆一起规划，通过各种矿山生产工具、矿山机械、零部件等工业元素和工业特质，结合煤矿建筑的断壁残垣、人物雕塑、壁画等，展示煤矿采掘工艺和场景，让游客在游憩的同时增长知识，感受淮北作为工业城市的文化内涵，突出淮北人民勤劳勇敢、努力建设美好家园的精神和信心。第一钻景点位于园区北侧，在尊重原有场地历史的前提下将环境进行景观提升与植物绿化，提升景点的安全性和美感，展示淮北因煤而兴的历史，彰显淮北作为煤矿城市的文化内涵，强调对工业场地价值的重新认识。主题广场南侧，通过保留原矿山纪念碑，并通过增加铺装、喷泉、雕塑等形式，展示淮北的乌金文化，丰富人们对于工业文化的体验和增加人们的工业美学感受，提升景点内涵（图4–50）。

4.5.4 修复治理的效果

近年来，淮北市确立了"中国碳谷·绿金淮北"发展战略和"一二三四五"总体发展思路，即一是一大发展战略，中国碳谷·绿金淮北；

图 4-50 南湖公园矿山纪念碑和博物馆

二是两大动力引擎，招商带动、创新驱动；三是三个绿水青山，打造自然生态、经济生态、政治生态这"三位一体"的绿水青山；四是新型工业化、新型城镇化、信息化、农业现代化"四化"同步推进；五是实现创新、协调、绿色、开放、共享五大发展。

市委、市政府坚持生态优先、绿色发展，坚持以人为本、产城融合，着力打造"公园城市"，推进南湖风景区提质增效，通过现场调研、全面规划、通津活水，景观元素整合，植被提升，园林设施完善，加强对原有矿山博物馆、矿山公园纪念碑和"第一钻"等特色矿山主题文化系列经典的保留、连通和提升。改造后的南湖公园与相邻的绿金湖、碳谷湖等在城市中心形成总面积达 50km² 的国家城市湿地公园，成为全国地级市中面积最大的城区人工内湖。

淮北市采煤沉陷区生态修复，构建起淮北市"一带两翼三廊四区多点生态空间格局"的基带，一带即以城市采煤沉陷区生态修复为基础的"城市中央湖廊"为骨架、濉阜铁路和 S202 线生态廊道为补充、贯通城乡的中央生态景观轴带；两翼即环抱中心城区两侧的相山和龙脊山风景区为主体的城市绿色生态屏障；三廊即新濉河、沱河、浍河 3 条区域生态廊道；四区即采煤沉陷区、工矿废弃区、工矿污染敏感区、饮用水源涵养保护区；多点即以中心镇村为中心的普惠城乡的美丽乡村绿色空间体系单元。淮北市采煤沉陷区生态修复极大改善了淮北市的城市公共空间，成为淮北市民喜爱的绿色生态休闲乐园，改善了居民生活环境，而且带动了周边区域的开发，促进了淮北市文化旅游产业的发展，对当地人的就业发挥了重要作用。昔日煤灰蔽日的"矿山城市"蜕变成山水在城中、城在山水中的"公园城市"，获评中华环境优秀奖、全国文明城市和国家森林城市、绿化模范城市。

4.6 唐山市南湖采煤沉陷区生态修复

唐山市南湖采煤沉陷区位于唐山市市区南部，为开滦矿业集团唐山矿、刘庄煤矿和增盛煤矿的采空区。百年开采造成沉陷积水，波及面积 $28km^2$，形成了多个大小不等的积水坑。为改善城市生态环境质量，唐山市委、市政府在充分听取专家论证意见、进行可行性研究的基础上，稳步推进采煤沉陷区治理，并于 2005 年首先建成"小南湖公园"。

4.6.1 生态修复前状况

1. 地面沉陷特征

沉陷区面积 $28km^2$，呈北北东向条带状分布，地表发育多条不连续的裂缝，沉陷坑最大深度 17m。1976 年唐山大地震的强烈震动，加剧了沉陷坑不均匀沉陷。

地面沉陷特征的主要控制因素是西部倒转翼 Ⅰ～Ⅲ 断层之间强烈挤压褶皱带和断层密集破碎带，其急倾斜煤层节理、层理、片理发育、揉皱、顺层变形严重；断层将不同时代岩层错位对接，或沿软弱层面滑动，呈波浪起伏变化大；岩层受强烈挤褶皱和断层切割扰动，形成多级软弱结构面，特别是不连续的优势结构面原生地质环境承载能力低，是地面沉陷、地裂缝高易发带。

2. 污染情况

沉陷区在 1990 年以前，东北部沉陷坑作为唐山市的垃圾排放场，排放了 $450×10^4t$ 生活和建筑垃圾，形成了高于市区地面 50 多 m 的垃圾山；西南部建成了唐山发电厂的粉煤灰排放池；地面形成大小矸石山 16 座，最高的达到 40m，矸石堆积量达 $5267×10^4t$，约 $3154×10^4m^3$；市区南部的雨水和工业、生活污水、畜禽养殖污水等也都排放于此，形成了远近闻名的臭水坑。水体采样检测表明，沉陷坑积水属于低浓度重金属污染（地表水环境 Ⅲ～Ⅴ），可以采用植物修复技术进行处理，土壤重金属综合污染指数最高 0.584，说明废弃地土壤未遭受重金属污染。

南湖公园土地利用（改自赵美玲，2008） 表 4-18

类型	林地	水域	建筑	农田	芦荡	废弃地	矸石山	垃圾山
面积 /hm²	214.79	92.21	72.86	152.15	35.84	25.79	10.21	8.69
占比 /%	28.96	12.43	9.82	20.51	4.83	3.48	1.38	1.17
斑块数 / 个	105	34	33	26	11	6	3	1
斑块平均面积 /hm²	2.05	2.71	2.21	5.85	3.26	4.30	3.40	8.69

3. 土地利用

沉陷区土地类型包括工业用地、城市建设用地、农林用地和水域。其中，北区为城市垃圾填埋场，中南部为煤矸石场以及粉煤灰堆积场。村庄和居民住房用地 11.04km² 主要分布在外围区域。其中沉陷中心区域景观格局，依据 2005 年唐山市园林局《唐山市南部采沉区生态景观规划建设说明》进行遥感测定的结果见表 4-18，区内林地和农田约占总面积的一半，其后依次为水域、建筑、芦荡、废弃地、矸石山、垃圾山。

4. 人文资源

开滦矿务局积累了深厚的文化底蕴和个性鲜明的文化要素，一直享有"中国近代煤炭工业源头""中国北方民族工业摇篮"的美誉，创造了许多中国乃至亚洲的"第一"，在中国近代政治、经济乃至军事上起到了其他企业无可替代的作用。沉陷区内还存有大量煤矿、铁路遗迹等工业特色人文景观资源，以及地震遗址等文化景观，可挖掘的人文景观资源较为丰富。

4.6.2 生态修复主要规划条件与目标

1. 自然地理

唐山市位于华北平原东北部，渤海湾中心地带，居燕山南麓，地势北高南低，自西、西北向东及东南趋向平缓，直至沿海。市区从山前平原向滨海盐碱地和洼地草泊逐渐过渡，地势平坦。气候温和，属温带半湿润季风气候，年平均气温 11.1℃，整体呈阶段性上升趋势，增温速率为 0.357℃ /10a；≥ 0℃活动积温平均值为 4437.5℃·d/a，≥ 10℃活动积温平均值为 4083℃·d/a；年降水量年际变化大，多年平均值为 643.3.2mm，主要集中在 7~8 月；无霜期平均为 189d，南北的初终霜日相差在半个月左右，无霜期相差 30d。

2. 植物资源

唐山市属于暖温带半湿润季风型大陆性气候，孢粉学研究表明，到全新世，植被类型已演变为针阔混交林，孢粉组合中乔木花粉含量占优势，以松属和云杉属为主，鹅耳枥属、栎属有一定含量，还有少量胡桃属、栗属等；草本花粉含量次之，主要包括禾本科、蒿属、藜科等，以及少量菊科、毛茛科、蔷薇科、五加科、茄科和荸草属；蕨类以铁线蕨/鳞盖蕨属和真蕨纲为主；灌木植物花粉含量较低，主要是盐肤木属（1.27%）。到现代，已演变成温带落叶阔叶林区、落叶阔叶林亚区辽东栎、槲树林、油松林地带。现有城市园林绿地植物、应用树木的种类约有 110 个树种，其中，常绿乔木 22 种，落叶乔木类 37 种，花灌木类 39 种，藤本类 12 种。常见树种中，绿乔木为圆柏、油松、侧柏、白皮松、雪松，落叶乔木为垂柳、国槐、刺槐、杨树、法桐、银杏、泡桐等，灌木为大叶黄杨、女贞、紫叶小檗、榆叶梅、黄刺玫、金银木。

3. 经济社会条件

唐山市是老工业基地，是历史悠久、文化灿烂的名城，资源丰富，经济发展迅速，是中国近代工业的摇篮，2018 年，唐山市实现地区生产总值（GDP）6955.0 亿元，财政收入 882.5 亿元，一般公共预算收入 432.4 亿元，居民人均可支配收入 30309 元。随着经济结构性矛盾日益突出，过度依赖资源，造成能源紧张、资源浪费，以致资源枯竭以及带来的环境破坏问题突出，增加社会发展成本，唐山市经济社会迫切需要转型发展。

4. 生态修复规划目标

（1）总体目标

根据《唐山市城市总体规划（2003~2020 年）》和南湖采煤沉陷区的现状条件，制定生态修复目标为：以生态修复、历史文化遗产挖掘、景观绿化、湖面拓宽为契机，建设集生态保护、休闲娱乐、旅游度假、文化会展、住宅建设、商业购物、高新技术产业为一体的新城区，使之成为资源型城市转型的典范、生态重建的旗帜，着力打造度假胜地、文化创意园区、国家城市湿地公园，推动景观地产开发，形成城市环抱中的中央公园。

（2）分区目标

根据规划目标，南湖采煤沉陷区共分为六大功能片区，见图 4-51。各功能片区的目标是：

①小南湖景观功能区：位于规划区西北部，以小南湖公园为核心，南侧进一步拓展绿地景观功能；北侧依托毗邻城市的区位条件，布局包括机车博物馆、铁路博物馆、酒店、生态度假村、儿童乐园、极限运动场、娱乐休闲等城市商业文化功能。

②世博会功能区：位于规划区中西部学院路两侧，其中路东侧为世博园永久保留场址，推进学院路西侧功能升级和城市发展，拉动城市结构向南。

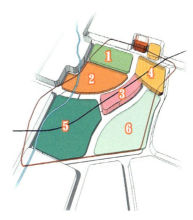

图 4-51 南湖采煤沉陷区生态修复功能分区图

③历史文化功能区：位于规划区中部区域，依托和整理现存历史文化资源：如地震遗址、交大遗址、唐山矿，打造包括地震遗址公园、交大纪念园、雕塑公园和矿井公园等人文历史性强的城市公园，构筑南湖地区文化的核心和灵魂。

④旅游和城市活动功能区：位于规划区东北部，包括大白井休闲娱乐区、花卉市场、城市体育公园、传统市场、创意产业会展区等主题旅游区和承载其他城市新功能的区域。

⑤生态功能区：位于规划区西南部，以采煤沉陷形成的大面积水体为中心，通过综合治理，营造湿地生态系统，提高生物多样性水平，使之成为整个唐山地区的空气、水源调节区，包括大地景观区、热气球场、滑翔伞基地等功能区。

⑥体育功能区：位于规划区东南部，以现有体育场地为基础，向东南进一步扩展，打造体育运动与原野绿地景观于一体的户外休闲活动区，同时推动复兴路城市景观的改善。

4.6.3 生态修复主要技术与方法

1. 环境治理

沉陷区内污染主要为煤矸石、粉煤灰污染，垃圾山污染和水体污染。

（1）煤矸石、粉煤灰污染治理

煤矸石、粉煤灰污染主要采取再利用的治理方式。区内煤矸石主要用于轻度沉陷区的填充材料，塑造地形（然后在表面覆土种植）。区内粉煤灰主要用于河岸建设和大南湖地区地形塑造，多余部分运出用于建材加工。由于粉煤灰直接暴露会产生扬尘污染，因此，在应用中采用覆土盖灰的方法。

（2）垃圾山污染治理

沉陷区垃圾山高100余米，周长近1500m，体量很大，不具备易地搬迁的可行性，必须就地治理。采取封场覆盖、生态重建的方法，封盖前首先对生活垃圾和建筑垃圾进行适当分类、归并处理，在生活垃圾堆场底部采用聚乙烯土工布防渗工程技术、土工合成材料应用技术进行处理，防止垃圾渗漏液污染土壤及地下水，并在堆中科学设置排气井，周围挖沟铺管，表面覆盖施工难度小、防渗性能好、较柔软、变形适应能力强、抗拉伸能力强、易修补的材料，保证沼气及一些污染物的排除和垃圾山的稳定；建筑垃圾进行表面平整处理。经初步处理后的垃圾山整体覆盖土壤，栽植植被，将垃圾山变为青山。

（3）水体污染治理

①清污分流。改造管网，将污水引入东、西两个污水处理厂，净化处理后中水还湖。

②生态净化。种植芦苇、香蒲、荷花等水生植物，吸附净化水体，同时丰富湿地景观。

③引清冲污。引开滦井下疏干水置换、冲刷原污水。

④构建水生植物—动物生态系统。放养的水生动物有红鲤鱼、黑鲤鱼、麦穗鱼、草鱼、小虾、贝类等几十种。

2. 地形与水系整治

（1）地形重塑

依据唐山矿采矿资料，按开采最大采深715m计算，该区地表移动总时间为4.9年，区内层开采结束时间为2000年，截至目前，区内沉陷基本趋于稳定，治理前地形主要为分散的沉陷区、鱼塘、小积水坑、垃圾山等。

根据沉陷区地形特点，地形重塑时，地面沉陷深度2m以内、一般不产生积水的沉陷区，采取推高填低的方式进行造陆。沉陷深度2~4m、有季节性积水的中度沉陷区域，采取"挖深垫浅"的方法，将沉陷深度较大的沉陷区的土壤，在积水之前推到沉陷较浅的区域，既扩陆又增水。对地面沉降4m以上大面积常年积水的深度沉陷区、鱼塘和部分毗邻中度沉陷坑进行开挖、疏排、整合，形成完整的大面积水域，并在部分稳定性较好或地势较高的区域进行筑岛等微地形设计，增加水体地形变化，开挖过程中清理出的垃圾统一归并到垃圾山上集中处理。地形重塑造中,对地势较高的部分可进一步垫高形成小山或半岛,形成起伏有致的坡地地貌景观。

区内垃圾山,顺势垫高造山,并在山顶修建景观建筑,形成全园的标志性景观和远眺点——"凤凰台"(图4-52)。

(2)水系整治

沉陷区属于冀东沿海水系,青龙河从西侧经过,区内各大沉陷坑相互独立,水域不连通,水体污染及富营养化严重。

水系整治结合地形重塑,采取"北扩南联西通"的方式,湖面由1.5km²扩大为11.5km²。在扩大水面的同时,将南北两水域通过青龙河连通。整个水系纳入城市规划环湖水系中,保证水体的流动,解决枯水期补水和丰水期泄流的问题。其中,丰水期时北部湖区湖水经明渠导入青龙河,再流经南部湖区湿地排出该区域;枯水期时从环城水系通过青龙河及陡河补水,经湿地处理后,通过泵站提升至北部湖区及小南湖进行补给。驳岸主要以自然式软质驳岸为主,采取植被护坡和生态桩驳岸等形式,局部区域结合场地形式采用少量硬质驳岸。

针对青龙河为季节性排涝河道,水资源不足的现状,设置雨水收集系统,对再生水进行净化处理,并对青龙河的水质进行改善,作为大南湖的补水水源。南湖采煤沉陷区水系整治效果,见图4-53。

3. 土壤重构与植被修复

(1)土壤重构

沉陷区原生土壤类型主要是砂壤质洪冲积褐土和黏壤质洪冲积褐土,其中以砂壤质洪冲积褐土为主。

土壤重构的重点是针对垃圾山和粉煤灰、煤矸石充填造陆获得的不良土地,主要采用优质土覆盖法和植被覆盖法、豆科植物轮载法进行土壤

图4-52 改造后的垃圾山——凤凰台　　　　图4-53 水系整治效果

改良。据不完全统计，修复中先后调运优质土 $60 \times 10^4 m^3$，覆盖粉煤灰坑 $10 \times 10^4 m^2$，换土造地近 $70 hm^2$。将大南湖地区清理出来的表层土壤填至粉煤灰场，改善其表层土质。

（2）植被修复

植被修复时考虑当前的形势和未来的场地变化的可能性，以原有人工林、果林和湿地植物群落为基础，借鉴地带性自然群落的种类组成、结构特点和演变规律，营造以乔木为骨架，以木本植物为主体的乔、灌、草复合群落，形成接近自然植物群落的结构，同时，优化物种，注意群落外貌、形态和色彩等组合，重视植物的景观、美感、寓意和韵律效果，产生富有自然气息和文化底蕴的景观，达到生态、科学和美学高度和谐的效果，并与城市景观特色、建筑物造型相融合。针叶林主要采用雪松、油松、圆柏、侧柏、冷杉、白皮松等；针阔混交林主要采用油松、白皮松、侧柏、旱柳、板栗、刺榆、桑、胡桃、核桃楸、元宝槭等；乔灌区主要采用柿树、桑、毛白杨、黄栌、火炬树、刺槐、酸枣、香椿、油松、侧柏、白皮松、黄刺玫、欧李、胡枝子、小叶鼠李、扁担木、三裂绣线菊等；灌丛主要采用金银木、鼠李、紫叶小檗、刺五加、荆条、珍珠梅、棣棠、蒺藜、猬实等；疏林草地主要采用栾树、柽柳、白蜡、柿树、北京丁香、小叶杨、馒头柳、紫花地丁、马齿苋、荠菜、铁苋菜、二月兰、酢浆草、太阳花等。水生植物中，香蒲沼泽群落以香蒲为主，配以黑藻、金鱼藻、眼子菜、泽泻、雨久花、慈姑、紫萍、荇菜等，芦苇沼泽群落以芦苇为主，配以香蒲、狼把草、荻，浮叶植物槐叶萍、紫萍、荇菜，以及沉水植物水蓼、马来眼子菜、黑藻等，菖蒲沼泽群落以菖蒲为主，配以水芹、水蓼、黑藻、西洋菜等，水葱沼泽群落以水葱为主，配以芦苇、香蒲、花蔺、野慈姑、金鱼藻、紫萍、浮萍等，整个沉陷区应用的高等植物达到81科220属336种，种类组成非常丰富，形成了人工林、果林、农田、湿地草甸4大类植物群落，其中人工林主要包括3个植被型组、4个植被型、19个群系类型。南湖公园植物配置见图4-54。

图4-54　南湖公园植物配置

4. 景观提升

景观提升包括自然景观提升和人文景观提升。自然景观提升又分地貌景观提升和植物景观提升两个方面。

(1) 地形韵律的构建

沉陷区在沉陷前为冲积平原，地形简单。沉陷后产生了沉陷坑和粉煤灰场、煤矸石场、垃圾山等多种新的形态。对粉煤灰场、煤矸石场及垃圾山等污染物治理和地形重塑、水系整治中，在平面控制上，以存留"山体"和大型积水沉陷坑为基础，以山、水的对比与调和为核心，打破单调，造成重点和高潮。山体的轮廓线和水体（湖）体岸线布置，以优雅、流畅、轻快、丰满、活泼、柔软的感觉为主，与自然景观取得最好的协调。在竖向上设置丰富的地形起伏，产生韵律感（图4-55）。

(2) 植物景观提升

植物景观提升重点围绕各个活动区功能不同，在适地适树的基础上，按照统一、调和、均衡和韵律四大原则，充分利用植物的形体、线条、色彩、质地进行构图，并通过植物的季相及生命周期的变化，使之成为一幅活的动态构图。

山地露营区选用分枝点高的乔木，落叶与常绿混种，结合花灌木以及野趣的地被，注意季节变化，点缀秋色叶树种，主要植物有：油松、雪松、君迁子、紫花泡桐、香椿、刺槐、栾树、黄栌、金银木、珍珠梅、碧桃、二月兰、紫花地丁。

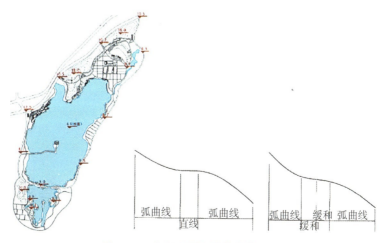

图4-55 南湖公园地形的韵律

密林植物区充分利用植物的形体、线条、质地进行构图,以乔木为主,在烧烤区周边多种植开花类植物,营造热闹快乐的气氛。主要植物有:侧柏、油松、白皮松、榆树、白蜡、国槐、暴马丁香、皂荚、千头椿、木槿、紫丁香、紫羊茅、地被菊。

滨水科普教育区(图4-56)以开花类植物和水生植物为主,配以冠大荫浓的乔木。主要植物有:紫穗槐、国槐、碧桃、猬实、棣棠、月季、鸢尾、睡莲、荷花、千屈菜、香蒲、水葱。

花田观赏区以高大乔木为背景,组织专类花卉观赏包括月季园、丁香园、桃花园、观叶植物区、观果植物区等,沿水边以湿地栈道景观为主,主要植物有:白皮松、油松、毛白杨、白蜡、紫薇、芦苇、菖蒲、香蒲、慈姑、千屈菜等。

林地溪流区选择耐水湿的乔木和灌木,点缀少量的水生花卉,主要植物有:垂柳、旱柳、柿树、桧柏、丝棉木、南迎春、棣棠、连翘、千屈菜等。

滨水休闲区(图4-57)以乔木和秋色叶植物为背景,多种植灌木,水边以芦苇香蒲丛为主。主要植物有:栾树、侧柏、雪松、元宝槭、紫叶李、垂柳、丝棉木、杜仲、南银春、连翘等。

农家体验区以果园为主,兼有蔬菜园和水中植物采摘区,主要果树有苹果、桃、梨、红枣、柿子等,水中植物采摘主要是菱和藕,园区点缀其他乔木,如国槐、香椿、桑树、侧柏、皂荚等。

(3)人文景观提升

南湖采煤沉陷区人文景观提升重点围绕唐山煤矿、唐山交大遗址、76地震遗址等历史遗产保护和开发,形成历史文化功能区。

图4-56 滨水科普教育区植物景观

图4-57 滨水休闲区植物景观

地震遗址纪念公园处于南湖区域原唐山机车车辆厂地震遗址，以原车辆厂铁轨为纵轴，以纪念大道为横轴，分为地震遗址区、纪念水区、纪念林区、纪念广场等区域。广场正前方纪念水池，池内主题雕塑用写实的雕塑语言，展现唐山人民在灾难面前风雨同舟、患难与共的生动场面，激发人们珍爱生命、奋发向上的豪迈情怀。大地震罹难者纪念墙由 5 组 13 面墙体组成，镌刻着在 1976 年唐山大地震中罹难同胞的姓名。纪念墙每面高 7.28m，代表 7 月 28 日，墙体距水面 19.76m，代表 1976 年，预示着逝者与生者的时间和空间的距离。纪念墙旁设计地下一层建筑，采用钢筋混凝土结构，收集具有纪念意义的实物、图片、文字、影像资料，《唐山·1976》主题展览，展示大地震的巨大灾难和抗震救灾、重建家园的壮举，全园体现了对自然的敬畏、对生态的关爱、对科学的探寻、对历史的追忆。

4.6.4 修复治理的效果

从 2008 年起，唐山市委市政府提出开发建设南湖生态城以来，通过多次改造提升，建成了小南湖公园、南湖国家城市湿地公园、地震遗址公园、南湖运动绿地、国家体育休闲基地、南湖紫天鹅庄、凤凰台公园、植物园、爱尚庄园等大小公园群，构成了唐山市"城市中央生态公园"，把沉陷区及唐山的特殊历史更好地保留和展示给市民，形成了生态文化、历史文化、工业文明新景观，坏境最差、污染最严重的采煤沉陷区变成了林木葱郁、鸟语花香、鱼翔浅底、市民与自然和谐相处的美丽风景，成为《唐山市生态文明建设规划（2021-2025）》"一区一带二环多廊多点"生态安全格局中"中心城区内外蓝、绿两环"的核心，同时有力带动了周边产业经济和文化的发展，丰富了唐山市的旅游资源，发展出新的产业体系，为唐山市公园城市建设打造了重要的物质基础。

第 5 章

公园城市导向下的采煤沉陷区生态修复展望

　　煤炭作为世界上分布最广、蕴藏量最丰富的固体可燃性矿物质，是18世纪以来人类世界使用的主要能源之一，在经济社会发展中发挥着不可或缺的重要作用。但是，随着煤炭资源的不合理开采，导致矿区及周边原有的生态环境发生显著改变，在开发程度高的人口密集地区，还引发出一系列经济社会问题。中国是一个煤炭生产与消费大国，深刻认识采煤沉陷区生态环境问题及生态修复价值，是加快解决煤炭资源型城市转型发展的前提。煤炭资源型城市采煤沉陷区应按照公园城市理念，遵循人与自然和谐共生的原则，加强顶层设计、政策体系构建、系统规划、科技创新，以生态修复为基础，以从经济产业发展、生态环境保护、社会民生保障等多个角度综合解决沉陷区面临的发展短板，实现区域生态环境与经济社会共同发展。

5.1 凝聚战略共识，采煤沉陷区生态修复是实现公园城市目标的重要内容

采煤沉陷的生态修复与人类近数十年内大规模的采煤开采相伴而生，经历了从"漠视"到逐渐"兴起"以及现在不断"重视"的过程，其背后隐藏的是污染加剧、矿区发展受阻等一系列生态、经济和社会等现实问题。在生态文明建设的大背景下，采煤沉陷区生态修复作为煤炭资源型城市振兴的重要举措之一，正在得到全方位推进。

大量的实践表明，受损特别是极度受损生态区域的生态系统原始状态很难获得。而且在很多情况下，由于生态过程的复杂性和尺度性，单纯地从受损生态区域出发设计生态恢复工程，往往会因一些重要生态过程的改变而带来新的生态问题，最终往往会造成生态问题没有得到根本解决，更无法实现生态环境问题背后隐藏的社会问题的解决，造成"恢复资源的浪费"，与人类希望的经济、社会目标也不相符。因此，在"恢复生态学""中国化"的过程中，发展出"生态修复""生态重建"等概念，虽然在不同的行业或部门，赋予了稍有差异的内涵，但"修复""重建"所蕴含的主观能动性和实现经济社会价值的诉求，对于人类社会而言，无疑更为积极有效。公园城市导向下的采煤沉陷区生态修复，就是城市建设行业（或领域）、工矿废弃地生态修复中的一个细分领域（图5-1）。

这个细分领域的发展，首先必须接受或者说满足城市的属性要求。城市是人类高度聚居的地域，是人追求自身发展的空间反映，也是人与自然关系或人类文明在空间上的映射。在人类很长的历史时期内，城市居民只占人类整体的小部分。然而近两个世纪的城市化进程显著加快，目前世界上一半以上的人口居住在城市（中国的城镇化率2021年也已经达到了64.72%），这对可持续性产生了深远的影响。一方面，城市规模扩大与城市人口流动性增强引发的时空结构变化，使人们经由空间交往远多于时间延续的累积，"空间"以前所未有的流动、变化、加速和融合的方式支配着人们日常生活的建构性力量。另一方面，伴随城市规模迅速扩大与城市人口的不断增加，造成城市空间结构失衡、功能混乱、公平赤字、治理困境等

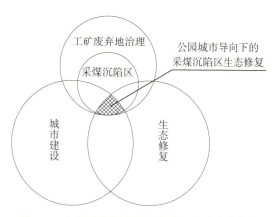

图 5-1 公园城市导向下的采煤沉陷区生态修复

问题,带来了一系列直接威胁人类生存的社会系统风险。在这一"城市风险化"过程中,"人—空间—治理"极其复杂关系构成了"城市风险化"基本影响因子。从主体层面审视和探究何以、又将如何"让人生活更美好"的城市意义问题,以及从空间层面审视和诠释资本逻辑与权力逻辑交织下的城市空间异化问题,城市中的工矿废弃地生态修复和再利用都占有重要的地位,具有重大的意义。因为在"经济人"逻辑下,城市发展经济的功能往往占有统治地位,城市的土地"寸土寸金",没有直接经济效益的绿色生态空间建设的土地资源被不断压缩。而从发生学意义上讲,人的本性是亲近自然,"经济人"逻辑下的城市化则隔阂了人与自然的亲近关系,诱发城市居民产生抑郁、焦虑,缺乏意义感和好奇心等一系列生理、心理症状。在这个矛盾体中,城市工矿废弃地生态修复作为一把"废弃地再利用"的钥匙,矫正城市空间秩序失控,推动"城镇化从以物的城镇化为主线的空间发展,转变成为以人的城镇化为旨趣的空间人本化",构建"人—城市—文化—自然"有机互动的文化生态发展道路,实现"城市经营"向"城市服务"的治理理念变迁,实现"物本"的经济目标转向"人本"的治理目标。因此,城市工矿废弃地生态修复活动作为干预和塑造地表生态系统结构和功能的主导驱动力量,必须符合城市的属性和城市居民生活的需要,必然要在自然主义的"恢复生态学"基础上,导入公园城市理念下的"以人民为中心"的思想,进而形成"人本主义+自然主义"的城市工矿废弃地生态修复理论体系和技术体系。

5.2 加强顶层设计，形成政策合力促进采煤沉陷区高质量生态修复

采煤沉陷区生态修复立足于公园城市"一公三生"内涵本质，将公共性、生态、生活、生产融合在一起，满足人民日益增长的优美生态环境需要。深化采煤沉陷区利益主体关系的研究，建立政府、企业、非政府组织、公民等在采煤沉陷区生态修复实施中的行为倾向科学评价体系和组合决策方法，使采煤沉陷区生态修复成为造福后代的"千秋工程"。通过科学合理的顶层设计，建立切实可行的采煤沉陷区生态修复制度体系，制定符合景观生态学原理的修复措施，才能从真正意义上实现公园城市导向下的全域、全要素的生态修复格局。

坚持生态修复政策制定服从公园城市导向、短期政策服务长远规划的原则，加强环境保护、生态修复、投资金融、人才培养等政策的统筹协调，形成政策合力，发挥 1+1>2 的政策叠加效应。谋划储备并加快一系列采煤沉陷区生态修复项目的实施落地，形成"规划一批、开工一批、储备一批"的滚动发展态势，完善部门互动、上下联动的采煤沉陷区生态修复项目协调服务体系。支持鼓励社会资本参与项目建设，建立和完善政府与社会资本合作项目支持政策体系。

随着各地采煤沉陷区生态修复实践的进展，单一学科很难顺利应用到项目规划设计、实施、监测等修复实践中去，难以对生态修复实践工作的改进和优化产生明显效果。未来的生态修复研究需要在系统集成的视角下，在理论—实践—政策的耦合、生态学—社会经济学科的交叉等方面深化研究，建立链接生态系统服务供给者和受益者的生态补偿制度，以推动采煤沉陷区生态修复的政策和技术体系的顶层设计。

目前我国土地复垦与生态修复缺乏完备、可操作的监管机制，可以借鉴国际上多年的修复经验，重点加强监管政策的完善、建立明确的监管机构、人员及职责，进一步完善土地复垦与生态修复项目从立项到验收的全过程监管机制，增加政策的执行力。编制建立国家—地方多层面、综合—专项多角度的系统化采煤沉陷区生态修复的政策机制和标准，有效解决现

行标准规范不统一、执行困难等突出问题,按照公园城市建设需求对现行标准、规范进行更新或修订,为公园城市目标背景下采煤沉陷区生态修复工程的实施提供遵循。优先实施生物多样性本底调查、观测和评估,全面摸清区域生物多样性本底情况,建立多目标、多要素采煤沉陷区生态修复评价模型,为科学规划采煤沉陷区生态修复提供决策支持。

5.3 完善规划体系,采煤沉陷区生态修复多方位系统化融入公园城市理念

采煤沉陷区生态修复不仅是一个自然的、生态学的过程,也是经济投入、价值恢复以及资源管理的社会经济过程,包含着一系列人类价值取向的动机和目标。深入践行"绿水青山就是金山银山"的发展理念,以生态视野在城市构建山水林田湖草生命共同体、布局高品质绿色空间体系,健全以"生态修复+"绿色发展模式为基础,以专项规划、国土空间规划、区域战略规划等为支撑的规划体系。

编制实施围绕采煤沉陷区生态修复的地质安全隐患防治、环境污染治理、地形重塑、土壤重构、植被重建、景观提升、维护管理和动态监测等重点专项规划,明确各区域、各部门的发展目标、重点任务和政策措施,形成对采煤沉陷区生态修复强有力的支撑。

加强规划之间的衔接配合,确保采煤沉陷区生态修复的总体要求指向一致、空间配置相互协调、时序安排科学有序。加大采煤沉陷区生态修复规划与所在城市国土空间和土地利用总体规划、城市绿地系统规划、生态保护规划等相关规划的协同,优化煤矿区的生态修复适宜性评价和空间布局,把局部地块的利用放到城市用地布局和空间结构中整体考虑,结合开发公共空间新需求和形式,实现采矿废弃地从"封闭"到"融合"的功能置换及空间重构。研究建立以3S技术、算法模型等为基础的深化,以矿

区自然边界为主、行政边界为辅的规划方法，宏观尺度上总体规划结合区域的生态环境和国家的区域发展规划相衔接，满足国家区域协调发展战略要求。

推进采煤沉陷区生态修复的数值模拟方法研究，建立适用于国土空间规划的采煤沉陷区生态恢复目标与预测，形成综合多方面要素考虑的采煤沉陷区修复目标导向与策略。在继承传统方法外，更加注重提升信息收集、分析与决策建模、规划设计模拟等技术，不断拓展应用系统方法、多学科交叉融贯研究的方法、公众参与的方法、技术与手段创新的方法等，逐步实现智能化决策，建立通过宏观监测和定位连续监测相结合的跨学科监测手段，研究和搭建宏观尺度和微观尺度相结合的采煤沉陷区生态系统大数据平台，将表征采煤沉陷区湿地生态系统结构、过程、功能、生物多样性的生态大数据进行多区域、多尺度耦合，利用大数据制定耦合生态系统各要素和主要生态过程的生态修复技术方案，为沉陷区湿地生态系统管理和生态修复、生态补偿措施实施提供数据支撑。

5.4 加快科技创新，全域全要素深入推进采煤沉陷区生态修复

紧紧围绕习近平总书记"尊重自然、顺应自然、保护自然"的生态文明理念，突出"公园城市"特点的指示，集中支持事关全局的研究与探索，坚持公园城市战略和前沿导向，在采煤沉陷区生态修复领域制定技术路线图，明确技术壁垒，找准技术瓶颈，开展攻关。支持企业联合科研院所，加大对采煤沉陷区生态修复相关课题的研究，建立采煤沉陷区创新战略联盟，搭建创新链与产业链对接的新型产、学、研组织框架，推动公园城市导向下的采煤沉陷区生态修复工作顺利开展。

（1）全要素采煤沉陷区生态修复技术研发与集成。采煤沉陷区生态修

复涉及非生物环境要素（如土壤、水体、大气、煤矿固体废弃物、煤矿有毒有害物）的修复技术、生物因素（物种、种群和群落等）的修复技术、生态系统及景观（如结构、功能）、历史文化要素等的总体设计及技术集成。由于生物分布的地带性，加之不同城市生态修复的经济投入能力、修复目标的差异，应研究并建立适应不同生态区、不同投入强度、不同修复目标下的采煤沉陷区生态修复的技术模式，不仅具有重要的实践意义，也具有重要的理论与技术意义。基于宏观的景观基质、功能区域空间布局，以及微观的生态网络规划法等识别和景观要素保护，构建"功能区划—景观区划—适宜性评价—技术配置"生态修复技术体系，研究科学的采煤沉陷区生态修复适宜性评价单元的划分和评价方法，发展从单因素向基于GIS、神经网络、可拓理论的多因素模糊综合评价或灰色系统模型等综合划分法，提高评价结果精度和成果可应用性。按照生态系统的整体性、系统性和内在规律，集成矿山废弃地污染治理技术，废弃地的可持续利用、地貌重塑技术和植被恢复等技术。

（2）矿区土地和生态环境损毁的监测诊断技术。矿区土地与生态环境损毁的特征与问题诊断是生态修复的关键。曾任哈佛大学景观学系主任的Charles Waldheim 曾经指出，在当代风景园林实践中，景观系统以其显著的矫正性功效被作为"一种治愈工业时代创伤的药膏"，这是一种认识误区。一方面，不能把景观作为简单粗暴处理棕地问题的"绿色膏药"。并不是有"棕色伤疤"的地方都可以快速地用挂着"生态"标签的"绿色膏药"一贴，就万事大吉了。另一方面，也要警惕"改造为景观用途是不能很好地解决场地的污染治理问题"的错误倾向。必须进一步重视废弃矿山污染源的监测与诊断和全面系统的生态问题诊断，在关注显性因子的监测外，需要加大隐伏信息的监测诊断，使生态修复规划更加科学有效。

（3）采煤沉陷区次生湿地生境与水质修复技术。深入开展采煤沉陷积水区水体维系技术研究是保持采煤沉陷区次生湿地良好生境的重要环节。首先，通过土地利用类型选择，斑块、廊道、基底景观要素合理组合，多样生境条件构建，确定采煤沉陷区次生湿地生态景观再塑原则和目标。采煤沉陷区次生湿地基底改造技术，包括稳定沉降区渗水基底改造方法、急倾斜煤层开采与动态沉陷裂缝区土工膜防渗处理、水域边坡水土流失控制技术等；其次，研究采煤沉陷区次生湿地植物生态系统构建，开展高潜水位采煤沉陷区生态要素系统监测，获得沉陷区生态系统演变特征、采煤沉陷区土地利用类型、生态系统的建群物种变化规律，重点突出人工植物群落修复、生态浮岛植被景观构建与配置研究。最后，在兼顾城市景观效应及生态效应的基础上，建立采煤沉陷区水体植物、园路植物、岛屿植物、地被植物、彩叶树种、建筑周边植物等不同的湿地植物配置模式，突显城市湿地特点，实现集绿化、美化、人文、休闲为一体的城市湿地园林景观效果（徐州市桃花源湿地公园景观见图5-2）。对我国东部高潜水位采煤沉陷区加强生态景观湿地的研究，拓展土地利用的多样性；对于我国西部生态脆弱矿区，加强减少扰动的工程治理、植被快速恢复、仿自然地貌修复、人工与自然修复综合治理等方面技术集成创新与应用。

图5-2 徐州市桃花源湿地公园景观

（4）采煤沉陷区生态修复人工景观构建技术。基于区域尺度的景观格局分析，研究建立城市采煤沉陷区水体景观、生物景观和文化景观相互交融、相互影响的人居环境与生态一体化景观构建模式，见图5-3。研究沉陷区景观格局、生态质量、生态安全评价体系和高效生态系统模式，建立高碳汇

图5-3 采煤沉陷区生态修复人工景观

采煤沉陷区生态系统的技术路径，以生态碳汇助推采煤沉陷区可持续发展。加强动物、微生物恢复特征及其植物相关性研究，同时加强对矿山废弃地生态修复与多种环境资源因子的综合效应研究、生态修复与环境生态改善的研究，加强采煤沉陷区污染物的生物吸收与富集机制、有机污染物的转化和生物降解机制、生态修复的强化机制等应用基础研究，研编适应当地实际的不同土壤层次、质地调配技术规范，服务国家"双碳"目标。

主要参考文献

[1] 邹友峰，邓喀中，马伟民. 矿山开采沉陷工程 [M]. 徐州：中国矿业大学出版社，2003.

[2] 周群. 采煤塌陷地致灾机理及恢复治理研究——以肥城市为例 [D]. 泰安：山东农业大学，2005.

[3] 林中月. 华北赋煤区煤田构造与构造控煤作用研究 [D]. 北京：中国矿业大学（北京），2012.

[4] 曹国亮. 华北平原地下水系统变化规律研究 [D]. 北京：中国地质大学，2013.

[5] 王世东. 河南省煤矿塌陷地复垦模式研究 [J]. 矿业研究与开发，2010，30（4）：81-83，100.

[6] 李勇，杨学民，秦飞，等. 生态园林城市建设实践与探索 [M]. 北京：中国建筑工业出版社，2016.

[7] 王俊杰. 城市双修背景下采煤塌陷区生态系统重建——以济宁市采煤塌陷区为例 [J]. 中外建筑，2018（7）：113-116.

[8] 崔龙鹏，白建峰，史永红，等. 采矿活动对煤矿区土壤中重金属污染研究 [J]. 土壤学报，2004，41（6）：896-904.

[9] 张明亮，王海霞. 煤矿矸石山周边土壤重金属污染特征与规律 [J]. 水土保持学报，2007.

[10] 张邦花. 煤矿区闭坑的生态环境效应研究——以枣庄矿区为例 [D]. 济南：山东师范大学，2016.

[11] 孙岩. 济宁煤矿沉陷区的生态恢复与治理研究 [D]. 济南：山东大学，2006.

[12] 焦华富. 中国煤炭城市发展模式研究 [D]. 北京：北京大学，2004.

[13] 李保杰. 矿区土地景观格局演变及其生态效应研究——以徐州市贾汪矿区为例 [D]. 徐州：中国矿业大学，2014.

[14] 卢艳艳. 基于 GIS 的煤矿区景观格局时空产业化及生态重建研究 [D]. 泰安：山东农业大学，2012.

[15] 刘抚英，栗德祥. 工业废弃地土地更新利用的框架、模式与程序 [J]. 城市规划学刊，2009（3）：69-74.

[16] 吴鹏. 论生态修复的基本内涵及其制度完善 [J]. 东北大学学报（社会科学版），2016，18（6）：628-632.

[17] 朱润钰. 生态位、城市生态场势等城市生态学概念研究综述 [J]. 安徽农业科学，2007，35（36）：11998-11999，12003.

[18] 李敏. 城市绿地系统规划 [M]. 北京：中国建筑工业出版社，2008.

[19] 黄光宇. 生态城市研究回顾与展望 [J]. 城市发展研究，2004，11（6）：41-48.

[20] 宋祥兰，郭小宁，邝先松，等. 矿区生态退化与生态恢复研究进展 [J]. 南方林业科学，2015（3）：47-49，63.

[21] 薄怀志. 高潜水位平原区采煤沉陷防治技术研究进展 [J]. 山东国土资源，2018，（11）：59-66.

[22] 邓小芳. 中国典型矿区生态修复研究综述 [J]. 林业经济，2015（07）：14-19.

[23] 樊金栓，杨爱军. 煤矿废弃地生态植被恢复与高效利用 [M]. 北京：科学出版社，2015.

[24] 成都市公园城市建设领导小组. 公园城市建设新模式的理论探索 [M]. 成都：四川人民出版社，2019.

[25] 刘春，刘上，李超. 煤矿矿区地面塌陷成因及控制措施研究 [J]. 山东煤炭科技，2018（04）：116-118+121.

[26] 冯宇, 黄河, 唐文武. 采空区地裂缝对地质环境影响的研究进展 [J]. 江西化工, 2019 (04): 205-208.

[27] 张锦瑞, 陈娟浓, 岳志新, 等. 采煤塌陷引起的地质环境问题及其治理 [J]. 中国水土保持, 2007 (04): 37-39.

[28] 吕凤兰, 马学军, 邵长庆, 等. 河北平原地裂缝分布特征及成因分析 [J]. 上海国土资源, 2014, 35 (04): 49-52+57.

[29] 申太祥. 论城市建设对地面沉降的影响 [J]. 科技资讯, 2010 (1): 76-78.

[30] 《工程地质手册》编委会. 工程地质手册 [M]. 北京: 中国建筑工业出版社, 2018.

[31] 吴建中. 中国地面沉降地质灾害区划方法与实践 [J]. 上海国土资源, 2011, 32 (02): 84-87.

[32] 韩科明. 采煤沉陷区稳定性评价研究 [D]. 北京: 煤炭科学研究总院开采设计研究分院, 2008.

[33] 刘龙飞. 济宁市矿区塌陷地治理及生态重建规划研究 [D]. 上海: 复旦大学, 2013.

[34] 张青云. 采煤区地面塌陷问题分析 [J]. 湖北农机化, 2019 (05): 54-55.

[35] 刘辉, 邓喀中, 雷少刚, 等. 采动地裂缝动态发育规律及治理标准探讨 [J]. 采矿与安全工程学报, 2017, 34 (05): 884-890.

[36] 汤中立, 李小虎, 焦建刚, 等. 矿山地质环境问题及防治对策 [J]. 地球科学与环境学报, 2005 (02): 1-4.

[37] 牛振波. 河南小秦岭矿区矿山地质环境治理方案探究 [J]. 世界有色金属, 2019 (01): 170-171.

[38] 于淼, 魏忠义, 王秋兵, 等. 不同粒级煤矸石风化物矿质元素的含量变化及风化程度分析 [J]. 山西农业科学, 2008, 36 (5): 66-69.

[39] 张锐, 张成梁, 李美生, 等. 煤矸石山风化堆积物水分动态研究 [J]. 水土保持通报, 2008, 28 (1): 124-129.

[40] 冯晶晶, 张成梁, 刘治辛, 等. 自然降水条件下煤矸石坡土壤含水量及径流变化 [J]. 中国水土保持科学, 2016, 14 (4): 60-67.

[41] 朱云辉. 煤矸石山植被应注意的问题 [J]. 中国煤炭, 2002 (5): 49, 19.

[42] 徐卫东, 陈润羊. 煤矸石的环境水文地质作用模式研究 [J]. 洁净煤技术, 2006, 12 (3): 108-112.

[43] 侯巍, 杨莉, 胡雪, 等. 门头沟区龙泉镇煤矸石山植被恢复中的树种选择 [J]. 中国水土保持, 2017 (10): 21-24.

[44] 王丽艳, 刘光正, 张正梁, 等. 煤矸石废弃地生态恢复植物种的筛选 [J]. 林业实用技术, 2012 (10): 3-6.

[45] Messer T L, Burchell M R, Grabow G L, et al. Groundwater nitrate reductions within upstream and downstream sections of a riparian buffer [J]. Ecological Engineering, 2012, 47 (5): 297-307.

[46] 宁寻安, 陈文松, 李萍, 等. 污染底泥修复治理技术研究进展 [J]. 环境科学与技术, 2006, 29 (9): 100-102.

[47] 张艳, 邓扬悟, 罗仙平, 等. 土壤重金属污染以及微生物修复技术探讨 [J]. 有色金属科学与工程, 2012, 3 (1): 63-66.

[48] 廖伟伶, 黄健盛, 丁健刚, 等. 我国黑臭水体污染与修复技术研究现状 [J]. 长江科学院院报, 2017, 34 (11): 153-158.

[49] 黄锦楼, 陈琴, 许连煌. 人工湿地在应用中存在的问题及解决措施 [J]. 环境科学, 2013, 34 (1): 401-408.

[50] 童国璋, 叶旭红. 生态浮岛技术概述及应用前景 [J]. 江西科技, 2010, 28 (4): 470-472, 486.

[51] 刘少文, 焦如珍, 董玉红, 等. 土壤重金属污染的生物修复研究进展 [J]. 林业科学, 2017, 53 (5): 146-155.

[52] 王伟霞, 李福后, 王文锋. 微生物在土壤污染中的生物修复作用 [J]. 北方园艺, 2010 (4): 208-211.

[53] Luo S, Wan Y, Xiao X, et al. Isolation and

characterization of endophytic bacterium LRE07 from cadmium hyper accumulator *Solanum nigrum* L. and its potential for remediation [J]. Applied Microbiology and Biotechnology, 2011, 89（5）: 1637-1644.

[54] 罗巧玉, 王晓娟, 林双双, 等. AM真菌对重金属污染土壤生物修复的应用与机理 [J]. 生态学报, 2013, 33（13）: 3898-3906.

[55] Tastan B E, Ertugrals, Donmez G. Effective bioremoval of reactive dye and heavy metals by *Aspergillus versicolor* [J]. Bioresour Technol, 2010, 101（3）: 870-876.

[56] Ramasamy R K, Congeevaram S, Thamaraiselvi K. Evaluation of isolated fungal strain from e-waste recycling facility for effective sorption of toxic heavy metals Pb（Ⅱ）ions and fungal protein molecular characterization—a mycoremediation approach [J]. Asian Journal of Experimental Biological Sciences, 2011, 2（2）: 342-347.

[57] 丁阔. 城市设计中的地形重塑 [D]. 上海: 同济大学, 2007.

[58] 徐嘉兴. 典型平原矿区土地生态演变及评价研究——以徐州矿区为例 [D]. 徐州: 中国矿业大学, 2013.

[59] 宋世杰, 赵晓光, 张勇, 等. 井下采煤影响矿区坡面形态及侵蚀的数值模拟分析 [J]. 安全与环境学报, 2016, 16（4）: 368-373.

[60] 李保杰, 顾和和, 纪亚洲. 矿区土地复垦景观格局变化和生态效应 [J]. 农业工程学报, 2012, 28（3）: 251-256.

[61] 金飞. 高标准农田建设渠道排水沟设计 [J]. 东北水利水电, 2015（9）: 56-58.

[62] 林振山, 王国祥. 矿区塌陷地改造与构造湿地建设——以徐州煤矿矿区塌陷地改造为例 [J]. 自然资源学报, 2005, 20（5）: 790-795.

[63] 赵博. 采煤沉陷区河湖连通与水生态模式构建综合技术研究 [D]. 合肥: 安徽农业大学, 2016.

[64] 周德培, 张俊云. 植被护坡工程技术 [M]. 北京: 人民交通出版社, 2003.

[65] 刘晓路, 高强, 肖衡林. 基于三维土工网垫的植草护坡技术研究 [J]. 长江科学院学报, 2008, 25（3）: 58-61.

[66] 胡振琪, 魏忠义, 秦萍. 矿山复垦土壤重构的概念与方法 [J]. 土壤, 2005, 37（1）: 8-12.

[67] 司秋亮, 王恩德, 丁姝. 采煤沉陷区土地复垦的几种简易方法 [J]. 资源环境与工程, 2007, 21（5）: 629-631.

[68] 胡振琪, 邵芳, 多玲花, 等. 黄河泥沙间隔条带式充填采煤沉陷区复垦技术及实践 [J]. 煤炭学报, 2017, 42（3）: 557-566.

[69] 刘建平, 张海云, 骆广平, 等. 生土特性及生土快速培肥措施 [J]. 山西水土保持科技, 2001（4）: 14-16.

[70] 王果. 土壤学 [M]. 北京: 高等教育出版社, 2009.

[71] Peter L O, Thomas M D, Samantha S R, et al. A large-scale soil-mixing process for reclamation of heavily disturbed soils[J]. Ecological Engineering, 2017（109）: 84-91.

[72] Huarui G, Jing L, Junhua M, et al. Effects of tillage practices and microbial agent applications on dry matter accumulation yield and the soil microbial index of winter wheat in North, China[J]. Soil and Tillage Research, 2018, 184: 235-242.

[73] 柳燕兰, 郭贤仕, 姜小风, 等. 不同配方土壤熟化调理剂对新修梯田土壤改良效果的影响 [J]. 干旱地区农业研究, 2016, 34（4）: 139-145.

[74] Yi L, Cheng H, Wei H, et al. Stable isotope fractionation provides information on carbon dynamics in soil aggregates subjected to different long-term fertilization practices[J]. 2018（177）: 54-60.

[75] 沈仁芳, 赵学强. 土壤微生物在植物获得养分中的作用 [J]. 生态学报, 2015, 35（20）: 6584-6591.

[76] 李文广, 苏志峰, 李学浩, 等. 施肥和降水对生土熟化的影响 [J]. 激光生物学报, 2019, 28（2）: 144-154.

[77] 中国煤炭学会. 2016-2017 煤矿区土地复垦与生态修复学科发展报告 [M]. 北京: 中国科学技术出版社, 2018.

[78] 钱进, 王超, 王沛芳, 等. 河湖滨岸缓冲带净污机理及适宜宽度研究进展 [J]. 水科学进展, 2009, 20（1）: 139-140.

[79] 吉国强, 韩伟宏, 赵国斌. 不同缓冲带植物在滨岸缓冲带中的作用 [J]. 山西农业科学, 2011, 39（8）: 851-852.

[80] 陈永华, 吴晓芙, 等. 人工湿地植物配置与管理 [M]. 北京: 中国林业出版社, 2012.

[81] 李洪远, 莫训强. 生态恢复的原理与实践 [M]. 北京: 化学工业出版社, 2016.

[82] 王海珍, 陈德辉, 王全喜, 等. 水生植被对富营养化湖泊生态恢复的作用 [J]. 自然杂志, 2002, 24（1）: 33-36.

[83] 廖谌婳. 平原高浅水位采煤塌陷区的景观生态规划与设计研究——以徐州潘安湖塌陷片区为例 [D]. 北京: 中国地质大学, 2012, 52-53.

[84] 张明. 采煤沉陷区复垦土壤质量变化研究——以徐州贾汪粉煤灰充填复垦区为例 [D]. 北京: 中国农业科学院, 2012.

[85] 张璐, 唐建军, 叶宝兴, 等. 植物群落密度调控研究进展 [J]. 生态学报, 2010, 30（2）: 0455-0461.

[86] 张洪胜, 刘浩. 矿山开采地表沉陷监测方法探讨 [J]. 测绘与空间地理信息, 2014, 37（8）: 200-202.

[87] 汪宇. 精密水准测量在煤矿沉陷区沉降监测中的应用 [J]. 中国科技投资, 2017（15）: 208.

[88] 刘俊蓉, 刘发民, 李毅. RS 技术在矿区地表沉陷监测中的研究进展 [J]. 能源环境保护, 2014, 28（06）: 1-6.

[89] 刘冬, 刘星年, 陈超, 等. 基于 CR-InSAR 的煤矿区地表沉陷监测研究 [J]. 现代测绘, 2015, 38（4）: 26-29, 33.

[90] 王志红, 雷勇, 兰小机, 等. 基于 LiDAR 的煤矿区地表沉陷监测方法研究 [J]. 测绘与空间地理信息, 2017, 40（5）: 62-64.

[91] 张鲁岗, 员灿美, 韩玉成. 开采沉陷引起的建筑物变形监测与保护 [J]. 科技信息, 2011（19）: 461.

[92] 王健, 杨久东, 宋利杰. 采煤沉陷区变形监测体系的构建方案 [J]. 华北理工大学学报（自然科学版）, 2017, 39（2）: 26-30.

[93] 黄大海. 简析建筑物变形监测的常用方法及其要点 [J]. 环球市场, 2018（17）: 395.

[94] 吴瑶, 孙治宇. 国家湿地公园生态监测指标体系及案例分析 [J]. 四川林业科技, 2016, 37（4）: 69-73.

[95] 刘方正, 杜金鸿, 周越, 等. 无人机和地面相结合的自然保护地生物多样性监测技术与实践 [J]. 生物多样性 2018, 26（8）: 905-917.

[96] 张明亮, 岳兴玲, 杨淑英. 煤矸石重金属释放活性及其污染土壤的生态风险评价 [J]. 水土保持学报, 2011, 25（4）: 249-252.

[97] 李文, 任晓旭, 蔡体久. 不同排矸年限煤矸石废弃地养分含量及重金属污染评价 [J]. 林业科学, 2011, 47（6）: 162-166.

[98] 袁素凤, 王文生, 曹佰迪, 等. 庞庄煤矿老采区场地稳定性评价及环境影响分析 [J]. 西北地质, 2016, 49（2）: 213-219.

[99] 渠俊峰, 李钢, 张绍良. 基于平原高潜水位采煤塌陷土地复垦的水系修复规划——以徐州九里矿区为例 [J]. 国土资源科技管理, 2008, 25（2）: 10-13.

[100] 刘洪, 张兆国, 董仁浩. 庞庄煤矿深部开采地表沉陷规律初探 [J]. 能源技术与管理, 2008（3）: 83-85.

[101] 林宾, 王小勇, 何胜勇. 安徽省淮南市大通煤矿地面塌陷稳定性评价 [J]. 安徽地质, 2012, 22（1）: 48-53.

[102] 严家平, 徐良骥, 阮淑娴, 等. 中德矿山环境修复条件比较研究——以德国奥斯那不吕

克 Piesberg 和中国淮南大通矿为例 [J]. 中国煤炭地质，2015（11）：22-26.

[103] 刘曙光，徐良骥. 淮南市大通矿区煤矸石充填复垦地修复效果研究 [J]. 金属矿山，2017，(10)：110-114.

[104] 陈晓晴，高良敏. 采煤塌陷对生态环境的影响及修复措施——以淮南大通湿地为例 [J]. 安徽农学通报，2016，22（16）：63-64.

[105] 王凡勇. 枣庄老城区浅层采矿塌陷区地质灾害治理 [J]. 地质装备，2018，(4)：40-42.

[106] 任洁. 采煤沉陷区景观重塑研究与应用——以淮北南湖公园为例 [J]. 城市建设理论研究，2018，(12)：190.

[107] 葛书红. 煤矿废弃地景观再生规划与设计策略研究 [D]. 北京：北京林业大学，2015.

[108] 余济. 淮北市南湖水源地水量配置及调度方案研究 [D]. 合肥：合肥工业大学，2013.

[109] 何斌，张若泉. 采煤沉陷区复垦与矿业城市生态经济发展战略研究——以安徽省淮北市为例 [J]. 水产·资源，2003，10（5）：59-62.

[110] 黄山，郭传友，石常友，等. 淮北煤矿废弃地自然定居植物及其对生态系统的影响 [J]. 淮北煤炭师范学院学报，2007，9（3）：43-47.

[111] 顾福计，赵永真，高明辉. 唐山南湖生态园地面沉陷影响因素及保护对策分析 [J]. 地下水，2017，39（4）：183-184.

[112] 汤学虎. 基于干扰理论的城市废弃地再利用策略研究——以唐山市大南湖地区生态恢复实践为例 [D]. 上海：同济大学，2008.

[113] 赵美玲. 唐山南湖湿地公园景观生态规划研究 [D]. 石家庄：河北农业大学，2008.

[114] 王秀良. 唐山市城市森林木本植物结构特征分析与评价 [D]. 石家庄：河北农业大学，2009.

[115] 何姗. 棕地的生态恢复与景观再生设计研究 [D]. 杨凌：西北农林大学，2011.

[116] 马丽萍. 城市湿地公园景观研究——以唐山市南湖湿地公园为例 [D]. 保定：河北农业大学，2013.

[117] 崔邢涛，栾文楼，牛彦斌，等. 唐山城市土壤重金属污染及潜在生态危害评价 [J]. 中国地质，2011，38（5）：1379-1386.

[118] 成克武，张铁民，刘敬文等. 唐山南湖湿地公园生物多样性及生态规划 [M]. 北京：中国林业出版社，2010.

[119] UN. Transforming Our World: the 2030 Agenda for Sustainable Development[R]. New York: United Nations, 2015.

[120] 陈进华. 中国城市风险化：空间与治理 [J]. 中国社会科学，2017（08）：43-60.

[121] Waldheim C. Landscape as Urbanism[M]// Waldheimc C. The Landscape Urbanism Reader. New York: Princeton Architectural Press, 2006: 36-53.

[122] 李晋川，白中科，柴书杰，等. 平朔露天煤矿土地复垦与生态重建技术研究 [J]. 科技导报，2009，27（17）：30-34.

[123] 温博媛. 露天矿区现代生态农业规划设计研究 [D]. 杨凌：西北农林科技大学，2014.

[124] 曾丽丽. 矿业废弃地再生景观设计研究 [D]. 长沙：湖南农业大学，2015.

[125] 葛书红，王向荣. 煤矿废弃地景观再生规划与设计策略探讨 [J]. 北京林业大学学报：社会科学版，2015，14（4）：45-53.

[126] 李树志. 我国采煤沉陷土地损毁及其复垦技术现状与展望 [J]. 煤炭科学技术，2014，42（1）：93-97.

[127] 王霖琳，胡振琪. 资源枯竭矿区生态修复规划及其实例研究 [J]. 现代城市研究，2009，24（7）：28-32.

[128] 张成梁，BLarryLi. 美国煤矿废弃地的生态修复 [J]. 生态学报，2011，31（1）：276-285.

[129] 景明. 黄土区超大型露天煤矿地貌重塑演变、水土响应与优化研究 [D]. 北京：中国地质大学（北京），2014.

图书在版编目（CIP）数据

公园城市导向下的采煤沉陷区生态修复 / 杨龙，秦飞主编 . —北京：中国城市出版社，2023.9
（新时代公园城市建设探索与实践系列丛书）
ISBN 978-7-5074-3646-4

Ⅰ.①公⋯ Ⅱ.①杨⋯②秦⋯ Ⅲ.①城市建设—研究—成都②煤矿开采—采空区—生态恢复—研究—成都 Ⅳ.① F299.277.11 ② X322.2

中国国家版本馆 CIP 数据核字（2023）第 181799 号

丛书策划：李　杰　王香春
责任编辑：李　杰
书籍设计：张悟静
责任校对：姜小莲
校对整理：李辰馨

新时代公园城市建设探索与实践系列丛书
公园城市导向下的采煤沉陷区生态修复
杨　龙　秦　飞　主编
*
中国城市出版社出版、发行（北京海淀三里河路9号）
各地新华书店、建筑书店经销
北京雅盈中佳图文设计公司制版
建工社（河北）印刷有限公司印刷
*
开本：787 毫米 ×1092 毫米　1/16　印张：$14\frac{3}{4}$　字数：248 千字
2024 年 1 月第一版　2024 年 1 月第一次印刷
定价：145.00 元
ISBN 978-7-5074-3646-4
（904629）

版权所有　翻印必究
如有内容及印装质量问题，请联系本社读者服务中心退换
电话：（010）58337283　　QQ：2885381756
（地址：北京海淀三里河路 9 号中国建筑工业出版社 604 室　邮政编码：100037）